政治文化新论

胡鹏 著

A New Theory of Political Culture

复旦大学出版社

自　序

　　冷战后的世界,远没有走向"历史的终结",即由单一的价值观和政治制度主导世界,世界各地的政治制度、政治行为模式、政治文化形态依然多样。相反,"文明冲突论"引起巨大关注,政治学学者塞缪尔·亨廷顿(Samuel Huntington)呼吁关注文化对现实政治的影响。政治文化现象及其影响随处可见,以民众对政府官员的称呼为例,有的地区民众称之为"父母官",有的地区民众则称之为"政客",称呼的不同体现了不同的态度、感情以及对其作为的期待。对同一政治人物、同一项政府政策,不同的人往往有截然不同的态度和评价,政治观点和价值观的差异乃至对立可以显著影响国内秩序和国际安全,国内可能引发"政治极化"(political polarization),国家间可能爆发冲突乃至战争。政治文化对于中国人而言,也绝非陌生话题。目睹日本人在中国的土地上杀替俄国人做事的中国人,而围观的中国人毫无反应后,鲁迅先生在《呐喊》自序中写道:"从那一回以后,我便觉得医学并非一件紧要事,凡是愚弱的国民,即使体格如何健全,如何茁壮,也只能做毫无意义的示众的材料和看客,病死多少是不必以为不幸的。所以我们的第一要著,是在改变他们的精神,而善于改变精神的是,我那时以为当然要推文艺,于是想提倡文艺运动了。"①中国近代的现代化求索经历了器物学习、制度移植,最终走向了文化更新。经历了四十年的快速经济发展和物质繁荣,中国的政治文化变革任务依旧艰巨,也愈加重要。

与经验现实的显著性、重要性形成鲜明对比,对政治文化的研究徘徊不前、困难重重。很多政治学者谈政治文化色变,要么觉得文化分析非常"不科学",容易走向套套逻辑,要么将政治文化因素作"剩余项目"(residual category)使用,即其他因素都不起作用时,才让其出场。20世纪50年代"政治文化"概念被提出后,公民文化研究成为政治文化研究的主导范式。虽然公民文化研究推动了政治文化研究的兴起,但后续也遭遇诸多批评和挑战。"倒洗澡水把孩子也倒掉",在批评声中,政治文化研究逐步丧失了应有的学术地位和影响力。笔者在大学期间修读的专业是政治学与行政学,当时的培养方案中并无有关政治文化的课程,对这个议题也知之甚少。在结构主

---

① 鲁迅:《呐喊》,人民文学出版社1979年版,第3—4页。

自　序

义经典著作以及经济学双学位教育的影响下,当时的我并不重视政治文化因素。

我的"文化转向"源自生活中的经历和体会。大学本科和研究生期间的国际交流、社团活动和社会调查经历、同学之间的讨论乃至争论以及与家人亲友之间的对话和沟通,让我慢慢发觉人与人之间态度和观念的差别。其中印象尤深的当属选择政治学专业的我面对家人朋友询问我所学专业时竟有些不知如何回答,即使我介绍了自己的专业,听者也往往展现出疑惑不解的神情,这与听到我双学位为经济学时的反应形成鲜明对比。在担任北京大学中国国情研究中心学术助理期间,我曾前往北京郊区、河北唐山、山西太原等地开展问卷调查,对民众政治社会态度的差异有了进一步的了解。博士阶段的我在香港念书,一河之隔的两地,民众的思维、观念和行为各有不同的特点,给了我进一步的启发和触动。

除了直接的生活经验,我对政治文化的研究离不开求学和工作期间学者的提点。朱天飚教授对理念视角的介绍和讨论启发我反思结构主义和理性选择的思维;李强教授对现代政治哲学内不同思想流派的介绍令我至今受用;沈明明教授、杨明教授和严洁教授不仅教授我社会调查方法,更提供了亲身实践的宝贵机会,让我有机会体验问卷调查和数据分析的全过程;李连江教授对研究关怀的强调激励我沿着自己感兴趣的方向走下去,李老师有关民众政治行为、政治信任和权利意识的研究也是我学习的榜样。我的博士学位论文是有关民众民主认知和态度的经验研究,在博士论文撰写的过程中,我时常觉得自己在政治文化和态度方面的理论积累和贡献有所不足。来复旦求职面试时,唐世平教授在听完我的报告后曾询问,"在政治文化本身以及政治文化与制度的关系上,你的研究有什么贡献"?当时我的回答并不十分理想,但这个问题一直萦绕在我心头。借由两个机会——一是在参与王正绪教授等牵头编著的《比较政治学》一书中,我主动申请撰写政治文化一章,二是我开设的英文课程"当代中国的政治文化与公共舆论"——我开始系统阅读和回顾这方面的文献,动笔写作。真正进入这一议题后,我才发现理论创新之不易,心中不时想,这真是年少的一时冲动。不过既然选择了,就要继续做下去,呈现在您面前的就是我这几年阅读和思考的一个成果。

除了上面提到的学者外,本书在撰写过程中也得到了陈明明、竺乾威、郭定平、陈周旺、郑宇、肖唐镖、谢岳、耿曙、黄琪轩、陈超、包刚升、熊易寒、李辉、陈慧荣、魏英杰、王中原、苏政、杨燊、胡悦、季程远、陈玮等学者同仁的鼓励和支持。郭定平、唐世平、郑宇、黄琪轩、包刚升和陈慧荣教授,李晟炜、郭汉维和王智灏同学阅读了书稿,提出了诸多富有见地的评论和修改意见。书稿不同阶段的版本也在"中国青年政治学论坛"、上海财经大学和云南大学的"比较政治学前沿议题与方法",以及上海交通大学的"比较政治系年度研讨会"和"政治经济学前沿议题

自　序

工作坊"等学术会议上宣讲过。对于上述学者、同学的支持、点评和意见,在此一并感谢。感谢复旦大学国际关系与公共事务学院给我提供了良好的工作环境,让我有机会遇到许多优秀的学者、聪慧的学生。感谢复旦大学出版社孙程姣女士认真负责的编辑工作以及邬红伟先生的大力支持。感谢我的父母、岳父母和姐姐姐夫的包容与支持,因为你们,我才能无后顾之忧,全身心地投入研究之中。感谢我的妻子诗羽,她见证了这个痛并快乐的漫长过程,不厌其烦地聆听我的所思所想,并给予宝贵的意见和鼓励。在思考和写作的过程中,我体会到了政治和社会理论的博大精深,书名虽为"新论",却深深地立基于前人研究之上。本书对我本人而言是深具意义的一项工作,如果对您有所启发,实是我的荣幸,欢迎您来信交流,也敬请批评指正。

胡　鹏

2020 年 5 月 17 日

目　录

第一章　政治文化的概念 / *001*

一、政治文化研究的起源和演变 / *002*

二、争论中的文化及政治文化概念 / *011*

三、政治文化：一个新的定义 / *019*

四、小结及后续章节安排 / *024*

第二章　公民文化研究的兴起及遭遇的挑战 / *026*

一、背景：现代化理论的兴起 / *030*

二、公民文化的提出 / *034*

三、继承与发展：自我表达的价值与演化的现代化理论 / *042*

四、公民文化研究的贡献和影响 / *054*

五、公民文化研究面临的挑战和批评 / *059*

　　六、小结 / *074*

第三章　解析主义文化视角的启示 / *079*

　　一、文化作为一种集体性现象 / *086*

　　二、符号、话语与仪式 / *106*

　　三、理解与深描：文化研究的方法论 / *118*

　　四、实证主义和解析主义视角的对比 / *130*

　　五、小结 / *135*

第四章　政治文化的新分析框架 / *139*

　　一、相互借鉴：政治文化研究的新动态 / *140*

　　二、一个新的分析框架 / *146*

　　三、情境和意义：政治文化的理想类型 / *168*

　　四、动机和偏好：政治文化对行为者的影响 / *182*

　　五、小结 / *192*

第五章　政治文化与政治行为 / *197*

　　一、行为主义革命与政治行为研究 / *198*

　　二、文化意义视角下的政治行为 / *218*

　　三、政治文化如何影响政治行为 / *231*

　　四、小结 / *246*

第六章　政治文化的变迁 / *250*

　　一、文化变迁的既有解释 / *255*

　　二、政治文化变迁的逻辑 / *262*

三、文艺复兴、宗教改革与启蒙运动 / *275*
四、清末新政和五四新文化运动 / *286*
五、小结 / *296*

结论 / *299*

参考文献 / *304*

第一章
政治文化的概念

1787年,英国使者乔治·马葛尔尼(George Macartney)带着英国国王的信件来到北京,中英两个东西方大国首次直接接触。在经贸、人员交往等议题谈判前,中英双方因马葛尔尼是否在觐见乾隆皇帝时向其下跪争执不休,几乎翻脸,为何国家间的纷争会因看似不起眼的礼节事务而起?两百多年后的英国,在首相鲍里斯·约翰逊(Boris Johnson)因脱欧问题决定暂停议会的几小时后,大批民众聚集在英国各大城市中心举行抗议活动,反对约翰逊的决定。而在同一时代的中国山西大同,当主政当地的市长离任的消息传开时,一场声势浩大的挽留请愿活动展开,持续近一周,其中不乏市民打横幅、喊口号等举动。① 面对政治人物的决定或者去留,为什么民众表现出了不同的态度、采取了不同的行为?冷战结束以后的世界,基于理念、信仰、意识形态的认同政治日渐重要,并成为国内和国际冲突的主要原因之一,巴别塔倒塌之后人类陷入内部纷争的故事似乎逐渐成为现实。中国向现代化迈进的过程历经了器物学习(洋务运动)、制度模仿(清末新政和辛亥革命)等阶段,最终落脚到文化改造(新文化运动)。持续大半个世纪的中国革命改变思想、触及灵魂。改革开放后,国学热出现,传统文化再次进入公众的视野。政治文化,对我们而言,从来不是一个陌生的话题。那么,什么是文化?什么是政治文化?本章将介绍政治文化研究的起源和演变,紧接着聚焦于政治文化的概念问题,即政治文化是什么。在展示现有研究的多元观点后,笔者将提出一个政治文化的新定义。

一、政治文化研究的起源和演变

人类对政治文化现象的关注源于对自身以及周遭政治社会环境的认识,尤其与对不同人群的政治社会生活方式的观察和研究相关。当人类将眼光从身边移开,逐步扩展眼界,关注更大范围的政治社会状况时,映入眼帘的不仅是复杂多样的政

---

① 《为什么耿彦波市长的退休受到百姓的强烈关注?》(2018年11月17日),搜狐网,https://www.sohu.com/a/276121847_483111,最后浏览日期:2019年8月1日;《暂停议会引发民愤!英国无协议脱欧引发民众抗议,请愿人数突破100万大关,事态发展对英镑不利》(2019年8月30日),汇通网,http://www.chinastock.com.cn/yhwz_about.do?methodCall=getDetailInfo&docId=6960691,最后浏览日期:2019年9月8日。

治制度安排和社会生活方式,还有千差万别的风俗习惯、思维方式和精神面貌。对政治文化现象的关注因此有着悠久的传统。古希腊哲学家柏拉图(Plato)认为城邦之中,统治者和被统治者都需要有正义的品质,才能使节制、勇敢、智慧等美德产生并维系。① 亚里士多德(Aristotle)认为区分政体的不仅在于统治者数量的多寡,更在于其所具有的道德和情操。在分析各个城邦的演变时,他发现一个城邦人民的教育、习性和品德影响政体的变化和走向。② 在他看来,"一种政体如果要达到长治久安的目的,必须使全邦各部分(各阶级)的人民都能参加而怀抱着让它存在和延续的意愿……一个城邦,一定要参与政事的公民具有善德,才能成为善邦"③。与亚里士多德基本同一时期的思想家孔子,一直强调道德,尤其是仁义对于政治的重要性,《论语》有云:"为政以德,譬如北辰,居其所而众星共之。"④春秋战国时期的思想家认为中华与蛮夷的区别并非武力的强弱、经济的盛衰,而在于文化和礼仪的高下。《春秋左传正义》有言:"中国有礼仪之大,故称夏;有服章之美,谓之华。"⑤在宗教主导政治的中世纪,神学思想家托马斯·阿奎那(Thomas Aquinas)依然强调荣誉感对作为世俗统治者的君主的重要性,并探讨不同宗教之间的关系、宗教与政治之间的关系。⑥ 共和主义的先驱者尼可罗·马基雅维利(Niccolo

---

① [古希腊]柏拉图:《理想国》,郭斌和、张竹明译,商务印书馆1986年版,第154页。
② [古希腊]亚里士多德:《政治学》,吴寿彭译,商务印书馆1965年版。
③ 同上书,第88、384页。
④ 杨伯峻译注:《论语译注》,中华书局1980年版,第11页。
⑤ 〔唐〕孔颖达:《春秋左传正义》,上海古籍出版社1990年版,第1827页。
⑥ 参见《阿奎那政治著作选》,马清槐译,商务印书馆1963年版。

Machiavelli)认为共和政体的成败取决于公民的品格。① 伏尔泰(Voltaire)撰写三卷本《风俗论》,覆盖全球已知的地区,介绍各地的制度和文化。② 法国思想家查理·孟德斯鸠(Baron Montesquieu)延续了亚里士多德的传统,不仅关注各国(如希腊、罗马、日耳曼、中国、日本)的政体安排和法律条文,而且主张应将其与各地的历史、生活和风俗习惯相联系。③ 在其后的作品中,孟德斯鸠认为人民的风俗和道德品质是影响罗马兴衰的重要原因。④ 让-雅克·卢梭(Jean-Jacques Rousseau)在《社会契约论》中写道:"正如建筑家在建立一座大厦之前,先要检查和探测土壤,看它是否能担负建筑物的重量一样,聪明的创制者也并不从制订良好的法律本身入手,而是事前先考察一下,他要为之而立法的那些人民是否适宜于接受那些法律。"⑤他认为一地的自然环境和社会风尚决定其政府形式和法律制度,而且没有一种政府形式适合于一切国家。⑥ 同为法国思想家的阿历克西·托克维尔(Alexis Tocqueville)在考察美国的政治状况时,发现美国民主制度的建立和维系得益于先辈留下来的民情,即爱平等和爱自由的习尚。⑦ 托克维尔用"民情"一词包括"心理习惯方面的东西,以及人们拥有的各种

---

① 参见[意]尼科洛·马基雅维利:《君主论》,潘汉典译,商务印书馆1986年版。
② 参见[法]伏尔泰:《风俗论》(上),梁守锵译,商务印书馆1994年版。
③ 参见[法]孟德斯鸠:《论法的精神》(上),张雁深译,商务印书馆1961年版。
④ 参见[法]孟德斯鸠:《罗马盛衰原因论》,婉玲译,商务印书馆1995年版。
⑤ [法]卢梭:《社会契约论》,何兆武译,商务印书馆2003年版,第55页。
⑥ 同上书,第60页。
⑦ [法]托克维尔:《论美国的民主》(上卷),董果良译,商务印书馆1988年版,第323页。

见解和社会上流行的不同观点,以及人们的生活习惯所遵循的全部思想"①。大体来看,这些思想家既关注统治者的道德素养,也重视民众的思维习惯和风俗传统,应然的道德品质和实然的社会风尚相互交联。

随着近代资本主义的兴起和西方强权在全球的政治军事扩张,全球各地联系的加深大大促进了人群之间的相互了解。这期间出现了很多新的状况,既包括西方强权对世界其他地区的征服、技术和经济的狂飙突进和政治社会的巨大变革,也有 20 世纪初两次世界大战的爆发、共产主义革命的兴起以及世界殖民体系的衰败。学术与政治紧密相联的时代中出现了如下两种完全不同的政治文化视角。

一批学者主张以国家为单位分析一地的政治文化,国民性格研究(national character studies)兴起。萨尔瓦多·马达瑞加(Salvador Madariaga)认为国民性格指的是"一种潜意识的直觉、倾向和态度,它决定一国对待生活的下意识的自然反应"②。国民性格研究的兴起反映了现代国家的崛起对文化认同的影响,特定疆域上的人群共同体被认为存在一种独特的人格气质和思维习惯,或者需要追求一种特有的精神气质,以区别于其他国家的群体。作为复杂心理状态的国民性格影响了国民的行为方式和社会交往。如法国作家尼古拉斯·尚福尔(Nicolas Chamfort)曾说,英国人重法而轻权,法国人则重权而轻法。③ 中

---

① [法]托克维尔:《论美国的民主》(上卷),董果良译,商务印书馆 1988 年版,第 332 页。
② 转引自 Howard J. Wiarda, *Political Culture*, *Political Science*, *and Identity Politics*, Farnham: Ashgate Publisher Company, 2014, p.52.
③ 转引自高毅:《法兰西风格:大革命的政治文化》(增补版),北京师范大学出版社 2013 年版,第 35 页。

政治文化新论

国学者辜鸿铭曾以英文和德文出版《中国人的精神》一书,指出中国人的精神是中国人赖以生存之物,是该民族在心、性和情方面的独特之处,具体来看,中华民族具有深沉、博大、淳朴和灵敏四大特征,与美、德、英等国均不相同。① 后续很多学者都以国家为单位,探讨一国政治文化的特点和演变。② 在早期,国民性格研究深受社会达尔文主义的影响,尤其是其"生存竞争和自然选择作为社会现象和历史进程的最高解释原则"的思想。③ 国民性的提出是为区别不同国家的政治文化,这其中的比较又受国家间综合实力高下的影响,导致对国民性往往有优劣判断。综合实力的优势方往往自认其国家政治文化更先进和更文明,而将劣势方称为野蛮或落后,落后国家不仅需要学习先进国家的物质成就,也须反思和改造自身的文化。文化因而被纳入现代化的话语之中,为了追赶先进,落后者往往被迫或自觉地开始文化改造。19世纪末的日本,在被迫开放国门后,日本思想家福泽谕吉即主张脱离亚洲文化传统,拥抱西方文明。在《文明论概略》一书中,他写道:"现在世界各国,如果想使本国文明进步,就必须以欧洲文明为目标,确定它为一切议论的标准,而以这个标准来衡量事物的利

---

① 参见辜鸿铭:《中国人的精神》,黄兴涛、宋小庆译,海南出版社2006年版。
② 如:Richard Fagen, *The Transformation of Political Culture in Cuba*, Stanford: Stanford University Press, 1969; Robert Tucker, *Political Culture and Leadership in Soviet Russia*, New York: Norton, 1987; Nikolai P. Popov, "Political Views of the Russian People", *International Journal of Public Opinion Research*, 1992, 4(4), pp.321-334; Seymour Martin Lipset, "Pacific Divide: American Exceptionalism-Japanese Uniqueness", *International Journal of Public Opinion Research*, 1993, 5(2), pp.121-166。
③ 周保巍:《社会达尔文主义评述》,《历史教学问题》2011年第5期。

第一章 政治文化的概念

害得失。"① 在文化传统深厚的地区,这引发了文化改良主义和守成主义的分野,产生了深远的影响。② 多年以后,比较国民性优劣高下的做法已经消失,但以国家为单位分析一地政治文化的研究依旧存在。③ 晚年的亨廷顿即在拷问和提醒美国的国民性和认同问题。④ 同时,文化因素也逐步进入社会科学研究的视野之中,成为解释政治经济社会现象的自变量(项)。马克斯·韦伯(Max Weber)探讨宗教观念对于资本主义精神的发展所产生的影响,或者说一种经济制度的社会精神气质。⑤ 爱德华·班菲尔德(Edward Banfield)认为无视公共利益的家庭主义(amoral familism)是导致意大利南部社会经济落后的重要原因。⑥

与国民性格研究区分文化高下不同,另一批学者主张文化相对主义(cultural relativism)。两次世界大战的爆发、法西斯主义和共产主义政体的兴起,都给先发国家带来了极大冲击。无论是出于学术兴趣还是现实政策需要,了解其他地区民众的所思所想显

---

① [日]福泽谕吉:《文明论概略》,北京编译社译,商务印书馆1992年版,第12页。
② 参见[美]艾恺:《世界范围内的反现代化浪潮——论文化守成主义》,贵州人民出版社1991年版。
③ 参见 Nikolai P. Popov, "Political Views of the Russian People", *International Journal of Public Opinion Research*, 1992, 4(4), pp.321-334; Seymour Martin Lipset, "Pacific Divide: American Exceptionalism-Japanese Uniqueness," *International Journal of Public Opinion Research*, 1993, 5(2), pp.121-166。
④ 参见[美]塞缪尔·亨廷顿:《我们是谁?美国国家特性面临的挑战》,程克雄译,新华出版社2005年版。
⑤ 参见[德]马克斯·韦伯:《新教伦理与资本主义精神》,康乐、简惠美译,广西师范大学出版社2007年版。
⑥ See Edward Banfield, *The Moral Basis of a Backward Society*, New York: Free Press, 1958.

得越来越重要。在研究日本文化和民众心理的经典著作《菊与刀》一书的开篇,文化人类学者鲁思·本尼迪克特(Ruth Benedict)即写道:"在美国曾经全力以赴与之战斗的敌人中,日本人的脾气是最琢磨不透的,这个强大对手,其行动和思维习惯竟与我们如此迥然不同,以至我们必须认真加以对待。"① 在经济繁荣和交通便利的有利条件下,学者们开始深入研究之地展开实地调研(fieldwork),了解当地民众的思维方式和生活状况,人类学学科随之诞生。实地调研乃至民族志(ethnography)拉近了研究者与研究对象的距离,研究者有机会学习当地的语言,与研究对象进行沟通和对话,并体验其生活方式。在深入地了解其他地区的文化和生活之后,文化人类学者们开始反思欧洲中心论。文化相对主义主张人的判断源自自己的经历,而人对经历的体会受其周遭的文化环境影响。② 与用自己的既有成见评判不同社会的状况不同,这些学者主张放下先入为主的偏见,理解和尊重不同社会中的文化形态和价值偏好。本尼迪克特就旗帜鲜明地反对将美国推崇的价值规范强加于日本之上,认为这犯了民族自我中心主义的错误。③ 这批学者也反对使用国民性格一词,因为一个国家内部可能存在多元的文化传统,文化多元主义是一个长期存在的客观现实。④ 文化高下论和文化相对主义的分野对后来的政治

---

① [美]鲁思·本尼迪克特:《菊与刀》,吕万和等译,商务印书馆 1990 年版,第 1 页。
② See Melville J. Herskovits, *Cultural Relativism: Perspectives in Cultural Pluralism*, New York: Random House, 1972.
③ [美]鲁思·本尼迪克特:《菊与刀》,吕万和等译,商务印书馆 1990 年版,第 104 页。
④ See Crawford Young, *The Politics of Cultural Pluralism*, Madison: University of Wisconsin Press, 1976.

文化研究产生了深远的影响。

二战结束后,政治文化研究的专业化趋势逐渐加强。在文化人类学、历史学、心理学等多个学科的影响下,政治文化研究作为一个学术研究议题和领域逐渐成型。① 一个标志性的学术事件就是"政治文化"(political culture)概念的提出。在1956年发表的《比较政治制度》一文中,政治学家加布里埃尔·阿尔蒙德(Gabriel Almond)认为任何政治系统都嵌入在一定的对政治行为的体系化态度之中,他将这种体系化的态度称为政治文化。② 在之后推出的《公民文化》(*The Civic Culture*)一书中,阿尔蒙德和西德尼·维巴(Sidney Verba)对政治文化进行了进一步的界定,区分出不同类型的政治文化,并将政治文化与特定的政治制度相联系。③ 在阿尔蒙德和维巴的启发和推动下,学者们开始关注包括发达国家和新兴独立国家在内的政治文化状况。④ 对政治文化的关注一直持续到

---

① Lucian W. Pye, "Political Culture Revisited", *Political Psychology*, 1991, 12(3), pp.487-508.
② Gabriel Almond, "Comparative Political Systems", *The Journal of Politics*, 1956, 18(3), pp.391-409.
③ See Gabriel A. Almond and Sidney Verba, *The Civic Culture: Political Attitudes and Democracy in Five Nations*, Princeton: Princeton University Press, 1963.
④ 如:Lucian W. Pye and Sidney Verba, eds., *Political Culture and Political Development*, Princeton: Princeton University Press, 1965; Sidney Verba, Kay Lehman Schlozman, and Henry Brady, *Voice and Equality: Civic Voluntarism in American Politics*, Cambridge: Harvard University Press, 1995; Mabel Berezin, *Making the Fascist Self: The Political Culture of Interwar Italy*, Ithaca: Cornell University Press, 1997; Doh C. Shin, *Mass Politics and Culture in Democratizing Korea*, Cambridge: Cambridge University Press, 1999; Amal Obeidi, *Political Culture in Libya*, London: Routledge, 2001.

政治文化新论

20世纪60年代末,之后政治文化研究有所衰退,处于低潮状态。① 到了20世纪70年代末,政治文化研究重新复苏。在1988年的文章中,罗纳德·英格尔哈特(Ronald Inglehart)直接以"政治文化的复兴"(The Renaissance of Political Culture)为题撰文,重申世界各国政治的一个主要区别在于政治文化的不同。② 劳伦斯·哈里森(Lawrence Harrison)和亨廷顿在编辑的一本著作中,用的主书名是"文化至关重要"(Culture Matters),在他们看来,文化显著地影响了政治变迁、经济发展以及社会生活。③ 二战后的政治文化研究在整体上走向了更为科学的方向,具体表现如下。首先,与早期的思想家将道德伦理与文化混合不同,政治文化研究不再频繁地讨论应然的道德规范,而更加关注经验现实中存在的政治态度、意识形态和价值观。其次,在民主化浪潮和大众政治崛起的背景下,政治文化研究的研究对象主要集中于普通民众,对政治精英的研究相对较少。④ 最后,从方法上看,政治文化学者更倾

---

① Lucian W. Pye, "Political Culture Revisited", *Political Psychology*, 1991, 12(3), pp.487-508.
② Ronald Inglehart, "The Renaissance of Political Culture", *The American Political Science Review*, 1988, 82(4), pp.1203-1230.
③ See Lawrence E. Harrison and Samuel P. Huntington, eds., *Culture Matters: How Values Shape Human Progress*, New York: Basic Books, 2000.
④ 罗伯特·帕特南(Robert Putnam)20世纪70年代的研究是较少的例外,参见Robert D. Putnam, Robert Lenoardi and Raffaella Y. Nanetti, "Attitude Stability among Italian Elites", *American Journal of Political Science*, 1979, 23(3), pp.463-494; Robert D. Putnam, "Studying Elite Political Culture: The Case of 'Ideology'", *American Political Science Review*, 1971, 65(3), pp.651-681。

向于采用访谈、问卷调查乃至实验的方法了解研究对象的政治态度和价值观,接着用政治文化来解释政治现象,并揭示政治文化的演变规律,数据和实证材料的丰富度远超以往。阿尔蒙德和维巴首先在五个国家进行了问卷调查,英格尔哈特等人则推动建立了至今已覆盖全球100多个国家的世界价值观调查(World Value Survey)①。

二、争论中的文化及政治文化概念

哈利·艾克斯坦(Harry Eckstein)认为:文化是社会科学的基础性概念,它的出现使得社会科学开始区别于在它之前出现的其他类型的科学研究。② 虽然政治文化在政治学研究中逐步占据一席之地,但围绕"政治文化"概念的定义,至今仍存在诸多争议。白鲁恂(Lucian Pye)曾颇具感慨地写道:"'政治文化'的概念直到二战结束后才被提出,实在太晚。"③ 几十年过去,斯蒂芬·奇尔顿(Stephen Chilton)发现政治文化概念依旧是一个指代性的(suggestive),而非科学的(scientific)概念。④ 还有学者认为测量政治文化就像将烂泥涂上墙(nail

---

① 世界价值观调查的网址参见 http://www.worldvaluessurvey.org/wvs.jsp。
② Harry Eckstein, "Culture as a Foundation Concept for the Social Sciences", *Journal of Theoretical Politics*, 1996, 8(4), pp.471-497.
③ Lucian W. Pye, "Political Culture Revisited", *Political Psychology*, 1991, 12(3), pp.487-508.
④ Stephen Chilton, "Defining Political Culture", *Western Political Quarterly*, 1988, 41(3), pp.419-445.

jello to the wall)一般徒劳无功。① 时至今日,许多学者依旧围绕着这个概念争论不休,还有的呼吁对政治文化进行清晰界定,以推动后续研究的进展。② 阅读本章的读者会注意到,在前面的论述中,笔者一直在交替使用"文化"和"政治文化",这很大程度源自"政治文化"的多元定义和理解。考虑概念是社会研究开展的基石和前提,没有一个清楚的定义,研究者将无法把握政治文化,更难以将其纳入政治学研究之中。接下来我们将对其含义进行仔细梳理和讨论。

要了解什么是政治文化,首先需要知道什么是文化。文化(culture)被认为是英语世界里最难懂的两三个单词之一。③ 生活中我们也会遇到各种各样与文化相关的词汇,如文明、文化、宗教、道德、价值观、规范、符号、仪式、态度、观念、观点。文化一词的复杂性不仅在于其在经验现实中的多样表现,更由于其涉及人类精神层面的活动,因而难以观察和把握。有学者统计,有关文化的概念多达百种。④ 一些学者甚至反对给

---

① See Russell J. Dalton and Hans-Dieter Klingemann, "Citizens and Political Behavior", in Russell J. Dalton and Hans-Dieter Klingemann, eds., *The Oxford Handbook of Political Behavior*, Oxford: Oxford University Press, 2007, pp.3-28.
② 如:Stephen E. Hanson, "Review Article: From Culture to Ideology in Comparative Politics", *Comparative Politics*, 2003, 35(3), pp.355-376; Filippo Sabetti, "Democracy and Civic Culture", in Carlex Boix and Susan Stokes, eds., *Oxford Handbook of Comparative Politics*, Oxford: Oxford University Press, 2007, pp.340-362。
③ Williams Raymond, *Keywords: A Vocabulary of Culture and Society* (revised edition), New York: Oxford University Press, 1983, p.87.
④ Larry Brownstein, "A Reappraisal of the Concept of 'Culture'", *Social Epistemology*, 1995, 9(4), pp.311-351.

第一章　政治文化的概念

文化下一个确切的定义,强调文化并不是一个静态的现象,其处在不停的变化之中,其特点和边界时刻改变。① 但对大多数学者而言,文化依旧是可以被认识和界定的现象,区别在于对文化的内涵界定。乔万尼·萨托利(Giovanni Sartori)提醒我们,社会研究中概念的延展性(extension)和内在紧密性(intension)之间需要权衡取舍。② 为了不使政治文化的概念外延太大,过于模糊,本节试图通过"剥洋葱"的办法,逐一展现文化以及政治文化的含义争论,首先确定文化不是什么,然后在下一节提出一个政治文化的新界定。

有关文化概念的讨论开始于如下问题:文化与文明的关系如何?文化是否有先进和落后之分?早期的文化人类学者将文化看成人类生活方式的总和。爱德华·泰勒(Edward Taylor)将文化界定为"人作为社会动物所需的能力和习惯的复杂总和,包括知识、信仰、艺术、道德、法律、习俗等"③。文化与文明等同使用,其成为人类区别于自然界其他生物的关键特质。泰勒进一步提出有关文化的阶段论观点,认为人类应从"野蛮时代"(savage life)走向"文明时代"(civilized state),从"原始文化"(primitive culture)进化到"先进文化"(advanced culture)。④ 德国思想家诺贝特·埃利亚斯(Norbert Elias)则

---

① See Crawford Young, *The Politics of Cultural Pluralism*, Madison: University of Wisconsin Press, 1976; Elizabeth Perry, *Anyuan: Mining China's Revolutionary Tradition*, California: University of California Press, 2012.
② Giovanni Sartori, "Concept Misformation in Comparative Politics", *The American Political Science Review*, 1970, 64(4), pp.1033-1053.
③ Edward Taylor, *Primitive Cultures*, New York: Putnam, 1871, p.1.
④ Ibid., chapter 2.

反对将文明和文化等同。在《文明的进程》一书中,埃利亚斯发现"文明"一词由特定国家尤其是英美所热衷使用,相邻的德国则偏好使用"文化"(Kultur)一词。文明一词指代的是西方社会自认为在最近两三百年内所取得的一切成就,由于这些成就,其超越了前人或同时代尚处原始阶段的人们。文明因而包罗广泛,技术水准、礼仪规范、宗教思想、风俗习惯等都是其中的内容。① 而德语的"文化"一词,就其核心而言,指的是思想、艺术和宗教。与文明包容万象不同,文化一词表达的一种强烈意向是把这类事物与政治、经济和社会现实区分开来。② 埃利亚斯进一步指出:文明是指一个过程,是始终在运动、在前进的东西,相比文化指的是那些已经存在的人的产品。文明强调的是人类共同的东西,其内在也含有强烈的进步论色彩,相反,文化概念强调的是民族差异和群体特征。③ 同为德国思想家的斐迪南·滕尼斯(Ferdinand Tönnies)指出:文化主要是指观念形态的文学、艺术、哲学以及与人的审美感情相关的内心生活和精神情趣,文明则指与人征服自然能力相联系的科学、技术和经济的发展状态。在他看来,在理性精神的计算、选择指引下,文明总是向上发展的,而文明的日益发展会对文化造成威胁,两者的矛盾日趋尖锐。④ 追随埃利亚斯、滕尼斯等人的观点,文化首先与人的精神生活相关,不能包罗万象,应与物质现实区分开来。小威廉·休维尔(William Sewell Jr.)进一步

---

① [德]诺贝特·埃利亚斯:《文明的进程:文明的社会起源和心理起源的研究》(第一卷),王佩莉、袁志英译,上海译文出版社2009年版,第1—2页。
② 同上书,第2页。
③ 同上书,第2—3页。
④ 参见[德]斐迪南·滕尼斯:《共同体与社会:纯粹社会学的基本概念》,林荣远译,商务印书馆1999年版。

第一章　政治文化的概念

指出:对文化的宽泛定义会使得文化无所不包,乃至使其丧失在社会科学分析中的作用。二战结束以后,文化被广泛认为是与意义的生产、传播和使用相关的场域。①

接着,文化是先天所得,还是后天习得的特质?认同先天所得的学者往往将文化与民族、族群等同使用。族群认同和民族主义的兴起往往源自文化和生活方式的不同。② 这在民族国家兴起的过程中尤其明显。区分族群的关键在于体质或遗传特征,如肤色、面部骨骼结构等,文化则由人的精神活动和外在环境塑造和决定。虽然族群内部往往形成特有的文化认同,但文化和族群无法等同使用。将生理特征与主观理念相混淆,会导致文化之间的界限泾渭分明,难以沟通和改变。拉夫·林屯(Ralph Linton)主张文化是社会遗传(social heredity),而非自然遗传。③ 休维尔指出,文化也可以附着于非族群的其他社会群体之上,如由经济地位决定的群体形成我们熟知的名称——中产阶级文化。④ 文化在现实中可以被分享、传播和习得,作为文化核心纽带的语言就是例子。⑤ 国际共享的一般理念,以及观

---

① William H. Sewell Jr., *Logics of History: Social Theory and Social Transformation*, Chicago: University of Chicago Press, 2005, Chapter 5 "The Concept(s) of Culture", pp.152-174.
② See Anthony D. Smith, *Nations and Nationalism in a Global Era*, Cambridge: Polity Press, 1995.
③ 转引自 Leslie A. White, "The Concept of Culture", *American Anthropologist*, 1959, 61(2), pp.227-251。
④ William H. Sewell Jr., *Logics of History: Social Theory and Social Transformation*, Chicago: University of Chicago Press, 2005, Chapter 5 "The Concept(s) of Culture", pp.152-174.
⑤ Harry Eckstein, "Culture as a Foundation Concept for the Social Sciences", *Journal of Theoretical Politics*, 1996, 8(4), pp.471-497.

念的跨国传播和扩散提醒我们,文化观念并非被地域束缚或由生理属性决定。①

再者,文化是否包含人的行为模式?皮埃尔·布迪厄(Pierre Bourdieu)将实践看成文化的一个恰当标签。② 一些文化人类学者同样将人的行为方式纳入文化的范畴。弗朗兹·伯恩斯(Franz Boas)将文化界定为"人的精神和物理上的反应和行为总和"③。本尼迪克特则认为文化是"思想和行为的体系化模式",其核心是有关审美和价值的交互集合。④ 丽莎·韦丁(Lisa Wedeen)认为文化应被理解为"符号性的实践"(semiotic practices)。⑤ 对这批学者而言,人的行为有目的性,为了特定目的和意义而做出的行为应被视为文化现象。休维尔认为符号意义和行为实践并不矛盾,重要的是如何表述。⑥ 但对另一批学者而言,文化与人的行为并不能等同。受韦伯影响,克罗伯(A. L. Kroeber)和塔尔科特·帕森斯(Talcott Parsons)认

---

① 如:Beth A. Simmons, Frank Dobbin, and Geoffrey Garrett, eds., *The Global Diffusion of Markets and Democracy*, Cambridge: Cambridge University Press, 2008。
② William H. Sewell Jr., *Logics of History: Social Theory and Social Transformation*, Chicago: University of Chicago Press, 2005, Chapter 5 "The Concept(s) of Culture", pp.152-174.
③ Franz Boas, *The Mind of Primitive Man*, New York: Collier Books, 1963[1911], p.149.
④ See Ruth Benedict, *Patterns of Culture*, New York: Houghton Mifflin, 1934.
⑤ Lisa Wedeen, "Conceptualizing Culture: Possibilities for Political Science", *American Political Science Review*, 2002, 96(4), pp.713-728.
⑥ William H. Sewell Jr., *Logics of History: Social Theory and Social Transformation*, Chicago: University of Chicago Press, 2005, Chapter 5 "The Concept(s) of Culture", pp.152-174.

为应将社会与文化区别开来,社会指的是个体和集体之间的互动,而文化指的是价值、观念以及其他有符号意义的系统。① 史天健同样不赞同通过分析人的行为来解析文化规范,在他看来,人的外在行为与其表达的意义并不相同,行为模式并不能赋予行动以意义,只有行为模式背后的文化才能赋予行动以意义。② 对于这些学者而言,行为是文化的表现,或者文化引发的后果,而不是文化本身。

与之相连,在人的形而上的思想和观点上,文化的内核是什么?其中的核心争论在于文化是立基于个体的现象还是独立于个体的集体现象。帕森斯认为文化是理念和态度的体系(systems of ideas and beliefs),和个体的认知相关。③ 任何对政治的态度都包含三个内容:一是认知,即对政治现象的了解程度;二是偏好,即对政治现象的偏好和态度;三是评价,行为者对政治现象的认识和对政治行为的态度。④ 与之类似,阿尔蒙德和维巴将文化界定为"对社会现象的心理评价",而政治文化就是人对政治现象的心理评价。⑤ 整体来看,这批学者强调

---

① A. L. Kroeber and Talcott Parsons, "The Concepts of Culture and of Social System", *The American Sociological Review*, 1958, 23, pp.582-583.
② Tianjian Shi, *The Cultural Logic of Politics*, Cambridge: Cambridge University Press, 2015, pp.22-23.
③ Harry Eckstein, "Culture as a Foundation Concept for the Social Sciences", *Journal of Theoretical Politics*, 1996, 8(4), pp.471-497.
④ See Talcott Parsons and Edward A. Shils, *Toward A General Theory of Action*, Cambridge: Harvard University Press, 1962.
⑤ Gabriel Almond and Sidney Verba, *The Civic Culture: Political Attitudes and Democracy in Five Nations*, Princeton: Princeton University Press, 1963, p.14.

文化是一个个体现象,或者个体现象的总和。另一批学者则认为文化不能被简化成个体的行为、态度或价值观,它是一个集体现象。① 文化人类学家如克利福德·格尔茨(Clifford Geertz)和大卫·施耐德(David Schneider)强调文化的本质是"一个符号和意义的体系",有着自己的特点和结构,与社会结构和个体的特点相区别。②组织文化学者吉尔特·霍夫斯泰德(Geert Hofstede)将文化界定为"一个人群中独特的集体意识"③。史天健认为将政治文化定义为个人对政治现象的态度的类型和分布,一方面忽视了文化的公共属性,尤其是外在的文化环境对个人的影响,另一方面也无视政治文化与其他领域文化之间的内在共通性。史天健将政治文化定义为"一系列的规范组合,它规定一群人行为的准则,并将该人群与其他人群显著区分开来"④。

最后,政治文化是两个词汇的组合:政治和文化。由政治和文化拼接起来的"政治文化"(political culture)一词引发的讨论焦点在于,到底有没有关于政治的一种文化子类型?是政治的文化,还是文化的政治?梅布尔·彼瑞金(Mabel Berezin)提醒道:"政治文化"(political culture)和"政治与文化"(politics and culture)是两个完全不同的概念,"政治文化"

---

① David Matsumoto and Linda Juang, *Culture and Psychology*, California: Wadsworth Publishing, 2003, p.10.
② Clifford Geertz, *The Interpretation of Cultures*, New York: Basic Books, 1973, p.5; David M. Schneider, *American Kinship: A Cultural Account* (Second Edition), Chicago: University of Chicago Press, 1980, p.1.
③ Geert Hofstede, *Cultures and Organizations: Software of the Mind*, London: McGraw-Hill, 1991, p.5.
④ Tianjian Shi, *The Cultural Logic of Politics*, Cambridge: Cambridge University Press, 2015, p.29.

意味着存在政治文化这个特殊的领域,区别于经济文化、社会文化,而"政治与文化"往往指以文化的视角来分析政治现象。① 一批学者认为只有文化的政治,即用文化视角分析政治现象,或者探讨文化对政治的影响,没有独特的政治文化。② 而在政治文化概念的提出者阿尔蒙德看来,政治文化和普遍的文化有所不同,其本质在于政治性,是对政治现象的态度和看法。阿尔蒙德和维巴因而认为政治文化是一种独特的文化,有着自己的特殊性。③ 不过很可惜,阿尔蒙德和维巴点到为止,没有进一步探讨政治和经济、社会等现象的区别在何处。笔者将延续上述讨论,在下一节着重讨论政治现象的特点,并由此提出一个政治文化的新定义。

三、政治文化:一个新的定义

"political culture"的中文译名为政治文化。现有的学术

---

① Mabel Berezin, "Politics and Culture: A Less Fissured Terrain", *Annual Review of Sociology*, 1997, 23, pp.361-383.
② 如:Marc Howard Ross, "Culture in Comparative Political Analysis", in Mark Lichbach and Alan S. Zuckerman, eds., *Comparative Politics: Rationality, Culture and Structure*, Cambridge: Cambridge University Press, 2009, pp.134-161; John Street, "The Politics of Popular Culture", in Kate Nash and Alan Scott, eds., *The Blackwell Companion to Political Sociology*, Oxford: Blackwell Publishing, 2004, pp. 302-311; Robert Tucker, *Political Culture and Leadership in Soviet Russia*, New York: Norton, 1987; Tianjian Shi, *The Cultural Logic of Politics*, Cambridge: Cambridge University Press, 2015。
③ Gabriel Almond and Sidney Verba, *The Civic Culture: Political Attitudes and Democracy in Five Nations*, Princeton: Princeton University Press, 1963, p.13.

讨论集中于"文化"的含义,而对"政治文化"中的"政治"一词着墨不多。很显然,"政治文化"不同于"文化政治"(cultural politics),是指有关政治的文化现象,因此对"什么是政治"的讨论与"什么是文化"的讨论同等重要。对政治文化的界定与我们如何认识政治,以及政治的特殊性密切相关。孙中山曾对政治给出如下定义:"政就是众人之事,治就是管理,管理众人之事,即是政治。"①在亚里士多德眼中,人天生是一种政治动物,注定要过共同体生活。②混淆政治生活与经济生活是对人的自然政治性的降格。人区别于其他群居动物(如蜜蜂)之处在于,人不仅可以一起共同生活,更可以合作从事具有共同目标的活动。③亚里士多德说:"一切社会团体的建立,其目的总是为了完成某些善业,所有人类的每一种行为,其本意总是在求取某一善果。"④韦伯认为在现代国家兴起的背景下,政治的核心在于权力的分享与配置,从事政治的人,追求的是权力,权力斗争可以发生在国家内部,也可以发生在国家与国家之间。⑤卡尔·施米特(Karl Schmitt)乃至认为政治的本质在于区分敌人和朋友,其与道德、审美、经济等其他方面无关。⑥围

---

① 孙中山:《孙中山选集》(下),人民出版社1981年版,第661页。
② [古希腊]亚里士多德:《政治学》,吴寿彭译,商务印书馆1965年版,第2页。
③ 李猛:《自然社会:自然法与现代道德世界的形成》,生活·读书·新知三联书店2015年版,第51页。
④ [古希腊]亚里士多德:《政治学》,吴寿彭译,商务印书馆1965年版,第1页。
⑤ Max Weber, *The Vocation Lectures*, Translation by Rodney Livingston, Cambridge: Hackett Publishing Company, 2004, p.33.
⑥ [德]卡尔·施米特:《政治的概念》,刘宗坤译,上海人民出版社2004年版,第106—107页。

绕政治的含义,学者们见仁见智。不过总的来看,政治与社会、经济和家庭等现象的核心区别在于:其一,它是有关公共生活的安排;其二,政治不同于经济利润或家庭繁衍生计,有着自己的目标。政治因而涉及人与人之间的关系安排,涉及资源的分配和使用,涉及公共生活的意义和目的。亚里士多德在《政治学》中即讨论不同的政治安排,以及政治与家庭、财产等事务之间的关系。在政治领域,韦伯认为作为支配的基础,单靠习惯、个人利害、纯感情或理想等动机来结合仍不够坚实,除了这些之外,通常还需要正当性(legitimacy)的信念。① 这种正当秩序对行动的效力,不能仅靠习俗或者利益,而总是有赖于参与者对这种正当秩序的"信念"以及这种信念造成的"义务感"。② 在权威体系中,信念体系具有关键作用,它决定什么是合法或非法,因而也就决定了权威系统的根本性质。国家的存在取决于被支配者必须服从支配者声称具有的权威。③ 政治文化即关注现实中的政治正当性问题。这里,本书将政治文化界定为**"被普遍接受的有关人类群体秩序和权力关系安排的意义系统"**。政治文化是人群对特定价值、规范的认同,表现出一种群体性的特征。同时,政治文化是关于政治正当性的一种系统论述,而且这种论述被人群所认同,成为默认的主导规范。

---

① 对"legitimacy"的翻译存在不同意见,有的翻译成"合法性",有的翻译成"正当性"。这里采用"正当性"的翻译。参见[德]马克斯·韦伯:《经济与历史;支配的类型》,康乐等译,广西师范大学出版社 2004 年版,第 299 页。
② 李猛:《理性化及其传统:对韦伯的中国观察》,《社会学研究》2010 年第 5 期。
③ [德]马克斯·韦伯:《学术与政治》,钱永祥等译,广西师范大学出版社 2010 年版,第 200 页。

政治文化新论

本书的新定义与前人的政治文化概念有着显著区别。阿尔蒙德和维巴以及英格尔哈特等学者的定义立基于个人，将政治文化视为个体观念和态度的集合。阿尔蒙德和维巴将政治文化定义为人对政治现象的心理评价，其中包括认知的取向（cognitive orientation）、情感的取向（affective orientation）和评价的取向（evaluational orientation）。① 英格尔哈特将政治文化界定为"一个社会中民众为了适应外在环境而具备的价值、态度、观念和知识组合"②。本书的新界定强调政治文化是一个集体性的意义系统，而非个体观念和态度的集合。史天健将政治文化界定为一系列的规范组合，在他看来，其中的关键在于两点：自我利益的界定和权威观。③ 史天健认为没有必要区分政治文化和其他类型的文化，因为社会经济领域的规范会渗透到政治领域，影响政治态度和观念。现实中的确能发现这样的现象，如家国观念、政教合一。但这是有前提条件的，不能假定其必然出现，现实中并非所有地区、任何时候都如此。《社会科学国际百科全书》（International Encyclopedia of the Social Sciences）将政治文化界定为"为政治过程提供秩序和意义，并为政治行为提供假设前提和规则的一系列态度、信念和观点"④。

---

① Gabriel Almond and Sidney Verba, *The Civic Culture: Political Attitudes and Democracy in Five Nations*, Princeton: Princeton University Press, 1963, p.15.
② Ronald Inglehart, *Modernization and Postmodernization: Cultural, Economic, and Political Change in 43 Societies*, New Jersey: Princeton University Press, 1997, p.15.
③ Tianjian Shi, *The Cultural Logic of Politics*, Cambridge: Cambridge University Press, 2015, p.29.
④ David L. Sills and Robert K. Merton, eds., *International Encyclopedia of the Social Sciences*, Vol. 12, New York: Macmillen, 1968, p.218.

第一章 政治文化的概念

维巴在后来的作品中将政治文化界定为"为政治行为的发生提供情境的信念系统、表达符号和价值"①。这与本书的新界定更为相近,区别之处在于:前者的定义未阐明政治文化的本质特征,笔者的新定义强调政治文化是为政治提供根本意义的集体存在,是可以被观察和研究的经验现实。

对政治文化概念的新界定能够帮助我们更好地认识政治文化与其他议题和领域的联系与区别。首先,政治文化的核心关注点是共同体内的权力关系和秩序安排,这使其与社会文化、经济文化等区别开来。其次,与国民性格关注一国国民整体的性格特征,将之与有特定疆域的现代国家捆绑不同,本书对政治文化的定义更具普遍性。政治文化有着悠久的历史,伴随人类的政治生活而出现,任何时代都需处理有关政治正当性的问题。② 政治文化的附着人群既可以是普通人,也可以是政治精英。③ 政治文化与政治心理、公共舆论有所联系也互不相同,两者都关心民众的态度,政治文化因涉及有关政治生活的根本性安排,具有集体性和稳定性。政治心理和公共舆论关注的是民众对具体政治事项和细节的态度,更具个体性和变化性。再次,政治文化与政治哲学都关注政治共同体的价值和规范,两者既相互区别又有所关联。两者的区别在于:政治哲学关注价值的优劣、目标的好坏,试图构建更美好的政治生活,应

---

① Sidney Verba, "Conclusion: Comparative Political Culture", in Lucian W. Pye and Sidney Verba, eds., *Political Culture and Political Development*, New Jersey: Princeton University Press, 1965, pp. 512-560.
② 如,刘浦江:《正统与华夷:中国传统政治文化研究》,中华书局2017年版。
③ See Crawford Young, *The Politics of Cultural Pluralism*, Madison: University of Wisconsin Press, 1976.

然性更强;政治文化关心的则是一地现实存在的政治意义系统,更注重经验性、现实性。两者也有着承上启下的关系,政治文化可以被看成政治思想和哲学研究的延续,关注由其生发的思想和理念如何在现实中被接受、传播和产生影响。最后,政治文化与政治文明相对,政治文化强调特殊性,而政治文明强调共同性。

四、小结及后续章节安排

社会研究的奠基人之一爱弥尔·涂尔干(Emile Durkheim)①曾言:过去一个世纪,道德(morality)和科学(science)的关系争论不休,到底道德在前,还是科学在前,解决这一难题的唯一办法是将道德本身变成一种科学。② 对政治文化现象的思考亦同,推进政治文化研究的关键在于了解其本质、类型和对政治学研究的潜在贡献。政治文化新概念的提出,为本书后续的内容打下了基础。本书名为"新论",接下来的部分将与本章的内容安排类似,在充分回顾现有研究的进展、进行反思性的讨论后,笔者将提出政治文化的新分析框架、理想类型和潜在贡献,并予以举例展示。读者由此了解"旧论"以及本书的新意在何处。

接下来的具体章节安排如下:第二章将全面回顾在现有政治文化研究中占据主导地位的公民文化研究的主要内容,总结

---

① 爱弥尔·涂尔干的中文译名还有埃米尔·迪尔凯姆、埃米尔·杜尔凯姆等,本书统一使用爱弥尔·涂尔干,但涉及注释文献时则保留原书面貌。
② Emile Durkheim, *On Morality and Society: Selected Writings*, Chicago: University of Chicago Press, 1973, p.Ⅸ.

其贡献并分析其不足;第三章将引入新的思想资源,介绍以文化社会学和文化人类学为基础的解析主义文化视角在文化本体论、认识论和方法论上的洞见;在第四章中,笔者将提出一个政治文化的新分析框架,以一个互动综合的视角展示政治文化研究的关键议题及对政治学研究的潜在贡献,该章还将提出一个新的政治文化理想类型;接下来的第五、六章是新分析框架的具体应用——第五章将讨论政治文化与政治行为之间的关系,聚焦于政治文化的引入如何有助于理解和解释政治行为;第六章则将政治文化作为被解释变项,探讨政治文化的变迁逻辑;总结和展望部分将全面回顾全书的核心内容,并作相应的延伸讨论。

第二章
公民文化研究的兴起及遭遇的挑战

在第一章中,我们介绍了政治文化研究的起源和演变,并将政治文化界定为"被普遍接受的有关人类群体秩序和权力关系安排的意义系统"。无论是在理论还是经验层面,政治文化的重要性都难以被忽视。距离阿尔蒙德提出政治文化的概念已有六十多年,虽然后续以政治文化为主题的作品十分丰富,政治文化作为一个学科和研究领域的发展却难令人满意。1979 年于莫斯科召开的国际政治科学协会(International Political Science Association)年会曾将政治文化与国内政治体系和国际关系列为政治学三大同等重要的分支领域。[①] 但时至今日,政治文化研究的进展已远远落后其

---

① Gabriel Almond, "Communism and Political Culture Theory", *Comparative Politics*, 1983, 15(2), pp.127-138.

他两个领域。无论在概念界定、分析单位还是研究议题上，现有的研究均各执一词、难有共识。许多学者还在呼吁对政治文化进行清晰界定，以推动后续研究的进展。① 理查德·威尔森(Richard Wilson)在一篇有关政治文化的评述文章中，用的标题即为"政治文化的多种声音"(The Many Voices of Political Culture)。② 缺乏学术共识使得政治文化研究难以形成学术共同体。一个明显的表现是：在世界主流政治学会中，没有与政治文化相关的分支委员会、刊物和奖项。③ 一些学者声称政治文化只能充当因果解释的残余因素，当所有其他因素都无法解释时，剩下的就是文化的影响。④ 大卫·莱廷(David Laitin)甚至认为政治文化研究已经逐渐成为政治学研究的边缘领域。⑤

---

① 如：Stephen E. Hanson, "Review Article: From Culture to Ideology in Comparative Politics", *Comparative Politics*, 2003, 35(3), pp.355-376; Filippo Sabetti, "Democracy and Civic Culture", in Carlex Boix and Susan Stokes, eds., *Oxford Handbook of Comparative Politics*, Oxford: Oxford University Press, 2009, p.344。
② Richard Wilson, "The Many Voices of Political Culture: Assessing Difference Approaches", *World Politics*, 2000, 52(2), pp.246-273.
③ 如美国政治科学学会为比较政治、政治学理论、公共政策等多个议题设置了奖项，其中并没有政治文化。详见美国政治学会网站 http://www.apsanet.org/awards。
④ 如：David J. Elkins and Richard E. B. Simeon, "A Cause in Search of Its Effect, or What Does Political Culture Explain?", *Comparative Politics*, 1979, 11(2), pp.127-145; Ruth Lane, "Political Culture: Residual Category or General Theory?", *Comparative Political Studies*, 1992, 25, pp.362-384。
⑤ David Laitin, "The Civic Culture at 30", *The American Political Science Review*, 1995, 89(1), pp.168-173.

政治文化新论

与政治文化研究形成鲜明对比的是理性选择视角在政治学研究中的崛起和兴盛。20世纪70年代以来,发源自经济学尤其是微观经济学的理性选择视角席卷政治学,形成了一个声势浩大的潮流。突出的表现就是:理性选择被称为"理论"(rational choice theory),其有着较清晰的假设、视角和方法。肯尼思·谢普瑟(Kenneth Shepsle)在一篇综述性文章里提出:理性选择已经成为社会科学研究的一个发动机,它有着理论微观基础、均衡视角、演绎产生的具有预测性的理论、可验证假设的比较均衡方法论,以及一系列具体的方法和工具。[1] 理性选择视角一路攻城略地,在选举行为、集体行动、国家兴衰、政府市场关系、制度、战争等议题上都产出了经典作品,同时打破了议题差异所产生的壁垒,促进了相互之间的沟通和交流。[2] 在此基础上,其逐步建立了相应的学术共同体、设

---

[1] Kenneth A. Shepsle, "Rational Choice Institutionalism", in R. A. W. Rhodes, et al., eds., *The Oxford Handbook of Political Institutions*, Oxford: Oxford University Press, 2008, pp.23-38.

[2] 如:[美]安东尼·唐斯:《民主的经济理论》,姚洋等译,上海人民出版社2005年版; Mancur Olson, *The Logic of Collective Action: Public Goods and the Theory of Groups*, Cambridge: Harvard University Press, 1971; Mancur Olson, *The Rise and Fall of Nations*, New Haven: Yale University Press, 1982; Robert H. Bates, *Markets and States in Tropical Africa: The Political Basis of Agricultural Policies*, Berkeley: University of California Press, 1981; Margaret Levi, *Of Rule and Revenue*, California: University of California Press, 1988; Douglass North, *Institutions, Institutional Change and Economic Performance*, Cambridge: Cambridge University Press, 1990; James D. Fearon, "Rationalist Explanations for War", *International Organization*, 1995, 49(3), pp.379-414。

第二章 公民文化研究的兴起及遭遇的挑战

立了相应的期刊和奖项。① 围绕理性选择视角的贡献和不足,学界进行了长期的争论,这对政治学学科和研究产生了深远的影响。② 玛格利特·列维(Margaret Levi)甚至认为比较政治学出现了"经济学转向"。③

同为二战后政治学学科大发展时期出现的理论视角,为何政治文化和理性选择对政治学研究的影响显著不同?作为曾被认为与国内政治体系、国际关系等量齐观的重要研究领域,为何政治文化研究的发展难以令人满意?本章通过系统回顾和反思 20 世纪 50 年代后政治文化研究的进展,试图解答这些问题。20 世纪 50 年代阿尔蒙德提出政治文化概念后,公民文化成为政治文化研究的主导视角。本章将全面回顾公民文化研究的兴起和主要论点,在展示其特点和贡献之后,将围绕其遭遇到的学术挑战和批评展开反思。本章的目的不仅在于帮助读者全面了解公民文化研究的主要观点、演变和影响,更希

---

① 学术共同体如 Public Choice Society(https://publicchoicesociety.org/);奖项如 The Vincent & Elinor Ostrom Prize (https://publicchoicesociety.org/awards);期刊如 *Rationality and Society*(https://journals.sagepub.com/home/rss), *Public Choice* (https://link. springer. com/journal/11127)。

② 如:Jon Elster, ed., *Rational Choice*, New York: New York University Press, 1986; Donald P. Green and Ian Shapiro, *Pathologies of Rational Choice Theory: A Critique of Applications in Political Science*, New Haven: Yale University Press, 1994; Jeffrey Friedman, ed., *The Rational Choice Controversy: Economic Models of Politics Reconsidered*, New Haven: Yale University Press, 1996; Mark I. Lichbach, *Is Rational Choice Theory All of Social Science?* Ann Arbor: University of Michigan Press, 2003。

③ Margaret Levi, "The Economic Turn in Comparative Politics", *Comparative Political Studies*, 2000, 33(6/7), pp.822-844.

望借此展开对现有的政治文化研究主导范式的反思和讨论。

一、背景:现代化理论的兴起

政治文化概念兴起于二战结束后的 20 世纪 50 年代,由美国学者提出。彼时美国成为世界超级大国,与苏联在全球争霸。在《比较政治制度》一文中,阿尔蒙德写道:随着利益纽带的建立,美国的兴趣和关注点已经从西欧扩展到全球各地,其他地区如亚洲、非洲和拉丁美洲的现象和事件也不再遥远,相反成为与美国休戚相关的事务。① 二战结束后,世界殖民体系崩溃,构建新的政治秩序成为新兴国家亟待解决的关键问题。在主要发达国家越来越重视新兴国家的同时,新兴国家也在进步主义史观的影响下将目光投向发达国家,主动学习其政治发展经验。由于在二战中成功战胜纳粹和法西斯主义,代议制民主获得了广泛的认可。政治发展和现代化的关键被认为在于走向民主,即建立欧美式的代议民主体制。相比于民主转型和巩固,政治发展的其他面向,诸如国家构建、法治,到后来才获得更大的关注。②

那么如何解释特定政体,尤其是民主政体的起源和巩固?围绕这个问题,学者们逐渐形成了两种解释:一种是基于物质状况的现代化理论(modernization theory),另一种则

---

① Gabriel Almond, "Comparative Political Systems", *The Journal of Politics*, 1956, 18(3), pp.391-409.
② 如:Peter Evans, Dietrich Rueschemeyer, and Theda Skocpol, eds., *Bringing the State back in*, New York: Cambridge University Press, 1985;[美]弗朗西斯·福山:《政治秩序的起源:从前人类时代到法国大革命》,毛俊杰译,广西师范大学出版社 2012 年版。

强调文化因素的重要性。在一批学者笔下,美国和西欧的政治发展经验被总结为由经济社会条件决定,民主的兴起和巩固源自经济发展及社会结构的变迁。西摩·马丁·利普赛特(Seymour Martin Lipset)在其 1959 年的经典论文《民主的某些社会前提:经济发展和政治正当性》中提出:"民主与经济发展的程度有关,一个国家的经济发展越好,它维持民主的可能性越高。"① 利普赛特在文中并没有区分相关性和因果关系,经济发展影响民主转型的机制也多样。一批现代化理论的追随者在后续的研究中试图证明:经济发展,具体表现为人均 GDP 的提高,是民主政治出现的前提条件。② 另一批学者则从经济发展带来的社会结构的改变,尤其是阶级状况和关系的视角出发,探寻经济发展影响民主政治的具体机制。通过分析二战以前七个大国的政治演变历史,巴林顿·摩尔(Barrington Moore)强调农业商品化、资本主义的发展带来的资产阶级崛起以及城市化的出现是现代议会民主制出现的必要条件。③ 后续的一些学者强调现代民主的源头在于新兴资

---

① Seymour Martin Lipset, "Some Social Requisites of Democracy: Economic Development and Political Legitimacy", *American Political Science Review*, 1959, 53(1), pp.69-105.
② 如:Robert W. Jackman, "On the Relation of Economic Development to Democratic Performance", *American Journal of Political Science*, 1973, 17(3), pp.611-621; Robert J. Barro, "Democracy and Growth", *Journal of Economic Growth*, 1996, 1, pp.1-27; John B. Londregan and Keith T. Poole, "Does High Income Promote Democracy?", *World Politics*, 1996, 49(1), pp.1-30; Carles Boix and Susan C. Stokes, "Endogenous Democratization", *World Politics*, 2003, 55, pp.517-549。
③ See Barrington Moore, *Social Origins of Dictatorship and Democracy*, London: the Penguin Press, 1967.

产阶级意图保护产权、防止专断国王的任意征税。① 迪特里希·鲁施迈耶(Dietrich Rueschemeyer)等人认为资产阶级虽然倾向于建立宪政和代议制政府,但其会拒绝将普选权扩展到整个社会。通过对欧洲、南美洲二十几个国家更长时间段的分析,这些学者发现有组织的城市工人阶级的出现和壮大才是资本主义和工业化推动真正意义的民主出现的关键条件。② 鲁斯·科利尔(Ruth Collier)等人也认为对劳工的合理吸纳是民主出现的条件。③ 近年来一些学者开始探讨经济不平等与民主之间的关系,在他们看来,民主化是一个经济再分配的过程,只有民主带来的收益大于成本时,各个社会群体才会予以支持和推动。④ 还有的学者将国际经济因素带入,关注对外贸易和

---

① Ben Ansell and David Samuels, "Inequality and Democratization: A Contractarian Approach", *Comparative Political Studies*, 2010, 43(12), pp.1543-1574; Ben Ansell and David Samuels, *Inequality and Democratization: An Elite-Competition Approach*, Cambridge: Cambridge University Press, 2014.
② See Dietrich Rueschemeyer, Evelyne Stephens, and John D. Stephens, *Capitalist Development and Democracy*, Chicago: University of Chicago Press, 1992.
③ See Ruth Berins Collier, *Paths toward Democracy: The Working Class and Elites in Western Europe and South America*, Cambridge: Cambridge University Press, 1999.
④ 参见 Carles Boix, *Democracy and Redistribution*, Cambridge: Cambridge University Press, 2003; Daron Acemoglu and James A. Robinson, "A Theory of Political Transitions", *The American Economic Review*, 2001, 91(4), pp.938-963; Daron Acemoglu and James A. Robinson, *Economic Origins of Dictatorship and Democracy*, Cambridge: Cambridge University Press, 2006。

对外援助等对一国民主政治的影响。① 整体来看,现代化理论强调经济社会现代化对民主政治的关键性影响,核心机制在于通过变革经济社会结构,推动有助于民主政治的经济社会力量的出现。②

不过,现代化理论的提出者利普赛特在自己的文章中并没有排除主观因素的影响,在经济社会条件之外,他还提出要关注政治体系内部的正当性以及减少政治裂痕(political cleavage)的机制。在他看来,民主政体不仅依赖于经济社会现代化,也离不开体系有效性和正当性的维持。正当性意味着政治体系被其中的成员认为是最合适或者最好的安排,是更主观和评价性的因素。③ 在后期的作品中,利普赛特强调政治制度的变革相对容易,而文化传统更为稳固,除了考虑经济社会条件外,不能忽视文化因素对政治制度的影响。④ 跨国历史分

---

① Lev Gonick and Robert Rosh, "The Structural Constraints of the World-Economy on National Political Development", *Comparative Political Studies*, 1988, 21(2), pp.171-199; Joseph Wright, "How Foreign Aid Can Foster Democratization in Authoritarian Regimes", *American Journal of Political Science*, 2009, 53(3), pp.552-571; Helen V. Milner and Bumba Mukherjee, "Democratization and Economic Globalization", *Annual Review of Political Science*, 2009, 12, pp.163-181.
② Frances Hagopian, "Political Development, Revisited", *Comparative Political Studies*, 2000, 33(6/7), pp.880-911.
③ Seymour Martin Lipset, "Some Social Requisites of Democracy: Economic Development and Political Legitimacy", *American Political Science Review*, 1959, 53(1), pp.69-105.
④ Seymour Martin Lipset, "The Centrality of Political Culture", *Journal of Democracy*, 1990, 1(4), pp.80-83.

析显示:文化因素看起来比经济因素更为重要。① 不过现代化理论的追随者主要关注经济社会发展,而非政治正当性或其他文化因素。虽然经济社会的现代化会带来价值和文化规范的改变,从而影响政治制度的建立和巩固,但文化因素并非解释民主起源和巩固的独立变量。② 公民文化研究的兴起,很大程度上是在回应以物质利益为基础的现代化理论。

二、公民文化的提出

与现代化理论一样,政治文化研究起源自英美学术界对二战结束后各国,尤其是新兴国家政治发展的关注。③ 阿尔蒙德认为每个政治体系都嵌入在一套有关政治行为的体系化态度之中,而民主体制需要有一种世俗政治文化(secular political culture)来维持。④ 在政治文化学者看来,民主制度的起源、巩固和维持取决于普通民众对民主原则的认同,而非仅来自生活水平的提高。⑤ 阿

---

① Seymour Martin Lipset, "The Social Requisites of Democracy Revisited: 1993 Presidential Address", *American Sociological Review*, 1994, 59(1), pp.1-22.
② 如:Barrington Moore, *Social Origins of Dictatorship and Democracy*, London: the Penguin Press, 1967, p.422。
③ Lucian W. Pye, "Introduction: Political Culture and Political Development", in Lucian W. Pye and Sidney Verba, eds., *Political Culture and Political Development*, New Jersey: Princeton University Press, 1965, pp.10-11.
④ Gabriel Almond, "Comparative Political Systems", *The Journal of Politics*, 1956, 18(3), pp.391-409.
⑤ Christian Welzel and Ronald Inglehart, "Mass Beliefs and Democratic Institutions", in Carles Boix and Susan Stokes, eds., *Oxford Handbook of Comparative Politics*, Oxford: Oxford University Press, 2007, pp.297-316.

第二章 公民文化研究的兴起及遭遇的挑战

尔蒙德和维巴在1963年出版《公民文化》一书,开启了公民文化研究的序幕。基于政治对个人是否有影响、个人是否关心政治过程两个维度,阿尔蒙德和维巴区分出了三种类型的政治文化:狭隘型政治文化(parochial political culture)、臣民型政治文化(subject political culture)、参与型政治文化(participant political culture)。狭隘型政治文化下的个人几乎对政治没有认知和期待,臣民型政治文化下的个人仅关心政治结果,而参与型政治文化下的个人既关心政治过程又关心政治结果。① 阿尔蒙德和维巴认为公民文化是这三种政治文化的混合体,公民可以选择不关心政治或只关心政治结果,但这都是暂时的状况,对政治过程的关注才是公民文化的本质。为了进行跨国比较,两位作者大胆采用新兴的问卷调查方法,对英国、美国、联邦德国、意大利、墨西哥五国的民众进行问卷调查和访谈,每个国家的问卷调查样本设定为1 000。② 在问卷中,两位作者设计了诸多指标来测量五国民众的政治态度和政治行为,包括:民众的政治认知、对政府和政治的态度、党派倾向、政治参与的责任和热情、公民能力、民主态度和政治忠诚度、人际关系与社会信任、社会组织参与、政治社会化等。研究者在了解个体的态度后,将一国的问卷调查数据进行加总,从而推断一国的整体状况,并为跨国比较打下了基础。

如前所述,狭隘型政治文化和其他两种政治文化的根本区

---

① Gabriel Almond and Sidney Verba, *The Civic Culture: Political Attitudes and Democracy in Five Nations*, Princeton: Princeton University Press, 1963, pp.16-19.
② Sidney Verba, "On Revisiting the Civic Culture: A Personal Postscript", in Gabriel A. Almond and Sidney Verba, eds., *The Civic Culture Revisited*, Newburg Park: Sage, 1989, pp.394-410.

别在于民众是否对政治有所认知和期待。阿尔蒙德和维巴为此设计了相关的问题,在问卷中询问受访者国家政府对民众日常生活的影响。表2-1展示了五个国家的问卷调查结果。我们将"很大影响"和"一些影响"加总合并成为"有影响"。可以看到,85%的美国受访者认为政府对自己的生活有影响,选择这两个选项的英国受访者比例为73%,联邦德国受访者的比例为70%,意大利受访者比例为54%,而在墨西哥,认为有影响的比例仅为30%。与美国相比,墨西哥国家政府对民众的生活影响要小很多。从这个指标来看,墨西哥的政治文化更接近狭隘型政治文化。

表2-1 国家政府对民众日常生活的影响程度

民众回答国家政府有下列影响	美国	英国	联邦德国	意大利	墨西哥
很大影响(%)	41	33	38	23	7
一些影响(%)	44	40	32	31	23
没有影响(%)	11	23	17	19	66
其他(%)	0	—	—	3	—
不知道(%)	4	4	12	24	3
总体比例(%)	100	100	99	100	99
总体回答人数(人)	970	963	955	995	1 007

注:(1)提问的问题为"请问在首都的国家政府的行为,如法律的制定和推行,对您的日常生活有很大影响,一些影响,还是没有影响?"(2)某些项目的总体比例不是100,是源自四舍五入,后面类同。(3)表中所列各国按国家英文名的首字母排序,本章内表格排序规则同。

资料来源:本表由笔者翻译制作而成,原表见Gabriel Almond and Sidney Verba, *The Civic Culture: Political Attitudes and Democracy in Five Nations*, Princeton: Princeton University Press, 1963, p.46。

第二章 公民文化研究的兴起及遭遇的挑战

臣民型政治文化和参与型政治文化的核心区别在于民众是否关心政治过程。两位作者也设计了相关的问题,其中包括询问受访者竞选活动是否必要以及在现实中是否关心竞选活动。问卷调查显示:五个国家的民众也表现出不同的态度,表2-2展示了相应的结果。其中74%的美国受访者认为竞选活动很有必要,只有12%的受访者不关心竞选活动;在英国,63%的受访者认为竞选活动很有必要,不关心现实中的竞选的受访人比例为29%;认为竞选活动很有必要的比例排名第三的国家是墨西哥,61%的受访者支持这个说法,同时也有45%的墨西哥受访者不关心现实中的竞选;与墨西哥形成鲜明对比的是联邦德国,只有42%的受访者认为竞选活动很有必要,但大部分受访者仍然关心现实中的竞选活动,不关心的比例只有27%;在两个指标上均不理想的国家是意大利,只有29%的受访者认为竞选活动是必要的,超过一半(54%)的受访者也不关心现实中的竞选活动。从这个指标来看,意大利的政治文化更接近臣民型政治文化,而美国的政治文化更接近参与型政治文化。

除了涉及政治现象和事务的态度,阿尔蒙德和维巴也关注民众在社会和生活方面的态度及其与政治态度之间的关系。① 民主政治立基于人与人之间的合作和信任关系,社会信任因而会对民主政治的运行产生影响。生活在一个缺乏信任的社会环境中,行为者往往很难在政治生活中合作共处。两位作者采用亦正亦反的两种提问方式询问受访者的社会信任度,表2-3展

---

① Gabriel Almond and Sidney Verba, *The Civic Culture: Political Attitudes and Democracy in Five Nations*, Princeton: Princeton University Press,1963, p.307.

示了不同国家的问卷调查结果。在这些选项中,英美两国受访者的社会信任度最高,意大利、联邦德国和墨西哥三国相对较低。

表 2-2 竞选活动的必要性以及民众对竞选活动的关注度

单位:%

国家	认为竞选活动必要的比例	没有关注竞选活动的比例
美国	74	12
英国	63	29
联邦德国	42	27
意大利	29	54
墨西哥	61	45

注:这两列数据对应的问题分别是:(1)一些人认为竞选活动是必要的,以便大众分辨候选人和议题,另一些人认为竞选会引发很多矛盾和问题,不要更好。您觉得竞选活动是否必要?(2)您是否关注了最近的一次全国选举中的竞选活动?是非常关注,关注了一些,还是没有关注?

资料来源:本表由笔者翻译制作而成,原表见 Gabriel Almond and Sidney Verba, *The Civic Culture: Political Attitudes and Democracy in Five Nations*, Princeton: Princeton University Press, 1963, p.109。

表 2-3 社会信任和不信任

	赞同的比例	美国	英国	联邦德国	意大利	墨西哥
不信任的陈述	当你遭遇不幸时,没有人会予以关心和帮助(%)	38	45	72	61	78
	如果你不加提防,他人就会趁机对你不利(%)	68	75	81	73	94

(续表)

赞同的比例		美国	英国	联邦德国	意大利	墨西哥
信任的陈述	绝大多数人都是值得信任的(%)	55	49	19	7	30
	绝大多数人都倾向于帮助他人,而不是首先考虑自己(%)	31	28	15	5	15
	人性是趋向于合作的(%)	80	84	58	55	82
总体回答人数(人)		970	963	955	995	1 007

资料来源：本表由笔者翻译制作而成,原表见 Gabriel Almond and Sidney Verba, *The Civic Culture: Political Attitudes and Democracy in Five Nations*, Princeton: Princeton University Press, 1963, p.213。

在对指标繁多的问卷调查数据进行逐一展示后,两位作者对五国的政治文化进行了总结和归纳。意大利的政治文化被界定为"疏离型政治文化"(alienated political culture),民众表现出疏离、孤立和不信任的状态,同时国家荣誉感不强、党派倾向保守,对参加地方事务不积极以及缺乏对社会体制的信心。① 墨西哥的政治文化则表现出不均衡和自相矛盾性,民众对国家事务并不熟悉,同时也不认为政府对自己的日常生活有很大的影响,但对政治体制抱有信心的民众比例却高于联邦德国和意大利,两位作者将墨西哥政治文化界定为"疏离但有希望"(alienation and aspiration)的状态。② 联邦德国民众熟知国家和政治事务,对政府和官僚系统十分信任,也积极参与政治生活,但这些政治参与非常形式化,走过场的色彩浓重。这种对政

---

① Gabriel Almond and Sidney Verba, *The Civic Culture: Political Attitudes and Democracy in Five Nations*, Princeton: Princeton University Press, 1963, p.308.
② Ibid., p.310.

治的实用乃至犬儒(cynical)的态度很大程度源自二战带来的创伤,两位作者将其政治文化总结为"政治冷漠和臣民特性"(political detachment and subject competence)。① 英国、美国在阿尔蒙德和维巴眼中都是趋近公民文化的理想国家,与美国相比,英国的政治文化是臣民和公民的有机结合,更靠近臣民一边,英国的政治文化因此被界定为"恭敬型公民文化"(deferential civic culture)。② 美国民众则表现出更强烈的参与热情,其政治文化被称为"参与型公民文化"(participant civic culture)。③

基于上述测量指标和评价体系,阿尔蒙德和维巴展示了其心中理想的政治文化,即公民文化的状态:民众对政治的知晓度很高、经常参与和讨论政治事务、认为参与社群活动很有必要、政治效能感很高、积极参与市民团体的活动。在现实中,民众也经常参与政治体系中的活动,同时对本国的政治体制有很高的认同程度,对具体政府政策的措施也大多感到满意。④ 五国的问卷调查结果显示:英美等成熟民主国家民众的政治态度与尚未实现民主的墨西哥民众有着显著区别。两位作者因此提出:公民文化对民主政治的巩固和维系至关重要。⑤

阿尔蒙德和维巴不但将公民文化作为自变量,用以解释民主制度的维系,也在书中试着讨论影响民众态度和公民文化的

---

① Gabriel Almond and Sidney Verba, *The Civic Culture: Political Attitudes and Democracy in Five Nations*, Princeton: Princeton University Press, 1963, p.312.
② Ibid., p.315.
③ Ibid., p.313.
④ Ibid., pp.313-314.
⑤ Ibid., p.360.

因素，其中包括性别、教育、经济收入和宗教信仰。在这些因素中，教育的影响最大，教育水平的提高甚至会减少国家之间的差异。① 进一步，公民文化的传播依赖政治社会化（political socialization），除了学校教育外，家庭教育、民众亲身的政治参与经历等都对其态度和偏好有着重要影响。② 维巴在1965年与白鲁恂共同编著的《政治文化与政治发展》（*Political Culture and Political Development*）一书中指出：对政治文化的研究使我们不可避免地关注和研究政治社会化，探讨政治文化如何在代际传递中延续和改变。③ 该书的编写参与者介绍和讨论日本、英国、联邦德国、土耳其、印度、埃塞俄比亚、意大利、墨西哥、埃及和苏联十个国家的政治文化，视野和覆盖范围进一步扩大。在一篇十几年后的回顾性文章里，阿尔蒙德认为公民文化受到自由主义和启蒙思想、欧洲社会学尤其是韦伯学说、社会心理学、心理人类学（psychoanthropology）等思想和学术传统的启发，公民文化研究借助问卷调查方法试图探索民主政治稳定运行的条件。④ 维巴认为《公民文化》是最早采用问卷调查方法进行跨国比较和实证研究的作品，其探索民主稳定的原因和机制

---

① Gabriel Almond and Sidney Verba, *The Civic Culture: Political Attitudes and Democracy in Five Nations*, Princeton: Princeton University Press, 1963, p.320.
② Ibid., pp.366-367.
③ Sidney Verba, "Conclusion: Comparative Political Culture", in Lucian W. Pye and Sidney Verba, eds., *Political Culture and Political Development*, New Jersey: Princeton University Press, 1965, p.515.
④ Gabriel Almond, "The Intellectual History of the Civic Culture Concept", in Gabriel Almond and Sidney Verba, eds., *The Civic Culture Revisited*, Newburg Park: Sage, 1989, pp.1-36.

也启发了后来者。① 如帕特南用公民文化传统解释意大利南北治理绩效的显著差别,公民文化传统促进了社会资本的出现,进而推动了民众与政府的积极有效互动,提升了一地的治理绩效。②

三、继承与发展:自我表达的价值与演化的现代化理论

公民文化的开创者阿尔蒙德和维巴首次对政治文化进行了界定和分类,并强调公民文化对民主政治的关键作用,但《公民文化》一书并没有把公民文化与经济发展区分开来,也没有论证是公民文化,而非其他因素导致了民主政治的兴起和巩固。跨国问卷调查数据展示的是美国、英国等成熟民主国家的民众对政治的关注程度更高、更加重视政治过程、对本国政治制度的认同度更高等,这与"特定政治文化引发特定政治制度的兴起和巩固"的因果解释并不相符。③ 与此同时,在测量一国的政治文化时,阿尔蒙德和维巴用了非常多的指标,如政治知晓度、是否讨论和参与公共事务、政治效能感、对政府及其政策的评价、社会和人际信任、生活满意度。其中的缺憾在于,诸多

---

① Sidney Verba, "On Revisiting The Civic Culture: A Personal Postscript", in Gabriel Almond and Sidney Verba, eds., *The Civic Culture Revisited*, Newburg Park: Sage, 1989, pp.394-410.
② See Robert Putnam, *Making Democracy Work: Civic Traditions in Modern Italy*, Princeton: Princeton University Press, 1993.
③ 对公民文化详细的介绍和讨论,还可参见徐湘林:《把政治文化找回来——"公民文化"的理论和经验反思》,《政治学研究》2012 年第 2 期;郭定平:《论民主转型与政治文化研究的复兴》,《湖北社会科学》2012 年第 7 期。

指标选取的标准并不清楚,相互之间的关系,以及如何组织起来成为一个统一的体系也未交代。两位作者依据问卷数据进行事后的归纳和总结,而没有事先构建一个清晰的类型学和测量指标,这引发了"英美经验中心论"的质疑。① 概念和测量的含混不清、因果关系的难以证实,成为阻碍公民文化研究发展的两大难题。公民文化研究也因此遭遇到了一系列的批评和挑战,在20世纪70年代理性选择视角崛起后,政治文化研究反而陷入了低迷。后续者要推动政治文化研究的进展,必须在概念和测量、因果推断等问题上有所提高和进步。

承接公民文化传统并将之推进发展的集大成者是英格尔哈特,其毕生都在关注全球的政治文化,持续地推出这一主题的作品。因其对政治文化的研究和贡献,英格尔哈特与另一位著名政治文化学者皮帕·诺里斯(Pippa Norris)于2011年获得有"政治学诺贝尔奖"之称的约翰·斯凯特奖(Johan Skytte Prize)②。英格尔哈特清楚地意识到公民文化研究的弱点,在他的诸多作品中,我们可以看到他在概念和测量、因果推断两大问题上的努力。英格尔哈特首先对人有一个基本假定:人向往个人自主和选择,但相比之下生存问题更为紧迫,满足生存

---

① 参见徐湘林:《把政治文化找回来——"公民文化"的理论和经验反思》,《政治学研究》2012年第2期;Margaret Somers, "What's Political or Cultural about Political Culture and the Public Sphere? Toward Historical Sociology of Concept Formation", *Sociological Theory*, 1995, 13(2), pp.113-144。
② 约翰·斯凯特奖参见 http://www.skytteprize.com/。

需求因而具有优先性。① 在早期作品中,他就有意识地区分了两种类型的文化规范:"物质主义价值观"(materialist values)和"后物质主义价值观"(postmaterialist values)。物质主义价值观,顾名思义即关注与生存相关的事务,如经济增长、物价、就业、秩序和稳定;后物质主义价值观则关注个人选择、自由言论、政治参与、环境保护等超越生存需求的议题。② 在后续的作品中,英格尔哈特持续更新自己的文化规范类型学。自1997年出版的《现代化与后现代化》(*Modernization and Postmodernization*)一书开始,英格尔哈特引入权威观,从两个维度区分一地的文化特征形态:"传统价值观"或"世俗理性价值观"(secular-rational values)、"生存价值观"或"自我表达的价值观"(self-expression values)。③ 持传统价值观的人重视宗教,对堕胎和离婚更不宽容,同时有很强的国家荣誉感,对

---

① See Ronald Inglehart and Christian Welzel, *Modernization, Cultural Change, and Democracy: The Human Development Sequence*, Cambridge: Cambridge University Press, 2005; Ronald Inglehart, *Cultural Evolution: People's Motivations Are Changing and Reshaping the World*, Cambridge: Cambridge University Press, 2018.
② See Ronald Inglehart, "The Silent Revolution in Europe: Intergenerational Change in Post-Industrial Societies", *American Political Science Review*, 1971, 65(4), pp. 991-1017; Ronald Inglehart, *The Silent Revolution: Changing Values and Political Styles Among Western Publics*, New Jersey: Princeton University Press, 1977.
③ 在1997年的著作中,英格尔哈特用的术语是"主观幸福感"(subjective well-being),在2005年的著作中改为"自我表达的价值观"(self-expression values)。参见 Ronald Inglehart, *Modernization and Postmodernization: Cultural, Economic, and Political Change in 43 Societies*, New Jersey: Princeton University Press, 1997; Ronald Inglehart and Christian Welzel, *Modernization, Cultural Change, and Democracy: The Human Development Sequence*, Cambridge: Cambridge University Press, 2005。

第二章　公民文化研究的兴起及遭遇的挑战

权威十分服从；世俗理性价值观则相反，偏好世俗化、理性化和科层化。生存价值观类似于物质主义价值观，自我表达的价值观的内涵则比后物质主义价值观更加宽泛。英格尔哈特强调自我表达的价值观除了包括自我独立和选择外，还有对其他外来群体的宽容、重视环境保护、对多元生活方式和价值观的容忍以及对政治经济生活的参与等内容。①

英格尔哈特的文化规范类型学从两个层面推动了政治文化研究的进展。在理论层面上，经济社会现代化会带来人的价值观在两个维度上的改变。工业化使得以宗教为基础的传统价值观被世俗理性价值观替代，权威建立的基础从韦伯所言的"传统型"向"法理型"转变，理性精神上扬，但这并不一定导致权威的受限；后工业化时代，尤其是服务经济的崛起则会推动自我表达的价值观的兴起，将人们从对权威的需求中解放出来，人们重视个人独立和自我实现。② 英格尔哈特认为经典的现代化理论只注意到农业社会到工业社会的变迁，而没有注意到后工业化时代的到来引发的第二阶段的文化变迁。在文化规范的两个维度中，英格尔哈特更为重视自我表达的价值观，他认为从重视生存到重视自我表达体现了真正的人类发展，是文化变迁的标志。③ 在经验

---

① Ronald Inglehart, *Cultural Evolution: People's Motivations Are Changing and Reshaping the World*, Cambridge: Cambridge University Press, 2018, p.37.
② Ronald Inglehart and Christian Welzel, *Modernization, Cultural Change, and Democracy: The Human Development Sequence*, Cambridge: Cambridge University Press, 2005, p.26.
③ See Ronald Inglehart, *Cultural Evolution: People's Motivations Are Changing and Reshaping the World*, Cambridge: Cambridge University Press, 2018.

层面上，事先确定的类型学有助于后续的经验研究。在世界价值观调查中，他有意识地设计了与之相关的问题，用来测量和区分民众心中的文化规范。以文化规范的两个维度为基础，作者利用覆盖全球大部分国家的调查数据绘制了全球文化地图，图2-1是其中的一个例子，其直观展现了全球各国的文化状况。与此同时，多轮次的调查数据也进一步展示了各国文化规范的动态演变，为检验其文化变迁理论提供了经验基础。概念和类型的清晰避免了"事后诸葛亮"之感，使得跨国比较和分析更具说服力。

英格尔哈特也开始与现代化理论进行对话。如前所述，公民文化研究兴起的背景在于提出与以物质利益为基础的现代化理论不同的观点，将文化带回民主政治的研究之中。在《政治文化的复兴》一文中，英格尔哈特认为经济发展并不一定会导致民主，现代化理论成立的条件在于经济发展改变人的观念和一国的政治文化。他接着认为文化与经济发展相互影响：新教伦理促进资本主义的发展，而资本主义经济的发展推动了公民文化的崛起，随之引发了民主政治。① 但在后来的作品中，英格尔哈特逐渐放弃文化与经济相互影响的观点，转而主张文化是物质生存状况的产物。在其2018年出版的《文化的演化》(*Cultural Evolution*)一书中，文化被定义为"人类为实现在特定环境下的生存而发展出来的一套规范和技能"②。在英格尔

---

① Ronald Inglehart, "The Renaissance of Political Culture", *The American Political Science Review*, 1988, 82(4), pp.1203-1230.

② Ronald Inglehart, *Cultural Evolution: People's Motivations Are Changing and Reshaping the World*, Cambridge: Cambridge University Press, 2018, p.17.

第二章 公民文化研究的兴起及遭遇的挑战

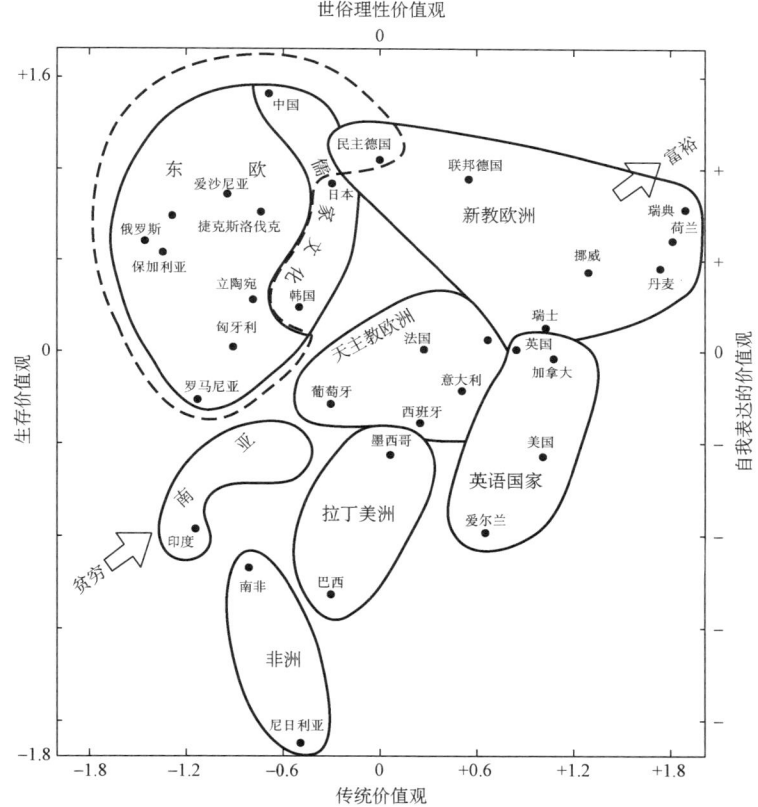

图 2-1 英格尔哈特描绘的全球文化地图（1990—1991 年）

注：本图由笔者翻译所制。原图见 Ronald Inglehart, *Modernization and Postmodernization: Cultural, Economic, and Political Change in 43 Societies*, New Jersey: Princeton University Press, 1997, p.93。

哈特看来，经济状况和生存压力决定人的价值观以及整体文化的变迁。历史上的大多数时候，人类都处在生存竞争的状况下。在资源稀缺、生存艰难的状况下，人们往往会强调群体之间的团结而排斥外来者，同时服从群体规范和强人统治。当经济发展水平提高、物质生活丰裕后,生存危机感会逐步消失,人们开始追求个人独立,容忍多元思想和生活方式,文化价值观出现变迁。经济社会现代化如何对人的价值观产生影响?在2005年推出的《现代化、文化变迁与民主》(Modernization, Cultural Change, and Democracy)一书中,英格尔哈特详细阐述了其中的机制:首先,经济增长和福利国家的建立增加了人的物质资源,使人获得生存安全感;其次,教育和大众沟通方式的出现增加了人的智力资源,有利于人的认知解放;最后,社会关系的复杂化和多元化改变了人的交往方式,有利于其摆脱传统社会关系的束缚。总的来看,经济社会现代化减少了人的外在约束,增加了人的选择空间,从而使人更加自主和独立。[1] 在不同的经济发展阶段:工业化会带来传统价值观向世俗理性价值观的转变,后工业化社会中人的权威观基本不再改变,文化变迁从另一个维度展开,生存价值观转为自我表达的价值观。[2] 当经济情况恶化、生存压力增大时,传统和生存价值观会回归并占据主导地位。人们倾向于团结在一个强势的领导人之下,反对外来人,作者将之称为"潜意识的威权反应"(authoritarian reflex)。[3] 这一文化变迁理论,作者刚开始将之命名为"修订版的现代化理论"(revised version of

---

[1] Ronald Inglehart and Christian Welzel, *Modernization, Cultural Change, and Democracy: The Human Development Sequence*, Cambridge: Cambridge University Press, 2005, p.24.
[2] Ibid., p.20.
[3] See Ronald Inglehart, *Cultural Evolution: People's Motivations Are Changing and Reshaping the World*, Cambridge: Cambridge University Press, 2018.

modernization theory)①,后又改名为"演化的现代化理论"(evolutionary modernization theory)②。承接经典的现代化理论所强调的物质经济生活的基础和决定性影响,英格尔哈特的创新之处在于反对线性的现代化过程,他认为现代化并非人类社会发展的终点,随着经济的发展,后现代化现象可能会出现,而当人的物质生活境遇不佳时,现代化进程也可能发生逆转。与此同时,经济社会现代化所带来的一系列影响的关键在于改变民众的价值观。总之,生存如此重要,以至于决定人类的文化形态和演变以及随后的政治社会变迁。

除此之外,英格尔哈特也追随阿尔蒙德和维巴,重视社会化对人的价值观和态度的影响。一个人基本的价值观由其成年前的成长环境所塑造,成年后一个人的价值观则存在黏性,会长期稳固下来,难以改变,文化的变迁因而只能通过代际更替来实现。③ 与社会化解释相对的是生命周期效应(life-cycle effects),即人在不同年龄阶段会表现出不同的价值偏好,年轻时冲劲十足,强调个性和自主,年龄增长后会逐渐温和乃至回归传统、变得保守。在这样的循环下,一个社会的文化规范会保持稳

---

① See Ronald Inglehart and Christian Welzel, *Modernization, Cultural Change, and Democracy: The Human Development Sequence*, Cambridge: Cambridge University Press, 2005.

② See Ronald Inglehart, *Cultural Evolution: People's Motivations Are Changing and Reshaping the World*, Cambridge: Cambridge University Press, 2018.

③ See Ronald Inglehart and Christian Welzel, *Modernization, Cultural Change, and Democracy: The Human Development Sequence*, Cambridge: Cambridge University Press, 2005; Ronald Inglehart, *Cultural Evolution: People's Motivations Are Changing and Reshaping the World*, Cambridge: Cambridge University Press, 2018.

定、难以改变。在现代化理论和社会化影响的基础上,英格尔哈特提出了两个假说:稀缺假说(scarcity hypothesis)和社会化假说(socialization hypothesis)。稀缺假说强调经济增长和物质生活改善使得民众更加偏好世俗理性以及自我表达的价值观;社会化假说则主张民众的价值观由其成年前的经历塑造形成,并在之后稳固下来。① 两者结合起来,即是英格尔哈特文化变迁理论的全貌:当一个国家和地区经济发展、社会稳定时,出生和成长在物质丰裕条件下的新生一代开始形成新的价值观,并在成年后稳固下来,当经济繁荣和社会稳定长期持续,代际更替会引发整体的文化变迁。

英格尔哈特所用的实证材料也逐步更新和扩展。在其设计并参与实施的欧洲社会调查(European Social Survey)、世界价值观调查的帮助下,英格尔哈特在《静悄悄的革命》(*The Silent Revolution*)一书中使用的是20世纪70年代初在西欧五国的调查数据。② 1997年的著作《现代化与后现代化》则跨出欧洲,分析的是1990年在全球43个国家进行的问卷调查数据,并将之与1981年的数据进行对比。在2005年的著作《现代化、文化变迁与民主》中,英格尔哈特使用了前四波世界价值观调查的数据,覆盖80个国家和地区,以及全球85%的人口。到了《文化的演化》一书时,作者的问卷调查数据库已经覆盖了100多个国家和地区,时间从1981年到2014年,跨度30多

---

① Ronald Inglehart, *Cultural Evolution: People's Motivations Are Changing and Reshaping the World*, Cambridge: Cambridge University Press, 2018, p.15.
② See Ronald Inglehart, *The Silent Revolution: Changing Values and Political Styles Among Western Publics*, New Jersey: Princeton University Press, 1977.

年,涵盖全球90%左右的人口,时间和地区跨度进一步扩大。通过对多轮次世界价值观调查数据的分析,英格尔哈特认为自己建构的文化地图十分稳固可靠。① 以最新的《文化的演化》一书中的数据为例:从横向的角度,全球文化地图直观地显示,经济发达的国家和地区无一例外均走向既世俗理性又自我表达的状态。偏好物质主义价值观和后物质主义价值观的民众比例直观地展现了这点,在经济相对落后的巴基斯坦,两者比例是55∶1,俄罗斯的这一数据是28∶1,偏好物质主义价值观的民众远远多于后者,而在经济发达的美国,这一比例是1∶2,瑞典则是1∶5,情况正好相反。② 从纵向的时间维度,西欧和原苏东国家的鲜明对比进一步佐证了作者的理论。二战后主要大国之间的战争阴影消除,西欧经历了快速的经济增长,并逐渐建立福利国家,民众的生活状况得到了极大改善。生存压力的逐步消失引发了民众价值观的变迁,即从偏好物质主义价值观变为后物质主义价值观。1970—2009年的调查数据显示,西欧六国中偏好后物质主义价值观的民众比例越来越高,最新的数据中,这一比例已经达到50%。③ 进一步,英格尔哈特发现民众的偏好随着年龄的增大并没有出现明显的改变,这证实了他的社会化解释,而排除了生命周期解释。在经济增长和物质条件的改善下,年轻一代开始更重视生活质量和自我表达

---

① Ronald Inglehart and Christian Welzel, *Modernization, Cultural Change, and Democracy: The Human Development Sequence*, Cambridge: Cambridge University Press, 2005, p.62.
② See Ronald Inglehart, *Cultural Evolution: People's Motivations Are Changing and Reshaping the World*, Cambridge: Cambridge University Press, 2018.
③ Ibid.

的价值观。现代化改善了人类的生活条件,同时也让人从吃饭穿衣的需求中解放出来,进而拥抱价值理性,现代化不是终点,其慢慢也消解了自己。① 与西欧形成鲜明对比的是原苏东国家,在经历政治经济剧变后,因经济状况恶化和民众收入倒退,民众的整体价值观逆转回归物质主义价值观。原苏东国家内部也有差别,经济转型表现相对较好、加入欧盟的东欧国家的文化价值观没有出现大的滑坡,持后物质主义价值观的年轻人比例缓步上升。相较之下,俄罗斯在 20 世纪 90 年代的经济转型中出现了严重的经济衰退,在这一时期,民众开始更关注生存价值观,同时拥抱传统,宗教信仰在民间复苏。2000 年后,随着俄罗斯经济逐步恢复和稳定,持自我表达的价值观的年轻人比例随之缓慢增加。英格尔哈特进一步指出,即使在一个国家内部,这种文化差异也会出现。生活在经济更发达的大城市民众会比生活在内陆农村的民众更为包容、更强调个人独立和自主。② 回归分析显示:经济社会发展状况和个人的文化价值观存在显著相关性,用人均 GDP、人均寿命、教育程度等指标测量的经济社会状况能够解释 77% 左右的自我表达的价值观。③

在物质基础的保障下,文化的变迁尤其是自我表达的价值观的崛起也会带来显著的政治社会后果。如上所述,经济社会现代化给人赋权,人们不再仅关心吃饭穿衣的物质需求,而开

---

① See Ronald Inglehart, *Modernization and Postmodernization: Cultural, Economic, and Political Change in 43 Societies*, New Jersey: Princeton University Press, 1997.
② See Ronald Inglehart, *Cultural Evolution: People's Motivations Are Changing and Reshaping the World*, Cambridge: Cambridge University Press, 2018.
③ Ibid.

始重视个人选择和自我实现。个人方面,民众在诸多议题的偏好和态度上都发生了显著变化,如宗教的影响逐步衰弱、好斗喜战的激情也下降,个人更追求自我实现,自身的生活满意度和幸福感得以提高;个人与集体的关系方面,个人对于多元观点和生活方式的包容度增加,积极关心公共事务,由此引发对权利保障、平等和回应型政府的需求,并推动大众参与型民主的建立和维系。与简单的制度设计和精英决策相比,英格尔哈特认为自我表达的价值观的出现推动民主制度从简单的选举型政体向大众回应型政体转变,催生出真正的民主。[1] 经济社会现代化所带来的一系列影响,关键在于改变民众的价值观。由于生存和物质条件对于人的价值观具有决定性影响,研究者因而可以将价值观与政治制度区分开来。英格尔哈特利用实证数据和自由之家(Freedom House)指数检验自我表达的价值观与民主制度之间的因果关系:一方面检验一国民主转型后是否带来自我表达的价值观的提升;另一方面检验转型前的自我表达的价值观是否会显著影响一国民主程度的提升。[2] 在实证研究中,他和合作者发现经济因素和自我表达的价值观两者加起来能解释大约80%的民主政体的演变。[3]

---

[1] See Ronald Inglehart, *Cultural Evolution: People's Motivations Are Changing and Reshaping the World*, Cambridge: Cambridge University Press, 2018.

[2] Ronald Inglehart and Christian Welzel, *Modernization, Cultural Change, and Democracy: The Human Development Sequence*, Cambridge: Cambridge University Press, 2005, p.5.

[3] Ronald Inglehart and Wayne E. Baker, "Modernization, Cultural Change, and the Persistence of Traditional Values", *American Sociological Review*, 2000, 65(1), pp.19-51.

四、公民文化研究的贡献和影响

以阿尔蒙德、维巴、英格尔哈特等为代表的公民文化研究的核心论点可总结如下：(1)个人层次的观念集合起来使得国家层面的政治文化存在差异；(2)民众的政治观念对于政治制度，尤其是民主制度的起源、巩固和运转至关重要。① 在理论上，公民文化研究连接经济现代化和政治制度，提出了一个新的因果机制，将观念和价值带回现代化理论的视野之中。② 同时，与强调政治精英的价值偏好、话语、互动模式的研究不同，公民文化研究将目光从政治精英转向普通民众，不再认为政治发展源于精英设计，而更多地视其为普通民众自下而上参与公共生活的结果。③ 在经验层面，学者们开始关注民众的政治态度与其政治行为的关系，以及其如何

---

① Christian Welzel and Ronald Inglehart, "Mass Beliefs and Democratic Institutions", in Carles Boix and Susan Stokes, eds., *Oxford Handbook of Comparative Politics*, Oxford: Oxford University Press, 2007, pp.297-316; Christian Welzel and Ronald Inglehart, "The Role of Ordinary People in Democratization", *Journal of Democracy*, 2008, 19(1), pp.126-140.

② Christian Welzel and Ronald Inglehart, "Mass Beliefs and Democratic Institutions", in Carles Boix and Susan Stokes, eds., *Oxford Handbook of Comparative Politics*, Oxford: Oxford University Press, 2007, pp.297-316.

③ Ronald Inglehart and Christian Welzel, *Modernization, Cultural Change, and Democracy: The Human Development Sequence*, Cambridge: Cambridge University Press, 2005; Filippo Sabetti, "Democracy and Civic Culture", in Carlex Boix and Susan Stokes, eds., *Oxford Handbook of Comparative Politics*, Oxford: Oxford University Press, 2007, pp.340-362.

影响整体的政治局势。① 在阿尔蒙德、维巴、英格尔哈特等人的影响下,公民文化研究影响巨大,逐渐成为政治文化研究的主导视角。② 维巴曾经自我评价道:虽然《公民文化》的诸多细节遭到批评,但其路径和视角却启发了后来的研究,产生了长远的影响。③ 诸如政治信任、政治效能感、政治满意度、民主观等研究在很大程度上立基于公民文化的理论建构。④ 阿尔蒙

---

① 参见 Nancy Bermeo, *Ordinary People in Extraordinary Times: The Citizenry and the Collapse of Democracy*, New Jersey: Princeton University Press, 2003; James L. Gibson, "Mass Opposition to the Soviet Putsch of August 1991: Collective Action, Rational Choice, and Democratic Values in the Former Soviet Union", *American Political Science Review*, 1997, 91(3), pp.671-684; Donna Bahry and Brian D. Silver, "Soviet Citizen Participation on the Eve of Democratization", *American Political Science Review*, 1990, 84(3), pp.821-847。

② 参见 Russell J. Dalton and Christian Welzel, eds., *The Civic Culture Transformed: From Allegiant to Assertive Citizens*, Cambridge: Cambridge University Press, 2014;丛日云主编:《当代西方政治文化复兴》,东方出版社 2018 年版。

③ Sidney Verba, "On Revisiting the Civic Culture: A Personal Postscript", in Gabriel Almond and Sidney Verba, eds., *The Civic Culture Revisited*, Newburg Park: Sage, 1989, pp.394-410.

④ 参见 Margaret Levi and Laura Stoker, "Political Trust and Trustworthiness", *Annual Review of Political Science*, 2000, 3, pp.475-507; William Mishler and Richard Rose, "Trust, Distrust and Skepticism: Popular Evaluations of Civil and Political Institutions in Post-Communist Societies", *The Journal of Politics*, 1997, 59(2), pp.418-451; Steven E. Finkel, "Reciprocal Effects of Participation and Political Efficacy: A Panel Analysis", *American Journal of Political Science*, 1985, 29(4), pp.891-913; Ronald Inglehart, "Political Dissatisfaction and Mass Support for Social Change in Advanced Industrial Society", *Comparative Political Studies*, 1977, 10(3), pp.455-472; Richard Rose, William Mishler and Christian Haerpfer, eds., *Democracy and Its Alternatives: Understanding Post-Communist Societies*, Baltimore: The Johns Hopkins University (转下页)

德和维巴在《公民文化》中区分了不同教育水平的民众的政治态度,这启发了研究者对教育、性别、收入等人口学因素(demographic variables)对政治态度的影响的探索。如今,几乎所有的政治态度和价值观的实证研究都会把人口学因素纳入分析之中。英格尔哈特则在其作品中提醒读者注意年龄因素背后的代际差异(intergenerational gap)。[1] 接着,公民文化研究提出的文化变迁的解释框架也为学者们预测一地的政治文化和制度变迁提供了理论启发。[2] 在《现代化、文化变迁与民主》一书中,英格尔哈特和合作者已经大胆预测第五波世界价值观调查数据中新覆盖国家(地区)的文化状况以及所有国家(地区)的新变化。[3] 在其启发下,研究者开始用其视角和指标研究一些没有被关注的国家和地区,观察其政治文化的演变,

---

(接上页)Press, 1998; Yun-han Chu, Larry Diamond, Andrew J. Nathan, and Doh Chull Shin, eds., *How East Asians View Democracy*, New York: Columbia University Press, 2008; Michael Bratton, Robert Mattes and E. Gyimah-Boadi, *Public Opinion, Democracy, and Market Reform in Africa*, New York: Cambridge University Press, 2005; Roderic Ai Camp, ed., *Citizen Views of Democracy in Latin America*, Pittsburg: University of Pittsburg Press, 2001。

[1] See Ronald Inglehart, *Modernization and Postmodernization: Cultural, Economic, and Political Change in 43 Societies*, New Jersey: Princeton University Press, 1997; Ronald Inglehart and Christian Welzel, *Modernization, Cultural Change, and Democracy: The Human Development Sequence*, Cambridge: Cambridge University Press, 2005.

[2] Sheri Berman, "Review Article: Ideas, Norms, and Culture in Political Analysis", *Comparative Politics*, 2001, 33(2), pp.231-250.

[3] See Ronald Inglehart and Christian Welzel, *Modernization, Cultural Change, and Democracy: The Human Development Sequence*, Cambridge: Cambridge University Press, 2005.

尤其关注是否出现公民文化。① 英格尔哈特则反复展现各地文化变迁的规律性,在政策建议部分,他甚至建议发达国家推动发展中国家实现经济增长和现代化,因为这会带来文化和价值观的相近,减少可能的"文明的冲突"。② 在方法上,公民文化研究推动了问卷调查、实验等研究方法的兴起。民意调查越来越受到重视,大量民意调查机构成立。阿尔蒙德和维巴在五个国家进行了问卷调查,英格尔哈特等人则推动建立了至今已覆盖全球100多个国家和地区的世界价值观调查③。世界价值观调查采用标准化的问卷,至2020年已经进行了七轮,其他跨国和跨地区的政治态度问卷调查④也随之涌现。数据的共

---

① 如:Andrew Nathan and Tianjian Shi, "Cultural Requisites for Democracy in China: Findings from a Survey", *Daedalus*, 1993, 122(2), pp.95-123; Scott C. Flanagan and Aie-Rie Lee, "Value Change and Democratic Reform in Japan and Korea", *Comparative Political Studies*, 2000, 33(6), pp.626-659; Mark Tessler and Ebru Altinoglu, "Political Culture in Turkey: Connections among Attitudes toward Democracy, the Military and Islam", *Democratization*, 2004, 11(1), pp.21-50; Yun-han Chu and Bridget Welsh, "Millennials and East Asia's Democratic Future", *Journal of Democracy*, 2015, 26(2), pp.151-164; Zhengxu Wang and Yu You, "The Arrival of Critical Citizens: Decline of Political Trust and Shifting Public Priorities in China", *International Review of Sociology*, 2016, 26(1), pp.105-124;韩冬临:《经济发展与民主价值观——现代化理论在中国的实证研究》,《中国人民大学学报》2011年第4期。
② See Ronald Inglehart, *Cultural Evolution: People's Motivations Are Changing and Reshaping the World*, Cambridge: Cambridge University Press, 2018.
③ 世界价值观调查网站参见 http://www.worldvaluessurvey.org/wvs.jsp。
④ 在其他对政治态度的问卷调查中,著名者如世界各个地区的晴雨表调查(Barometer Survey),参见 http://globalbarometer.net/;对中国政治学问卷调查的介绍和回顾,参见 Melanie Manion, "A Survey of Survey Research on Chinese Politics: What Have We Learned?", in Allen Carlson, Mary Gallagher, Kenneth Lieberthal, and Melanie Manion, eds., (转下页)

政治文化新论

享和研究方法的可复制,极大地促进了实证主义政治文化研究的发展。

然而,在经验数据积累以及具体研究增加的过程中,政治文化本身的理论创新和学科影响力却没有得到相应的提升。莱廷在一篇对公民文化进行回顾性的评述文章中尖锐地指出:20世纪60年代以来,由《公民文化》一书开创的政治文化研究并没有为后来者开辟更为广阔的空间,相反,政治文化研究越来越走下坡路,逐渐成为政治学研究的边缘领域。① 当然,莱廷也承认帕特南的作品推动了作为文化现象的社会资本研究的兴起。② 在全球图书平台(Google Ngram)上检索"政治文化"(political culture)和"公民文化"(civic culture)两个词,可以发现:政治文化和公民文化概念自20世纪50年代提出后,"政治文化"和"公民文化"两词在学术著作中出现的频率增加,但从20世纪90年代后期起,两词的出现频率开始有明显的下降(如图2-2所示)。回归本章刚开始的问题,政治文化研究并未像理性选择视角那样对政治学研究产生重要影响,如何解释?回答这个问题必须围绕其主导范式——公民文化研究展开,了解和分析其所面临的问题和挑战。

(接上页)*Contemporary Chinese Politics: New Sources, Methods, and Field Strategies*, Cambridge: Cambridge University Press, 2010, pp.181-199。

① David Latin, "The Civic Culture at 30", *The American Political Science Review* 1995, 89(1), pp.168-173.

② 社会资本研究被一些学者视为政治文化研究的延续和发展。此处感谢郭定平教授的意见。

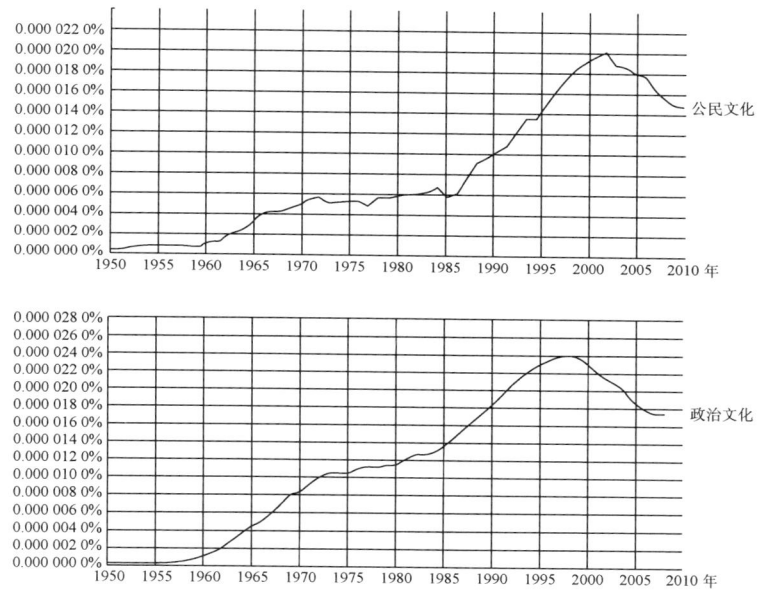

图 2-2　全球图书平台中"公民文化"和"政治文化"两词的出现频率曲线(1950—2008 年)

五、公民文化研究面临的挑战和批评

阿尔蒙德和维巴推出《公民文化》一书后,相关的讨论和批评即开始出现。可以说,公民文化研究的发展和演变很大程度上就是为了回应批评者们的意见,尤其是英格尔哈特的作品,其中有很多辩论和交锋的痕迹。公民文化研究试图建立一个规律性的文化变迁理论,并以此来解释民主制度的兴起和巩固,但无论在理论还是经验层面,其均遭遇了挑战和批评。

虽然公民文化研究试图强调公民文化对民主制度的重要性,

政治文化新论

但其并没有证实公民文化与民主制度的因果关系,或者说在这方面的工作缺乏说服力。《公民文化》一书中的五国问卷调查只能展示英美等民主稳固国家民众的公民素养较高,无法证实是公民文化导致了民主政治的兴起和巩固。布赖恩·巴兰(Brian Barry)认为阿尔蒙德和维巴未对五个国家进行实质性的比较和分析,英美之间有一定的对比,而其他三个国家只是展示类型和差异性。更重要的,巴兰认为两位作者颠倒了因果关系,他认为民主制度催生了公民文化,而非反之。具体来看,只有当民众被赋予了可以向民意代表和政府官员申诉和反馈意见的权利时,其才会觉得自己的意见是有用的,与之相对,政治冷漠是个人在政治中缺乏地位的结果,而非天生如此。① 经验证据方面,爱德华·穆勒(Edward Muller)和米切尔·塞利格森(Mitchell Seligson)发现,如果控制了宏观方面的变量,如经济发展、收入不平等和次文化层面的多元性后,公民文化态度并没有对民主发展产生显著影响。② 罗伯特·杰克曼(Robert Jackman)和罗思·米勒(Ross Miller)同样认为公民文化对政治生活的作用被放大,在重新分析帕特南的数据以及英格尔哈特1990年的数据后,两位学者发现文化因素对政治经济绩效的影响并不显著。③ 在随后的研究中,他们进一步指出:文

---

① Brian Barry, *Economists, Sociologists, and Democracy*, Chicago: University of Chicago Press, 1978, pp.49, 51-52.
② Edward N. Muller and Mitchell A. Seligson, "Civic Culture and Democracy: The Question of Causal Relations", *American Political Science Review*, 1994, 88(3), pp.635-652.
③ Robert W. Jackman and Ross A. Miller, "A Renaissance of Political Culture", *American Journal of Political Science*, 1996, 40(3), pp.632-659; Robert W. Jackman and Ross A. Miller, "The Poverty of Political Culture", *American Journal of Political Science*, 1996, 40(3), pp.697-716.

化对民主转型和民主巩固(表现)并没有显著影响。① 面对这些批评,英格尔哈特在后面的研究中做出了针对性的改进,如用早期的自我表达的价值观解释后来产生的民主制度。虽然两者的关系是正面而显著的,但英格尔哈特也承认这是一个概率关系,而不是一对一的铁律。② 除了需辨析文化和制度在时间先后上的关系外,要证实公民文化的独立影响还需排除或控制其他因素,尤其是经济因素的影响。阿尔蒙德和维巴在著作中并未控制经济因素,帕特南在其作品中虽然有意识地区分和控制经济因素的影响,但其解释的其实是地方善治与否,而非民主制度的兴起。③ 英格尔哈特的观点则有所变化,他在早期的作品中认为文化与经济发展相互影响,在后续的作品中则逐步放弃了两者相互影响的判断,转而认为文化是人为了适应生存而发展出的规范和技巧,由外在的物质生活条件所决定。④ "演化的现代化

---

① See Robert W. Jackman and Ross A. Miller, *Before Norms: Institutions and Civic Culture*, Michigan: University of Michigan Press, 2004.
② See Ronald Inglehart and Christian Welzel, *Modernization, Cultural Change, and Democracy: The Human Development Sequence*, Cambridge: Cambridge University Press, 2005; Ronald Inglehart, *Cultural Evolution: People's Motivations Are Changing and Reshaping the World*, Cambridge: Cambridge University Press, 2018.
③ See Robert Putnam, *Making Democracy Work: Civic Traditions in Modern Italy*, Princeton: Princeton University Press, 1993.
④ See Ronald Inglehart, "The Renaissance of Political Culture", *The American Political Science Review*, 1988, 82(4), pp.1203-1230; Ronald Inglehart and Christian Welzel, *Modernization, Cultural Change, and Democracy: The Human Development Sequence*, Cambridge: Cambridge University Press, 2005; Ronald Inglehart, *Cultural Evolution: People's Motivations Are Changing and Reshaping the World*, Cambridge: Cambridge University Press, 2018.

理论"将文化因素置于经济发展和政治制度之间,使之成为经济影响政治的中介因素。①

方法论方面,公民文化研究遵循的是从个体推广到整体的思路,即首先分析个体测量指标,如人际互信、生活满意度、对现状的支持,然后将这些指标整合成为测量公民文化的指标,接着将个体的数据集合起来成为国家层面的公民文化程度,再分析国家层面的公民文化程度与民主制度发展程度之间的关系。米切尔·塞利格森认为这样的做法需要避免"生态学谬误"(ecological fallacy),即整体层面相互联系的因素没有得到微观层面因素的支持。通过重新分析英格尔哈特的问卷调查数据,塞利格森发现当控制人均收入因素后,一国内部人际互信关系与民主的关系并不显著,这样的状况同样出现在生活满意度和对现有秩序的支持两个指标上,因此英格尔哈特的研究犯了生态学谬误,既有的"公民文化推动民主制度建立"的结论存疑。② 英格尔哈特和合作者回应指出:塞利格森错误地理解了生态学谬误,实际上集体层面的因素并不需要在个体层面得到相同的验证和支持,同一层面的因素相互验证即可,不需要还原到另一个层面。同时塞利格森将个人对民主的支持与民主制度的维系等同处理,这看起来合理实际并不准确,因为个人对民主的支持可能是口头和敷衍性的(lip service),实际并

---

① See Ronald Inglehart, *Cultural Evolution: People's Motivations Are Changing and Reshaping the World*, Cambridge: Cambridge University Press, 2018.
② Mitchell A. Seligson, "The Renaissance of Political Culture or the Renaissance of the Ecological Fallacy?", *Comparative Politics*, 2002, 34(3), pp.273-292.

非如此。①

从上文的介绍可以看出，对公民文化的讨论和批评集中于两点：首先是因果关系的证实问题，尤其是公民文化是否为民主制度产生和维系的原因；其次是方法论方面，涉及从个体层面态度推广到集体层面文化的"生态学谬误"之争。从本质来看，这些讨论都涉及公民文化是否能成为一个清晰测量、具有独立解释力的变量，主要围绕公民文化研究的科学性展开。而实际上，无论是概念界定、经验测量，还是理论建构，公民文化研究都值得进行深究和反思。

首先，需要讨论的是公民文化视角下的政治文化概念。通过以上的回顾，阿尔蒙德、维巴和英格尔哈特均将政治文化界定为个体对不同政治社会现象的态度的集合和分布，而实际上他们在具体的概念界定上存在显著的分歧。阿尔蒙德和维巴更强调政治文化的"政治"属性，在分析时侧重分析民众对政治现象的态度，如政府满意度、政治效能感。英格尔哈特则更重视人的社会生活态度，在他看来，政治满意度变动性太大、随意性很强，对民主的偏好和支持也可能是口头敷衍，相比之下，研究者应更重视生活满意度、人际互信度以及对现有社会秩序的支持度三个指标，三者相互交织，更为稳定，能体现一个社会的文化属性。② 在英格尔哈特看来，自我表达的价值观不同于对

---

① Ronald Inglehart and Christian Welzel, "Political Culture and Democracy: Analyzing Cross-Level Linkages", *Comparative Politics*, 2003, 36(1), pp.61-79.
② Ronald Inglehart, "The Renaissance of Political Culture", *The American Political Science Review*, 1988, 82(4), pp.1203-1230.

民主的肤浅迎合，展现了人的根本价值倾向。① 概念界定的不同观点导致了后续学者的分歧，一批学者重点关注与政治相关的态度，如民主观、政治效能感、政治信任，另一批学者则关注社会经济生活方面的态度，如生活满意度、家庭观、利益观。② 这里的关键问题是：到底公民文化的概念为何，政治文化的核心构成要素为何。

英格尔哈特在后期的作品中也做了一定的修订，如前所述，他将权威观纳入其理论中，从两个维度区分文化类型，其中传统价值观和世俗理性价值观沿着权威的产生这一主线展开，关涉个人与他人、集体的关系；生存价值观和自我表达的价值观则聚焦人自身的生活意义，主题在于个人对自己生活的定义和规划。③ 从学理逻辑的角度看，两者的区分是清晰的，但在深究其内涵和测量指标后就会发现存在问题。在权威观的类

---

① See Ronald Inglehart, *Cultural Evolution: People's Motivations Are Changing and Reshaping the World*, Cambridge: Cambridge University Press, 2018.

② 如：James Gibson, "Mass Opposition to the Soviet Putsch of August 1991: Collective Action, Rational Choice, and Democratic Values in the Former Soviet Union", *American Political Science Review*, 1997, 91(3), pp. 671-684; Lingling Qi and Doh Chull Shin, "How Mass Political Attitudes Affect Democratization: Exploring the Facilitating Critical Democrats Play in the Process", *International Political Science Review*, 2011, 32(3), pp.245-262; Tianjian Shi, *The Cultural Logic of Politics*, Cambridge: Cambridge University Press, 2015。

③ See Ronald Inglehart and Christian Welzel, *Modernization, Cultural Change, and Democracy: The Human Development Sequence*, Cambridge: Cambridge University Press, 2005; Ronald Inglehart, *Cultural Evolution: People's Motivations Are Changing and Reshaping the World*, Cambridge: Cambridge University Press, 2018.

型学中,传统和世俗价值观的类型划分有着很强的韦伯印记,不过韦伯的类型学目的在于分析被支配者为何接受支配者的统治,聚焦政治正当性,而在英格尔哈特的作品中,权威观的政治色彩几乎消失,测量传统型权威观的一个关键指标是宗教对个人的重要性和影响。① 传统权威观只由宗教来表现无疑不够准确,韦伯认为最典型的传统型正当性是"家父长制",权威源自家庭伦理,而非宗教。进一步,将儒家思想视为宗教也颇具争议,将之与天主教、伊斯兰教并立并不合适。走向世俗理性的过程中,英格尔哈特追随摩尔,强调其中会出现不同的现代性表现方式,如自由民主、共产主义、法西斯主义,而只有进一步,当现代化从工业化走向后工业化时,自我表达的价值将人从权威中解放出来,才推动了文化的实质变迁。② 这带来两个问题:其一,按照他的论点,自我表达的价值观既有关个人的生活意义,又因消解了权威涉及人与政治和社会的关系,那么文化的两个维度不再是并立关系,而更像是前后连续的关系。其二,自我表达的价值观强调个人选择和自主,是否就会导致权威的消解? 在论述间,从私领域的追求个人自主和选择过渡到公领域权威的消解,英格尔哈特的惊人一跃无论从学理上还是经验上都遭遇到挑战。在自我表达价值观普遍的西欧和北

---

① See Ronald Inglehart, *Cultural Evolution: People's Motivations Are Changing and Reshaping the World*, Cambridge: Cambridge University Press, 2018.
② See Ronald Inglehart and Christian Welzel, *Modernization, Cultural Change, and Democracy: The Human Development Sequence*, Cambridge: Cambridge University Press, 2005; Ronald Inglehart, *Cultural Evolution: People's Motivations Are Changing and Reshaping the World*, Cambridge: Cambridge University Press, 2018.

欧国家,国家权威不但没有消失,反而建立了"从摇篮到坟墓"的广泛干预的福利国家。个人自主和国家权威在这些地区并非此消彼长,而更多地是相互助益、共同成长。① 涂尔干、福柯等思想家提醒道:现代社会一方面将人从传统的宗教信仰中解放出来,使日常生活获得优先地位,个体获得了自我建构的开放性和可能,而另一方面,现代社会又确立了常规化的知识形态和权力机制,并将此演变为控制个人的规范体系和制度机制。② 玛格丽特·萨默斯(Margaret Somers)批评英格尔哈特的观点消解了政治本身的特性,而将之视为私人生活的副产品。③ 无视政治特殊性的观点也影响了英格尔哈特对政治现象的分析,如他将民粹主义和民族主义看成潜意识的威权反应的表现。④ 但实际上这两者都是现代的产物,而非人类自诞生起就存在的现象,将之与传统价值观相等同是一种误读。

其次,概念界定的分歧和含混不清也影响了后续的经验测量。前面提到:《公民文化》一书在测量政治文化时选取了多个测量指标,而并没有讨论这些指标之间的关系。在 1977 年的作品中,英格尔哈特用两个指标测量民众的价值偏好:偏好维护稳定和遏制物价上涨的是物质主义价值观,强调民众在政治

---

① 胡鹏:《文化变迁及其影响下的世界》,《读书》2019 年第 10 期。
② 转引自渠敬东:《涂尔干的遗产:现代社会及其可能性》,《社会学研究》1999 年第 1 期。
③ Margaret Somers, "What's Political or Cultural about Political Culture and the Public Sphere? Toward Historical Sociology of Concept Formation", *Sociological Theory*, 1995, 13(2), pp.113-144.
④ See Ronald Inglehart, *Cultural Evolution: People's Motivations Are Changing and Reshaping the World*, Cambridge: Cambridge University Press, 2018.

中有更多的参与权以及自由言论的属于后物质主义价值观。① 到了2018年的作品中,作者的指标已经增加到近20个。② 公民文化由各种不同的具体态度(生活满意度、政治满意度、人际互信)组成,这些态度之间的关系如何,通过什么样的组合关系形成整体性的公民文化,书中对此缺乏细致的讨论和交代。以生活满意度为例,如果非民主体制能够带来经济增长以及生活满意度,那么民众的生活满意度往往使其支持现有体制,而不是推动民主转型,生活满意度因而很难天然成为公民文化的要素。③ 生活满意度、政治满意度等更多地是对特定政治制度绩效的评价和反馈,而非独立于政治制度的自变量。一些学者通过重新分析世界价值观调查中的数据,发现这一系列指标并不能构成一个统一、自洽的体系,用来比较不同国家的状况。④ 进一步,用调查数据比例的高低来评判政治文化类型,带来的问题是:达到多少比例会出现质的变化,产

---

① Ronald Inglehart, *The Silent Revolution: Changing Values and Political Styles Among Western Publics*, New Jersey: Princeton University Press, 1977, p.28.
② Ronald Inglehart, *Cultural Evolution: People's Motivations Are Changing and Reshaping the World*, Cambridge: Cambridge University Press, 2018, p.38.
③ 相关的经验研究参见 Jie Chen, Yang Zhong, and Jan William Hillard, "The Level and Sources of Popular Support for China's Current Political Regime", *Communist and Post-Communist Studies*, 1997, 30(1), pp.45-64; Beatriz Magaloni, *Voting for Autocracy: Hegemonic Party Survival and Its Demise in Mexico*, Cambridge: Cambridge University Press, 2006。
④ Jose Aleman and Dwayne Woods, "Value Orientations From the World Values Survey: How Comparable Are They Cross-Nationally?", *Comparative Political Studies*, 2016, 49(8), pp.1039-1067.

生不同类型的政治文化?① 理性选择视角设定个体具有相同的偏好和偏好排序标准,才实现从个体向整体的推演,而公民文化允许个体之间的差异存在,这就使得从个体推广到集体、引发集体层面的质变显得"事后诸葛亮"。公民文化关注普通人在政治中的作用固然可贵,但将社会看成正态分布、取平均数的做法,则完全否定了个人的不同特质和对政治的不同影响力。一些学者甚至认为大部分的普通民众并非政治发展的动力所在,相反,一些关键行为者或某些关键人群更为重要。②

在《公民文化》一书中,阿尔蒙德和维巴认为将政治文化界定为民众内心的态度使得研究者得以采用问卷调查的方式来了解一国受访者的政治态度,通过分析特定政治态度的分布推断一国的政治文化类型并进行跨国比较,这有助于摆脱人类学范式对一地文化规范的先验判断,让研究者能够分析文化内部不同内容之间的关系,并进行经验检验。③ 但现实情况是:用标准化的跨国问卷来测量不同国家的政治文化,本身就带有很强的先验色彩。问卷问题和选项的设计并非凭空而来,其背后有着理想化的模板,如"参与型公民文化"背后的代表性国家就是美国。萨默斯强调,政治文化概念源自英美的公民理论

---

① See Tianjian Shi, *The Cultural Logic of Politics*, Cambridge: Cambridge University Press, 2015.
② Lingling Qi and Doh Chull Shin, "How Mass Political Attitudes Affect Democratization: Exploring the Facilitating Critical Democrats Play in the Process", *International Political Science Review*, 2011, 32(3), pp.245-262.
③ Gabriel Almond and Sidney Verba, *The Civic Culture: Political Attitudes and Democracy in Five Nations*, Princeton: Princeton University Press, 1963, p.14.

(Anglo-American citizenship theory)。① 其基于英美两国的公民态度总结而来,这使得这一界定能否总结其他国家的民主发展经验存疑。② 例如东亚的韩国、日本等国家也建立了民主制度,这些东亚国家的传统文化并没有完全消失。

最后,公民文化的理论建构也值得进一步的讨论。阿尔蒙德和维巴在《公民文化》一书中主要展示了五个国家民众政治态度的异同,但并未建构一个完整的理论,只是在结论中提出公民文化与民主制度紧密相连。这里留下如下几个问题:特定的政治文化起源于何方?政治文化通过什么样的机制影响政治制度的起源和运行?为何它比其他因素更为重要?在对具体国别的分析中,两位作者提到:公民文化的传递由政治社会化实现,即通过学校教育、家庭教育、民主参与实现代际传递。③ 考虑到学校教育很大程度上受国家意志影响,民主参与本身就是政治活动的一部分,批评者提出的反向因果关系——公民文化由民主制度带来——就有相应的道理。在分析墨西哥时,阿尔蒙德和维巴强调革命,尤其是革命中的符号、符号性事件和领袖对墨西哥政治文化的影响。④ 这使得公民文化本身成为被解释的对象,而非独立于政治之外的自变项。进一

---

① Margaret Somers, "What's Political or Cultural about Political Culture and the Public Sphere? Toward Historical Sociology of Concept Formation", *Sociological Theory*, 1995, 13(2), pp.113-144.
② 徐湘林:《把政治文化找回来——"公民文化"的理论和经验反思》,《政治学研究》2012年第2期。
③ Gabriel Almond and Sidney Verba, *The Civic Culture: Political Attitudes and Democracy in Five Nations*, Princeton: Princeton University Press, 1963, p.370.
④ Ibid., p.372.

步,阿尔蒙德和维巴将精英的政治文化与大众政治文化分隔开来,而忽视了两者之间的互动联系,在政治态度和政治行为之间的关系上他们也没有做具体的经验研究。①

英格尔哈特在这方面作出了进一步的努力。无论是"修订版的现代化理论"还是"演化的现代化理论",虽然有别于传统的现代化理论,加入了文化价值观的因素,但本质上价值观和态度依旧被经济社会条件决定。英格尔哈特也注意到了认知因素(cognitive factor)的重要性,但相较之下,对生存压力的感知更为重要。② 在经济增长和繁荣、从落后走向现代的过程中,全球各地的文化会趋同变化:从传统价值观走向世俗理性价值观,从生存价值观走向自我表达的价值观。这种进步也并非不可逆,总之文化变迁由现实的物质经济状况决定,如果生存状况改变,那么文化价值观也会发生相应的改变。③ 萨默斯总结道:公民文化研究中的独立变项是社会系统,中间变项是政治文化,被解释的是政治后果,具体而言就是民主稳定。④ 她对此提出尖锐批评:如果人的心理行为来自政治社会化或者经济现代化,是否意味着这本质上不是所谓的政治文化,而是经济社会变迁的产物,那么政治文化的文化成分体现

---

① Gabriel Almond and Sidney Verba, *The Civic Culture: Political Attitudes and Democracy in Five Nations*, Princeton: Princeton University Press, 1963, pp.16, 344-345.
② Ronald Inglehart and Christian Welzel, *Modernization, Cultural Change, and Democracy: The Human Development Sequence*, Cambridge: Cambridge University Press, 2005, pp.23, 38.
③ Ibid., p.21.
④ Margaret Somers, "What's Political or Cultural about Political Culture and the Public Sphere? Toward Historical Sociology of Concept Formation", *Sociological Theory*, 1995, 13(2), pp.113-144.

第二章 公民文化研究的兴起及遭遇的挑战

在何处？这个政治文化也不是政治的，因为它和公共生活无关，基本都源自非公共的私人生活。① 从这个意义上说，英格尔哈特虽然对"政治文化的起源"问题给出了自己的回答，但他的答案使政治文化丧失了自己的独特性和自主性，成为被外在物质经济状况决定的因素，反而削弱了其在政治学研究中的重要性。

在文化变迁的规律性与文化传统的持久性的关系上，英格尔哈特试图兼顾两者。在他看来，文化演变有着路径依赖的效应，会受到原有的历史传统的影响，文化传统具有相当强的延续性，依旧影响全球各地的政治经济现象。② 现代化逻辑和文化延续论并行不悖：经济社会发展的确推动文化规范朝着一个可预测的方向发展，文化变迁又有着强烈的路径依赖，不同文化传统，尤其是宗教传统之下的社会依旧存在着显著差异。将文化传统加入全球文化地图，英格尔哈特发现从 1979 年到 2009 年全球各文化圈之间的差异并没有显著缩小。③ 英格尔哈特的折中主义有如下几点值得商榷。其一，在"各地的文化传统究竟是什么"这个问题上，作者着墨甚少，他跟随亨廷顿的做法，将宗教视为文化传统的核心要素，但在经验分析中，又未

---

① Margaret Somers, "What's Political or Cultural about Political Culture and the Public Sphere? Toward Historical Sociology of Concept Formation", *Sociological Theory*, 1995, 13(2), pp.113-144.
② Ronald Inglehart and Christian Welzel, *Modernization, Cultural Change, and Democracy: The Human Development Sequence*, Cambridge: Cambridge University Press, 2005, p.78.
③ See Ronald Inglehart, *Cultural Evolution: People's Motivations Are Changing and Reshaping the World*, Cambridge: Cambridge University Press, 2018.

能完全坚持这一假定。在对全球各国进行文化圈分类时,英格尔哈特既用了地域因素(如南亚、拉丁美洲、波罗的海国家),又用了宗教因素(如新教的欧洲、儒家传统、非洲伊斯兰国家、东正教),还有语言因素(如英语国家)。① 其二,一些国家存在多元文化传统,如俄罗斯既是原共产主义国家,又是受东正教影响的地区,作品中没有讨论一国内部不同文化传统的关系和影响,乃至在行文中对一国的判断也缺乏前后一致性。其三,现代化逻辑和文化传统并行的观点也与作者自己的"演化的现代化理论"相冲突。在"演化的现代化理论"中,现代化逻辑和文化传统是替代关系,正是因为现代化过程冲击了旧有的文化传统才引发了文化的变迁,如从传统价值观走向世俗理性价值观。从具体的机制来看,英格尔哈特提出的两个假说——稀缺假说和社会化假说也存在强烈的竞争关系。稀缺假说强调物质生活的改善对人的观念和价值观的决定性影响,这引发的推论是物质生存条件的改变可以随时随地改变人的价值偏好,无论人处在什么样的年纪,处在什么样的文化传统之中。社会化假定则提醒我们观念和价值观本身具有自主性,一旦形成就会固化下来,难以改变。社会化假定更重视人在成长过程中经历的家庭和学校教育、社会交往和生活,这也是文化传统得以延续的原因所在。英格尔哈特试图用自己的文化变迁理论解释欧美国家新近出现的民粹主义和排外现象,以及人工智能时代到来后的影响。与之前的逻辑相同,作者将之归结为经济状况的产物。欧美近二三十年虽然在经济发展方面取得了不俗的

---

① See Ronald Inglehart, *Cultural Evolution: People's Motivations Are Changing and Reshaping the World*, Cambridge: Cambridge University Press, 2018.

成绩,但生产外流导致工人的经济状况没有改善,贫富差距日益增加,生存安全的逐步丧失因而改变了民众的价值偏好,并引发了民粹主义和排外主义。英格尔哈特预测,人工智能的普及将进一步冲击制造业,不仅工人,白领阶层也可能在新技术的冲击下丢掉工作,最终可能只有1%的人是富人,剩下99%都是穷人,贫富分化的扩大将进一步加剧社会矛盾。与近一个世纪前的经济大萧条相比,当今的民粹主义和排外主义并非客观上经济稀缺的产物,而是心理不安的结果。① 论述至此,英格尔哈特悄然把经济物质状况从客观状况转变为主观感知,在讨论文化变迁的一般理论时强调生存的客观状况,并在经验验证时用人均GDP等指标来测量经济社会发展状况,而到分析新近出现的民粹主义和排外主义时,他又开始强调生存的主观感知。很明显,经济发展水平和收入分配状况是两个不同的概念,客观状况和主观感知也不能等同。民众从关心经济发展的绝对水平到更重视收入分配的相对公平,本身就意味着观念和偏好的变化,前后不一致无疑会削弱英格尔哈特的理论的说服力。同时,经济基础决定论使他忽略了民粹主义和排外主义产生的其他原因,如移民在欧洲成为重要问题,可能源自新移民所带来的文化生活方式和认同的冲击,而民粹主义更是与代议制民主本身的运行机制和效果密切相关。更有学者指出,美国贫富差距上升最快的时候出现在20世纪70年代末到20世纪90年代末,而非现在,但那个时段并没有出现右翼民粹主义抬

---

① Ronald Inglehart, *Cultural Evolution: People's Motivations Are Changing and Reshaping the World*, Cambridge: Cambridge University Press, 2018, pp.4-5, 200-216.

头的迹象。①

六、小结

如前所述,公民文化研究试图修正现代化理论,并贡献一个用政治文化解释民主政治兴起和巩固的普遍理论。公民文化研究也提醒我们关注普通民众在政治发展进程中的作用,并运用问卷调查的方式测量一地政治文化的状态和演变。阿尔蒙德、维巴等学者在公民文化影响民主制度的因果关系上着力不多,尤其没有注意排除或控制经济因素的影响,同时考虑文化与制度相互影响的可能性。英格尔哈特提出的"演化的现代化理论"则在这两方面作出了努力和改进。其采取折中策略,将文化因素加入现代化理论之中,延续了现代化理论对经济发展源头性作用的重视。不同于前人强调社会阶级结构或经济再分配效应,英格尔哈特把文化价值带入进来,将之视为经济发展影响民主政治兴起和巩固的关键中间变量。经济社会现代化给人赋权,使人不再为生计所困,推动了权威观和人生观的变化,尤其是自我表达的价值观的兴起,并由此引发民众对平等权利和回应型政府的需求,最终推动民主制度的建立和维系。在经验分析中,英格尔哈特用早先的自我表达的价值观解释后来出现的民主制度,更好地处理了文化与制度之间的相互影响问题。② 如本章上述的讨论,虽然阿尔蒙德、维巴、英格尔

---

① 刘瑜:《后现代化与乡愁:特朗普现象背后的政治文化冲突》,《美国研究》2018 年第 6 期。
② See Ronald Inglehart and Christian Welzel, *Modernization, Cultural Change, and Democracy: The Human Development Sequence*, Cambridge:(转下页)

第二章　公民文化研究的兴起及遭遇的挑战

哈特等学者推动了公民文化研究的进展,但公民文化研究内在的根本困境却没有得到解决。对公民文化研究的反思不仅需关注其因果关系的论证或者具体方法的使用,更需考察和检视概念界定和测量、理论建构等关键内容。

总的来看,公民文化研究立基于欧美国家在近现代的政治发展经验,向我们展示了经济现代化过程中公众从狭隘型政治文化或臣民文化转变为公民文化并推动民主制度建立的过程。从概念的形成角度看,公民文化研究将欧美近代政治发展,尤其是民主制度建立的经验视为全球普遍的规律予以推广,这实际上给政治文化研究穿上了一件紧身衣。如本书第一章所述,政治文化研究源于人类视野的扩大,关注到不同地区的文化传统和思维习惯。例如孟德斯鸠即在其著作中关注东方诸国,尤其是风俗与法律制度的关系。[①] 进一步,从狭隘型文化、臣民文化走向公民文化,或者从生存价值观走向自我表达的价值观,这背后都体现了一种进步主义式的文化观。虽然公民文化试图为民主制度的起源和巩固贡献一个文化解释,但其依旧落入了现代化理论背后的假定之中,由此我们也可以理解为何英格尔哈特将其理论命名为"演化的现代化理论"。与经典的现代化理论的不同之处在于:公民文化学者认为相对于传统政治和社会,现代政治和社会的"现代"不仅体现在物质和政治制度上,也在于人的政治价值观和态度。三个潜在的挑战由此出

(接上页)Cambridge University Press,2005; Ronald Inglehart and Christian Welzel,"Changing Mass Priorities: The Link between Modernization and Democracy", *Perspectives on Politics*,2010,8(2),pp.551-567.

① 参见[法]孟德斯鸠:《论法的精神》(下),张雁深译,商务印书馆1963年版。

现,其具体表现如下。

其一,如果接受埃利亚斯对文明和文化的区分,强调普遍性和规律性的公民文化概念其实不应该叫文化,而应该叫文明。这种将特定地区涌现的政治文化形态视为人类群体共同前进目标的做法,可能导致研究者无视其他地区既有的政治文化传统和规范,乃至出现可能的偏见。很明显,不同的人类群体、不同的时代存在对政治的不同看法和系统论述。例如西方在很大程度上复兴了古希腊和罗马的传统,东亚各地则受到儒家传统的持久影响。① 公民文化研究将民主视为值得追求的理想状态,而将非民主的制度安排视为必然消失或不值得存在的状况,这会忽略其他类型的政治制度背后所赖以支撑的文化传统。公民文化研究因此收窄了政治文化研究的视野。

其二,即使对于公民文化的发源地欧美而言,理想的公民文化也不是一蹴而就的,需要长期维持。"历史的终结"思维可能不利于学者们分析欧美政治的新动态。如发达民主国家的多元文化现象并没有消失,相反,近年来欧洲和美国民粹主义的兴起重新促使大家思考政治背后的文化、认同问题。进一步,对自我(利益或表达)的强调实际上是一个特定的历史和社会时代的产物,只有当个人的重要性高于社会时,其才变得更为重要。② 个体如何组成社会,个体与国家之间的关系,并没有因为个人主义的兴起而完全解决,其中依然有很多的争论。

---

① See Lucian Pye, *Asian Power and Politics: The Cultural Dimensions of Authority*, Cambrideg: The Balknap Press of Harvard University Press, 1985;Doh Chull Shin, *Confucianism and Democratization in East Asia*, Cambridge: Cambridge University Press, 2012.
② See Albert O. Hirschman, *The Passions and the Interests*, Princeton: Princeton University Press, 1977.

第二章 公民文化研究的兴起及遭遇的挑战

公民文化研究在政治文化的兴起和演变问题上着墨甚少。

其三,公民文化研究将文化看成经济发展的产物的观点消解了文化本身的自主性和特质。英格尔哈特在《文化的演化》一书中有着清楚的论述:解释社会现象往往有理性选择和文化范式两种路径。理性选择假定人的行为是理性的,人的利益计算和考量决定其偏好和行为。与此同时,作者又引用心理学的研究,强调人的行为有很强的无意识成分,惯性、习惯和冲动都可能影响乃至决定人的行为。进一步,拥有意识和感情能够使人摆脱集体行动的困境,促进人的合作共处。社会化和文化传统的提出也意在强调文化自身的稳定和延续。在理性与惯性、文化与物质等关系方面,公民文化研究没有进行深刻、细致的讨论。在文化变迁的问题上,英格尔哈特轻易地倒向了物质决定论,文化规范的形成和演变由对生存的理性考量所决定。但实际上,缺少了特定文化规范和理念的影响,经济发展只能给予人免于关心物质生活的自由,却并不一定导致对特定政治生活和制度的向往。① 如前所述,即使是现代化理论的提出者利普赛特,依然将政治正当性因素与经济发展因素并列。

---

① 经验研究发现,很多地区的资产阶级或中产群体并非天然支持民主,参见 Eva Bellin, "Contingent Democrats: Industrialists, Labor, and Democratization in Late-Developing Countries", *World Politics*, 2000, 52(2), pp.175-205; Eva Bellin, "The Dog That Didn't Bark: The Political Complacence of the Emerging Middle Class (With Illustrations from the Middle East)", *Political Power and Social Theory*, 2010, 21, pp.125-141; Jie Chen and Bruce J. Dickson, *Allies of the State: China's Private Entrepreneurs and Democratic Change*, Cambridge: Harvard University Press, 2010; Jie Chen and Chunlong Lu, "Democratization and the Middle Class in China: The Middle Class's Attitudes toward Democracy", *Political Research Quarterly*, 2011, 64(3), pp.705-719.

基于以上的讨论，我们可以看到，公民文化研究虽然对政治文化研究作出了贡献，但与此同时也逐渐放弃了文化视角所独有的特点和贡献，这使其难以应对来自外部的批评，逐步走向衰弱。其中的关键在于公民文化研究既在相当程度上磨灭了政治文化的政治属性，又忽视了其文化特性。本书试图重新强调政治文化的两种特性，在第一章中，我们将政治文化界定为"被普遍接受的有关人类群体秩序和权力关系安排的意义系统"。如果我们放下欧美经验中心论，将视野转向全球，那么首先需要回答的问题即：各个地方的政治文化传统一样吗？如何认识这些不同的政治文化现象？在下一章，我们将视野转向文化社会学和文化人类学，从其中汲取有关文化本体论、认识论和方法论的新看法。

第三章
解析主义文化视角的启示

上一章我们介绍和讨论了既有政治文化研究的主导范式——公民文化研究的特点、贡献和不足。与政治文化在政治学研究的地位形成鲜明对比的是,在人类学、社会学、历史学等学科领域,文化视角在类似的时间点涌现并产生了越来越大的影响。文化人类学家格尔茨指出整个人类学都围绕"文化"一词展开和发展,文化是人类学学科的基础性概念。① 20世纪八九十年代后,社会学中出现了"文化转向"(cultural turn)。② 在美国社会学会中,文化社会学成为与经济社会学、政治社会学等

---

① Clifford Geertz, *The Interpretation of Cultures*, New York: Basic Books, 1973, p.4.
② 周怡:《文化社会学的转向:分层世界的另一种语境》,《社会学研究》2003年第4期;Kate Nash, "The 'Cultural Turn' in Social Theory: Towards a Theory of Cultural Politics", *Sociology*, 2001, 35(1), pp.77-92。

并立的分支学科,拥有自己的分支学会、奖项和共同体。① 在历史学领域,新文化史学在过去三四十年快速崛起,乃至成为西方史学研究的一个主要趋势。② 周兵指出历史学的文化转向主要体现在三个层面:西方主流史学从社会史向新文化史转变;文化史自身由传统文化史向新文化史转向;其他历史学分支领域也出现了由无文化、非文化向重视文化因素、运用文化分析的转向。③ 乃至在理性选择视角的发源地经济学中,学者们也开始讨论经济理性与文化之间的关系。④ 经济和管理学学者开始重视国家和组织文化对经济绩效的影响。⑤ 在国际

---

① 详见美国社会学会网站(https://www.asanet.org/asa-communities/asa-sections)。
② 参见 Lynn Hunt, ed., *The New Cultural History*, Berkeley: University of California Press, 1989; 高毅:《法兰西风格:大革命的政治文化》(增补版),北京师范大学出版社 2013 年版;周兵:《新文化史与历史学的"文化转向"》,《江海学刊》2007 年第 4 期。
③ 周兵:《新文化史与历史学的"文化转向"》,《江海学刊》2007 年第 4 期。
④ 如:Avner Greif, "Cultural Beliefs and the Organization of Society: A Historical and Theoretical Reflection on Collectivist and Individualist Societies", *Journal of Political Economy*, 1994, 102(5), pp.912-950; Marianna Belloc and Samuel Bowles, "The Persistence of Inferior Cultural-Institutional Conventions", *American Economic Review*, 2013, 103(3), pp.93-98; Joachim Zweynert, "Interests versus Culture in the Theory of Institutional Change", *Journal of Institutional Economics*, 2009, 5(3), pp.339-360; Sjoerd Beugelsdijk and Robbert Maseland, *Culture in Economics: History, Methodological Reflections, and Contemporary Applications*, Cambridge: Cambridge University Press, 2011。
⑤ See Geert Hofstede and M. H. Bond, "The Confucius Connection: From Cultural Roots to Economic Growth", *Organizational Dynamics*, 1988, 16(4), pp.5-21; Hofstede, *Cultures and Organizations: Software of the Mind*, London: McGraw-Hill, 1991.

第三章 解析主义文化视角的启示

关系研究中,重视主观因素的建构主义在20世纪80年代后一跃成为国际关系的主要理论范式之一。①

以文化视角为基础的作品也开始出现在政治学各个具体的议题和研究之中。学者们不再仅关注国家层面的政治文化异同,各种文化因素和现象也被纳入政治分析之中。詹姆斯·斯科特(James Scott)认为传统农民社会的核心在于一套价值体系及其演化而来的制度。② 他进一步发现:同样面对压迫和不平等,不同文化环境内的民众会表现出不同的抗争类型。③ 文化也被认为可以解决集体行动的困境,学者们开始关注文化和集体行动的关系,以及行为者在运动中如何积极地建构意义和传播话语。④ 对文化和意识形态的重视也出现

---

① Jeffrey T. Checkel, "The Constructivist Turn in International Relations Theory", *World Politics*, 1998, 50(2), pp.324-348; Ted Hopf, "The Promise of Constructivism in International Relations Theory", *International Security*, 1998, 23(1), pp.171-200; Martha Finnemore and Kathryn Sikkink, "Taking Shock: The Constructivist Research Program in International Relations and Comparative Politics", *Annual Review of Political Science*, 2001, 4, pp.391-416.
② See James Scott, *The Moral Economy of the Peasant: Rebellion and Subsistence in Southeast Asia*, New Haven: Yale University Press, 1977.
③ 参见[美]詹姆斯·斯科特:《弱者的武器》,郑广怀等译,译林出版社2011年版。
④ See Anne E. Kane, "Theorizing Meaning Construction in Social Movements: Symbolic Structures and Interpretation During the Irish Land War, 1879-1882", *Sociological Theory*, 1997, 15(3), pp.249-276; Rhys H. Williams, "Constructing the Public Good: Social Movements and Cultural Resources", *Social Problems*, 1995, 42(1), pp.124-144; Robert D. Benford and David A. Snow, "Framing Process and Social Movements: An Overview and Assessment", *Annual Review of Sociology*, 2000, 26, pp.611-639.

在革命研究中。① 政治经济学学者强调理念和政策学习影响国家的经济政策制定。② 文化传统和文化组织也被认为显著地影响民众的政治参与以及政府的治理绩效。③ 在非常结构化的国家理论和国际政治研究中,文化视角也逐渐占有一席之地。学者们强调国家构建的一个关键内容在于塑造和传播有关国家的理念。④ 国际关系学者亚历山大·温特(Alexander Wendt)认为现实主义国际关系理论的基本概念"无政府状态"(anarchy)是国家相互建构出来的,如果各个国家不再相信无政府状态的存在,那么国际安全困境也将不再存在。⑤ 亨廷顿

---

① 参见 William H. Sewell, "Ideologies and Social Revolutions: Reflections on the French Case", *The Journal of Modern History*, 1985, 57(1), pp.57-85;[美]林·亨特:《法国大革命中的政治、文化和阶级》,汪珍珠译,华东师范大学出版社2011年版。
② Peter A. Hall, "Policy Paradigms, Social Learning, and the State: The Case of Economic Policymaking in Britain", *Comparative Politics*, 1993, 25(3), pp.275-296.
③ See Robert Putnam, *Making Democracy Work: Civic Traditions in Modern Italy*, Princeton: Princeton University Press, 1993; Lily Tsai, *Accountability without Democracy: Solidary Groups and Public Goods Provision in Rural China*, Cambridge: Cambridge University Press, 2007.
④ George Steinmetz, ed., *State/Culture: State-Formation after the Cultural Turn*, Ithaca: Cornell University Press, 1999; Xiaohong Xu and Philip Gorski, "The Cultural of the Political: Toward a Cultural Sociology of State Formation", in John Hall, Laura Grindstaff and Ming-Cheng Lo, eds., *Handbook of Cultural Sociology*, London: Routledge, 2012, pp.515-524.
⑤ Alexander Wendt, "Anarchy is What States Make of It: the Social Construction of Power Politics", *International Organization*, 1992, 46(2), pp.391-425.

第三章　解析主义文化视角的启示

则进一步认为世界冲突源自文明之间的分歧。①

文化视角的崛起与经验现实紧密相联。从时间维度上，现代化浪潮以及后现代化的出现并没有导致文化的消亡，或者如英格尔哈特所描绘的那样，世界各地朝着同一类型的文化，即以个体自由和平等为基础的公民文化迈进。如上一章所述，英格尔哈特本人也承认，透过路径依赖等机制，文化传统存在很强的黏性。许多传统文化现象，如宗教、仪式，并没有退出历史舞台，从人类生活中消失。② 相反，在很多实现现代化乃至经历激烈革命的地方，它们都继续存在，或者以新的面貌复苏。③ 在公民文化的典型国家美国，民众的宗教信仰比例依旧非常高。盖洛普（Gallup）2017 年的调查发现，全美有近 80% 的民众拥有宗教信仰，其中又有近半数的民众非常虔诚。④ 英格尔哈特强调的公民文化替代宗教信仰的现象并不符合现实。相对地，托克维尔很早就注意到"公民宗教"的现象，他发现美

---

① See Samuel Huntington, *The Clash of Civilizations and the Remaking of World Order*, New York: Simon & Schuster, 1996.
② See Anthony Gill, "Religion and Comparative Politics", *Annual Review of Political Science* 2011, 4, pp.117-138; Eva Bellin, "Faith in Politics: New Trends in the Study of Religion and Politics", *World Politics*, 2008, 60, pp.315-347.
③ 如：Danielle Kane and Jung Mee Park, "The Puzzle of Korean Christianity: Geopolitical Networks and Religious Conversion in Early Twentieth-Century East Asia", *American Journal of Sociology*, 2009, 115(2), pp.365-404; Yanfei Sun, "The Rise of Protestantism in Post-Mao China: State and Religion in Historical Perspective", *American Journal of Sociology*, 2017, 122(6), pp.1664-1725.
④ Frank Newport, "2017 Update on Americans and Religion"(December 22, 2017), Gallup, https://news.gallup.com/poll/224642/2017-update-americans-religion.aspx, retrieved July 1, 2019.

国民主政治与宗教的协调关系一直就没有中断:天主教将身份平等的观点输入政界,同时宗教精神与自由精神紧密相联。① 在传统文化形态表现出坚韧的生命力时,现代化和后现代过程也催生出一批新的文化形态,如形形色色的意识形态、思潮和生活方式。走向经济现代化的国家内部往往不是单一文化,而是多元文化并存,文化多元主义(multiculturalism)成为广受关注的话题。一些学者强调后现代的社会生活不确定性越来越高,而为了应对这种不确定性,基于符号和意义形成的统一认同显得愈发重要。② 而且,无论是国家内部还是国家之间,文化的多元都可能产生显著的政治社会影响。亨廷顿在冷战结束后提出了著名的"文明冲突论",他认为未来的世界冲突将更多地由文化带来,而文明体系之间的界线由各自的历史、语言、文化、传统,以及最重要的宗教所决定。不同文明体系在神与人、个人与群体、民众与政府、家长与孩子以及丈夫与妻子的关系上存在显著不同的观点,导致民众在看待权利和责任、自由与权威、平等与等级之间的关系上存在截然不同的看法。在亨廷顿看来,这些观点相较于政治意识形态和政体之间的差别更为根本和稳固。③ 与英格尔哈特预测的经济现代化带来文化趋同不同,亨廷顿认为在全球交流日益密切的情况下,文

---

① [法]托克维尔:《论美国的民主》(上卷),董果良译,商务印书馆1988年版,第333—334、342页。
② Kate Nash, "The 'Cultural Turn' in Social Theory: Towards a Theory of Cultural Politics", *Sociology*, 2001, 35(1), pp.77-92.
③ See Samuel Huntington, "The Clash of Civilizations?" *Foreign Affairs*, 1993, 72(3), pp.22-49; Samuel Huntington, *The Clash of Civilizations and the Remaking of World Order*, New York: Simon & Schuster, 1996.

明之间的差异会愈加明显。由于摧毁了旧有的传统和国家认同,经济现代化反而会引发文化反弹,尤其是文化守成主义的兴起。他发现文化守成主义的积极追随者反而可能是年轻的、经济收入和受教育状况良好的中产阶级。① 无论是国内复杂多样的文化思潮和认同状况,还是国际领域出现的宗教和族群冲突,都时刻提醒我们文化在 21 世纪人类生活中的重要性。

在学术脉络上,人类学、社会学、历史学等领域出现的"文化转向",包括国际关系学的建构主义都与公民文化研究没有太大关联。在世界观和认识论上,这些研究更多地从社会学和人类学,而非心理学中汲取思想资源。新文化史关注符号、话语,采用"深描"方法,都源自文化社会学、人类学的启发。② 李剑鸣指出人类学理论为新文化史提供了理论和概念工具,并展示了一种新的研究样式。③ 文化社会学和组织学则打破文化与制度之间的界限,为制度研究提供了新的概念和视角。④ 社会学制度主义(sociology's institutionalism)概念的提出启发研究者关注现代国家(官僚制)和市场崛起的文化背景。⑤ 温

---

① See Samuel Huntington, "The Clash of Civilizations?" *Foreign Affairs*, 1993, 72(3), pp.22-49; Samuel Huntington, *The Clash of Civilizations and the Remaking of World Order*, New York: Simon & Schuster, 1996.
② 参见周兵:《新文化史与历史学的"文化转向"》,《江海学刊》2007 年第 4 期; Peter Burke, *What Is Cultural History*, Cambridge: Polity Press, 2004。
③ 李剑鸣:《探索世界史研究的新方法——"新文化史"的方法论启示》,《史学月刊》2012 年第 2 期。
④ Peter A. Hall and Rosemary C. R. Taylor, "Political Science and the Three New Institutionalism", *Political Studies*, 1996, pp.936-957.
⑤ Martha Finnemore, "Review: Norms, Culture, and World Politics: Insights from Sociology's Institutionalism", *International Organization*, 1996, 50(2), pp.325-347.

特将其著作命名为"国际政治的社会理论"①。政治思想史研究也开始关注人们观察和表述政治世界的方式,以及其如何影响政治制度的设立、如何塑造人们的政治行为。② 本章将扩展视野,从多元学科,尤其是文化社会学、文化人类学中汲取资源和营养,从文化的本体论、认识论、方法论三个层面介绍两个学科领域关于文化的主要观点。文化社会学和文化人类学之间也存在不同的意见和观点,但整体上两个学科都将文化视为提供意义的集体现象,关注文化意义的内涵、表现和影响,为我们贡献了区别于公民文化研究的新视角。③ 为了论述方便,笔者将其称为"解析主义文化视角"。本章对解析主义文化视角的介绍包含三个部分:首先涉及文化的本体论问题,即文化是什么、文化和个体的关系如何;接着进入认识论层面,即文化在现实世界的具体表现是什么、有何特点;最后是方法论层面,即如何把握和分析这些文化现象。在全面介绍解析主义文化视角后,笔者将对比实证主义和解析主义的两种视角,展示其异同,重点关注解析主义文化视角为政治文化研究的发展贡献了怎样的新思路。

一、文化作为一种集体性现象

上一章介绍过,公民文化研究的奠基人阿尔蒙德和维巴将

---

① See Alexander Wendt, *Social Theory of International Politics*, Cambridge: Cambridge University Press, 1999.
② 李剑鸣:《探索世界史研究的新方法——"新文化史"的方法论启示》,《史学月刊》2012年第2期。
③ Peter A. Hall and Rosemary C. R. Taylor, "Political Science and the Three New Institutionalisms", *Political Studies*, 1996, pp.936-957.

政治文化界定为"个人政治态度的集合与分布",这其实将文化还原成个体层面的现象。与公民文化研究逐步不再讨论政治形成鲜明对比,社会学研究从学科创立之初就关注"社会"概念的特殊性,尤其是社会与个人的联系和区别。奠定社会学研究基石的三大理论家——涂尔干、韦伯、马克思在讨论社会尤其是现代社会的时候,不同程度地都涉及了文化。这些讨论对后来的文化研究产生了深远影响,是"文化转向"的重要思想源头。总的来看,三位理论家的作品从不同的方面主张文化是一个区别于个体的集体现象。本节将逐一介绍三位理论家及其追随者在文化概念上的见解。

法国社会思想家涂尔干致力于推动社会学学科的建立,为了使人意识到社会研究的必要性,他力图从本体论层面界定社会及社会事实。涂尔干延续了亚里士多德"城邦优先于个人"的思想,对社会和个人进行了区分。他认为社会和个人虽紧密相连,却不能等同,社会也不是个人的简单加总。在《社会学方法的原则》一书中,涂尔干用生命和原子的关系类比社会与个人的关系:社会由个人组成,生命由原子组成,但具有生命特征的现象并不存在于原子之中,同样,不能将社会分解为个人,因为社会是一个整体。进一步,作为特殊综合体的社会产生的现象与出现于个人意识中的现象并不相同,社会事实和心理事实需区分开来。集体意识有其独自的表象和固有的规律,和个人意识的状态有着本质不同。① 不同于公民文化研究聚焦个人的态度,偏向心理学的思路,涂尔干认为社会生活的内容不能

---

① [法]E.迪尔凯姆:《社会学方法的准则》,狄玉明译,商务印书馆1995年版,第11—13页。

由纯心理因素,即个人意识的状态来解释。为了了解社会对其自身和其周围世界的表象方式,研究者必须考察社会而非个人的性质。① 也即从总体性中把握社会现象。② 涂尔干具体指出:全社会的信仰和习尚从外部作用于个人,其与从内部支配个人的习惯完全不同,社会约束观念的全部意义就在于它承认集体的行为方法或思维方式是存在于个人之外的现实,而个人又每时每刻都适应于社会约束观念。③ 如宗教信仰和仪式在信徒出生之前就已经存在,表达思想的符号系统、还债利用的货币制度、商业往来使用的信用手段、职业活动遵守的惯例,都不以人的意志为转移而独立发挥作用。存在于个人意识之外的行为方式、思维方式和感觉方式,如法律和道德准则、民间的格言和谚语、宗教或政治派别的信仰以及文学流派,并非都要通过应用于个人来体现,因为即使现在没有被应用,它们仍然是存在的。④ 涂尔干因此认为不能用现象的普遍性来确定社会学上的现象的特点,集体意识可以一再出现于个人的意识之中,一种动作可以反复发生在每个人身上,但并不能因此认定这种集体意识和动作是社会事实。⑤ 社会事实之所以是普遍的,是因为它是集体的(即多少带点强制性的),而不是因为它是普遍的所以它才是集体的。⑥ 在本体论的顺序上,集体性优

---

① [法]E.迪尔凯姆:《社会学方法的准则》,狄玉明译,商务印书馆1995年版,第13页。
② 渠敬东:《涂尔干:作为文明研究的社会理论》,《学海》2018年第2期。
③ [法]E.迪尔凯姆:《社会学方法的准则》,狄玉明译,商务印书馆1995年版,第18页。
④ 同上书,第29页。
⑤ 同上书,第28页。
⑥ 同上书,第30页。

先于普遍性。这一点将其与公民文化研究把个体态度集合成集体状况的思路区别开来。涂尔干强调集会上爆发出来的集体情感不只是在表达与会的所有个人的情感里共有的东西,相反,它完全是另一种东西,源于公共生活,是在个人意识之间交互影响过程中的产物。如果说它能在每一个个人的意识中引起反应,正是因为其具有一种源于集体的特别力量,如果大家都产生了共鸣,那是因为有一种相同的力量把大家引向同一个方面,使每个人都受群体的熏陶。① 因此,社会并不是个人的简单加总,而是由个人的结合而形成的体系,是广泛合作的结果,由世世代代的经验和知识长期积累而成。② 社会因而是一种具有自身属性的独特存在。③

除了独立于个体之外,社会事实的第二个特点是对个体具有强制力。由于在时间和空间上都无限地超越个人,社会能将它的行为方式和思维方式强加于个人。对个体产生显著影响因而成为社会事实的特殊标志。④ 涂尔干进一步强调:行动或思想的这些类型不仅存在于个人意识之外,而且具有一种使人必须服从的,带有强制性的力量,它们凭着这种力量强加于个人,而不管个人是否愿意接受。这种强制在你接受它的时候基本不明显,但当你要去反抗它时,它会立刻显现。⑤ 如法律以

---

① [法]E.迪尔凯姆:《社会学方法的准则》,狄玉明译,商务印书馆1995年版,第31页。
② [法]爱弥尔·涂尔干:《宗教生活的基本形式》,渠东、汲喆译,上海人民出版社1999年版,第17页。
③ [法]E.迪尔凯姆:《社会学方法的准则》,狄玉明译,商务印书馆1995年版,第119页。
④ 同上书,第118页。
⑤ 同上书,第24页。

国家强制为后盾,而违反风俗的后果是遭到别人的嘲笑和疏远。① 集体意识和规范不但从外部约束个人,还通过一整套的再生产机制从内部影响个人。其中的机制包括言传口教、教育师承,以及语言文字的传播。② 涂尔干以儿童成长的经历做例子,阐述"社会化"的过程:

> 儿童出生以后,我们就强迫他定时饮食、睡眠,以后又强迫他养成卫生、安静和听话的习惯,稍长再强迫他学会尊重别人、遵从习俗和礼仪,最后强迫他学会劳动,等等。随着时间的推移,这种强迫感觉不到了,那是因为这种约束逐渐变成了习惯和内在倾向。教育的目的正是为了培养作为社会存在的人。③

在《社会分工论》《宗教生活的基本形式》等著作中,涂尔干进一步阐述道:社会之所以存在,就是要消除,至少是削弱人们之间的相互争斗,使强力法则归属于更高的法则。④ 社会是人们发现共同利益并联合起来的产物,人们借此维护着自身利益,同时相互合作,共同避开来犯之敌。因此社会的存在能使人进一步享受彼此交往的乐趣,与其他人共同感受生活,而这归根结底是一种共同的道德生活。⑤ 缺乏社会提供的范畴概念,如时间、空间和数量,人的思考、人与人之间的沟通和合作

---

① [法]E.迪尔凯姆:《社会学方法的准则》,狄玉明译,商务印书馆1995年版,第24—25页。
② 同上书,第29页。
③ 同上书,第27—28页。
④ [法]埃米尔·涂尔干:《社会分工论》,渠东译,生活·读书·新知三联书店2000年版。
⑤ 同上书,第27页。

完全无法实现。① 涂尔干认为基于个体同意形成集体社会契约的观点不符合现实。② 他指出:社会并非由个人叠加而成,个人也不是带着固有的道德踏入社会。正因为人生活在社会里,他才会成为一种道德存在,而道德是由群体团结构成的,也伴随着群体团结的变化而变化。③ 具体来看:

> 利他主义注定不会成为我们社会生活的一种装饰,相反,它恰恰是社会生活的根本基础。人类如果不能谋求一致,就无法共同生活,人类如果不能相互作出牺牲,就无法求得一致,他们之间必须结成稳固而又持久的关系。每个社会都是道德社会。以共同信仰为基础的社会和以合作为基础的社会并不矛盾,因为任何合作都有其固有的道德基础。④

涂尔干进一步区分了物质性的社会事实和非物质性的社会事实,两者相比,涂尔干更重视后者。在他看来,社会形成的基础在于共同意识,或者说道德。集体意识不仅在于它在这一代人的心目中完全一致,更在于其绝大多数内容是前几代人的遗产,几乎完全是过去时代的产物。⑤ 集体生活并非产生于个人生活,相反,个人生活从集体生活中产生而来。⑥ 现代发展

---

① [法]爱弥尔·涂尔干:《宗教生活的基本形式》,渠东、汲喆译,上海人民出版社1999年版,第10、12页。
② [法]埃米尔·涂尔干:《社会分工论》,渠东译,生活·读书·新知三联书店2000年版,第156页。
③ 同上书,第357页。
④ 同上书,第185页。
⑤ 同上书,第248页。
⑥ 同上书,第236页。

出的不是社会，而是个人主义。即使在个人主义兴盛的现代社会，依然存在被普遍接受的一些道德和准则。与英格尔哈特认为自我表达的价值观的兴起会削弱权威不同，涂尔干认为规范和自由并不冲突，特定社会规范是保障个人自由的基础，社会混乱反而会成为对个人自由的威胁。① 当然，从传统走向现代的过程非常不易，在传统规范走向衰败、新的规范尚未建立之时，社会会出现很多问题，涂尔干称之为"失范"（anomie）。在他的笔下，当现代社会相互共存的集体人格和个体人格之间发生冲突时，自我意识可能完全脱离集体意识的束缚，冲破社会整合的最后一道防线，使社会陷入道德真空状态，自杀现象即是"失范"的具体表现。② 社会在涂尔干眼中取得了神的权威，成为一种绝对的本质，教育和道德因而成为现代社会建设的两大主题。③

总之，社会是以职业性的群体组织为前提的一种规范体。规范的构成并非外力强加的结果，也不是相似个体的简单集合，而必须要有神圣信仰、礼仪制度以及公共生活作为保证。同时，社会的构成是一种历史的关联，是历史的多重因素及其耦合机制所产生的结果。④ 爱德华·希尔斯（Edward Shils）认为：任何社会秩序的核心都是精神的秩序，是社会成员对某种

---

① ［法］埃米尔·涂尔干：《社会分工论》，渠东译，生活·读书·新知三联书店 2000 年版，第 15 页。
② 参见［法］埃米尔·迪尔凯姆：《自杀论：社会学研究》，冯韵文译，商务印书馆 1996 年版。
③ 渠敬东：《涂尔干的遗产：现代社会及其可能性》，《社会学研究》1999 年第 1 期。
④ 渠敬东：《追寻神圣社会：纪念爱弥尔·涂尔干逝世一百周年》，《社会》2017 年第 6 期。

第三章 解析主义文化视角的启示

最高原则的认同。① 很明显,无论是集体意识、规范,还是共享价值、精神秩序,其都与文化相差无几。在后期的研究中,涂尔干越来越关注比较文化、文明的议题。② 总的来看,涂尔干及其追随者为我们展示了一幅与公民文化研究完全不同的文化图景:作为历史的产物,文化不但是独立于个体的集体性存在,有着自身的再生产和延续机制,而且能够通过种种渠道对个体产生影响。涂尔干及其追随者强调:个人形成社群生活并非源于生理需求,而是人作为一个追求更高和归依感的存在的产物。人无法离开社会,否则很难表现出与其他生物不同的特质和品格。社会因此也不是人的简单集合,其根本在于通过共享价值以及由其带来的规范使人过上有规则、有尊严的生活。③ 进一步,文化是构成人类共同体社会乃至国家的核心要素,是人之为社会人的关键。

与涂尔干力图将社会与个人分离,从本体论上论证社会以及作为集体意识的文化的独立存在不同,德国社会思想家韦伯从经验层面展现了世界文化的多样性及其对现实世界,尤其是个体行为的深刻影响。④ 在《新教伦理与资本主义精神》一书中,韦伯试图解答为何"具有自由劳动的理性组织之市民的经

---

① See Edward Shils, *The Constitution of Society*, Chicago: University of Chicago Press, 1982.
② 参见[法]爱弥尔·涂尔干:《宗教生活的基本形式》,渠东、汲喆译,上海人民出版社1999年版。
③ Edward Shils and Michael Young, "The Meaning of the Coronation", *The Sociological Review*, 1953, 1(2), pp.63-81.
④ 苏国勋:《理性化及其限制:韦伯思想引论》,商务印书馆2016年版,第2页。

营资本主义"出现在近代欧洲。① 在韦伯看来,资本主义是近代社会中决定人命运的一股关键力量,其如同一个具有压倒性强制力的宇宙秩序,决定着出生在其中的每一个人的生活方式。② 诸如"市民""资产阶级""无产阶级""社会主义"等关键社会概念均源自资本主义的出现。③ 书中韦伯关注的焦点并非资本主义在现实中的具体表现,而是资本主义现象体现的实质精神。资本主义的核心特点有三:劳工组织自由但有纪律;掌握资本的企业家有计划地进行投资和追求资本回报;目标在于掌握私人消费者市场购买力。④ 韦伯认为资本主义的特点并不在于追求利得和聚集钱财,相反,资本主义精神的内核在于和平与理性地追求盈利,行为以资本计算为取向,是对非理性冲动的抑制和调节,实际上体现了理性和入世禁欲精神。⑤ 对劳工而言,计件工资的提高并不一定会提升其劳动效率,如果既有的文化规范规定什么程度就应该"知足",那么计件工资的提高反而会导致产量下降。因为劳动者不会想:如果我努力工作提高工作量的话,我一天能赚多少? 相反,劳动者想的是:我必须做多少工才能够赚到我一向所得的报酬,从而满足我的既有需求?⑥ 无论是低薪压榨还是高薪激励,在韦伯

---

① [德]马克斯·韦伯:《新教伦理与资本主义精神》,康乐、简惠美译,广西师范大学出版社2007年版,"前言"第10页。
② 同上书,"前言"第4页、第187页。
③ 同上书,"前言"第10页。
④ [德]马克斯·韦伯:《经济与历史;支配的类型》,康乐等译,广西师范大学出版社2004年版,第350页。
⑤ 同上书,第5页。
⑥ 苏国勋:《理性化及其限制:韦伯思想引论》,商务印书馆2016年版,第42页。

第三章 解析主义文化视角的启示

看来都不一定会促进生产效率的提升,除非劳工把劳动当作绝对的目的本身——"天职"来对待。同样,对于资本的掌握方企业家而言,在积累财富后,传统的状态是开始花钱享乐、重视消费而不是投资。企业家进行投资、追求不停的回报,这体现了将赚钱视为义务且为目的本身。韦伯强调:这种观念与其他任何时代的道德观都相背反,因为如此不是事业服务人,而是人为事业而活。从个人幸福的角度看,这样的生活方式非常不理性。不眠不休地奔走追逐,到底"意义"何在?①

在行为和价值的关系上,韦伯强调价值的优先性和对行为的决定性。行为应与目的和意义相关联,尤其需关注行为者的动机。② 在他看来,在缺乏价值偏好改变的状态下,特定的措施并不能带来预想的结果。追求财富和利润的行为在全球各地都很普遍,一定程度的资本计算在其他地区也出现过,但基于自由劳动的理性资本主义只出现在近代西方。③ 探讨近代资本主义扩张的原动力为何的问题,韦伯认为首先要探究的不是可供资本主义利用的货币量从何而来,而是资本主义精神如何出现并扩散的问题。他指出:举凡此种精神觉醒并且能发挥作用之处,它便会自行筹措到所需的货币来作为运作的手段,反之则不然。④ 工人在工作的时候摒弃怎样既不费力又能赚到同等薪酬的想法,企业家将工作奉为天职,系统且理性地追

---

① [德]马克斯·韦伯:《新教伦理与资本主义精神》,康乐、简惠美译,广西师范大学出版社 2007 年版,第 44 页。
② [德]马克斯·韦伯:《社会学的基本概念》,顾忠华译,广西师范大学出版社 2005 年版,第 8、20 页。
③ 同上书,第 10 页。
④ [德]马克斯·韦伯:《新教伦理与资本主义精神》,康乐、简惠美译,广西师范大学出版社 2007 年版,第 43 页。

求合法利润,这样的资本主义精神绝非天生的、普遍存在的。通过地区层面的横向比较和时间维度的纵向比较,韦伯提醒我们,资本主义的出现关键在于一种新的价值偏好替代旧的价值偏好。这样的过程在现实中十分不易。在古代和中世纪,资本主义精神会被贬斥为卑污贪婪、不自尊自重。与近代欧洲形成鲜明对比的是中国,虽然自身具备发展资本主义的一切条件,但家产官僚制(Patrimonialbürokratie)的"精神"导致中国在近代前与资本主义无缘。① 韦伯写道:

> 资本主义精神的登场通常并非安然平顺,猜疑,有时是憎恨,尤其是道德的愤怒,一般而言会如潮水般地涌向最初的改革者。唯独具有一种异常坚毅的性格,方能始终保持清醒冷静的自制,尤其是极为坚决且高度突出的伦理资质,才能赢得客户的信任,同时保持张力克服无数的对抗,负担与安逸的生活享受无法并存,甚至与日俱增紧迫密集的工作。②

进一步,资本主义精神状态源自一种"思想氛围",且此种精神从理性主义对于人生终极问题的原则态度衍生而来。③ 虽然资本主义兴起的原因很多,但韦伯基于经验观察强调基督教宗教改革的关键影响。通过分析新教,尤其是加尔文教的教义,韦伯认为宗教改革摧毁了通过外在辅助,如经由牧师、教会圣礼等方式获得恩宠的可能,确立救赎由思

---

① 详细的介绍和讨论,参见李猛:《理性化及其传统:对韦伯的中国观察》,《社会学研究》2010 年第 5 期。
② [德]马克斯·韦伯:《新教伦理与资本主义精神》,康乐、简惠美译,广西师范大学出版社 2007 年版,第 43 页。
③ 同上书,第 50 页。

第三章 解析主义文化视角的启示

索而非体验得来。① 这极大地推动了宗教的"除魅"化,使得教徒通过不断的反省来引导生活,克服人的自然状态,摆脱非理性的冲动与人对俗世和自然的依赖,构建出一种理性的生活。这种有别于自然人的特殊生活不再存在于与世隔绝的修道院里,而是在现世生活里实现,世俗职业里的义务履行成为评价个人的道德实践所能达到的最高内容。② 这造就了前面所说的"资本主义精神":劳动和积累财富从享乐转变为一种"天职",时间变得无比宝贵,无为的冥想则毫无价值。③ 总之,基督新教的入世禁欲举其全力抵制财产的自由享乐,反对无节制地消费,特别是奢侈消费。在心理效果上,其将财货的取得从传统主义的伦理屏障中解放出来,解开利得追求的枷锁,不仅使之合法化,而且(在上述意味下)直接视为神的旨意。④ 这由此引发了有趣的现象:新教在意念上要求信奉者克制内心的欲望,抵制奢侈浪费,但在行动上,勤劳和节俭却驱使信奉者追求和积累能够满足人欲望的财富。人和财富的关系发生了变化:财富本身并不成为人的目标,而转变成人实现终极意义的工具。

借助资本主义,韦伯揭示了现代性的本质:一种特殊状态的"理性主义"。⑤ 韦伯的著述繁多,涉及社会、经济、政治、法律和宗教等多个领域,但总结下来,其关心的核心问题就是这

---

① [德]马克斯·韦伯:《新教伦理与资本主义精神》,康乐、简惠美译,广西师范大学出版社 2007 年版,第 82 页。
② 同上书,第 54 页。
③ 同上书,第 151、159 页。
④ 同上书,第 173 页。
⑤ 同上书,第 12 页。

种特殊状态的理性主义为何出现在近代西方。① 用他自己的话说:"即在——且仅在——西方世界,曾出现朝着(至少我们认为)具有普遍性意义及价值的方法发展的某些文化现象,这到底该归诸怎样的因果关系呢?"②韦伯通过对比西方和其他地区的科学、艺术、建筑、政治、经济,提出这些繁杂现象的背后有一种共通的文化现象,即理性化在西方的出现。具体地,只有在西方才发展出一种理性的、有系统的专业科学研究,政府事务由一群训练有素的专业人士(即官僚)来掌握,经济上则出现了资本主义。③ 科学、经济、政治等因素相互影响,推动了现代性的崛起。在同样影响巨大的官僚制研究中,韦伯强调现代组织形式的发展体现为官僚制行政组织的发展和不断扩散,官僚制也是现代国家的一个关键要素。④ 官僚制的特点包括根据规则来划分权限、具有明确的上下关系和晋升规则、以专业训练为录用条件,这体现了非人格化的理性精神。⑤ 因此,其与资本主义一样也是理性化的产物。韦伯著作的核心任务在于认识这种特殊的理性主义的特质并解释其起源。总的来看,无论是资本主义还是官僚制,这些现象的背后都有一种无形的、支撑这一事业的时代精神,这种精神又与特定社会的文化

---

① [德]马克斯·韦伯:《中国的宗教;宗教与世界》,康乐、简惠美译,广西师范大学出版社2004年版,第460页。
② [德]马克斯·韦伯:《新教伦理与资本主义精神》,康乐、简惠美译,广西师范大学出版社2007年版,"前言"第1页。
③ 同上书,"前言"第3—4页。
④ [德]马克斯·韦伯:《经济与历史;支配的类型》,康乐、简惠美译,广西师范大学出版社2004年版,第318页。
⑤ 韦伯的详细讨论,参见[德]马克斯·韦伯:《支配社会学》,康乐等译,广西师范大学出版社2004年版,第22—25页。

背景有着内在的渊源关系,在一定条件下,这种精神决定一项事业的成败。① 宗教改革的意义并不在于消除教会对于生活的支配,而在于以一种新的支配形式取代原来的支配形式。② 经济理性主义的起源不仅有赖于合理的技术与法律,亦取决于人们所采取某种实用理性的生活态度的能力和倾向。一旦此种实用理性的生活态度为精神上障碍所阻挠,经济上合理的生活样式亦将遭遇严重的内在困境。在他看来,在以往世界的任何地区,巫术与宗教的力量,以及奠基于对这些力量之信仰而来的伦理义务的观念是构成人类生活态度最重要的因素之一。③ 在《新教伦理与资本主义精神》的结尾,韦伯写道:近代的资本主义精神,不止如此,还有近代的文化,本质上的一个构成要素——立基于职业理念上的理性的生活样式,乃是由基督教的禁欲精神所孕生出来的,而这就是本文所要加以证明的。④ 韦伯对基督教、犹太教、印度教、儒教和道教等几大主要宗教进行比较分析的核心目标就在于分析以宗教为代表的文化现象如何通过伦理(责任伦理或信念伦理)影响人的社会行为,并进一步影响整个社会的变迁过程。⑤ 一些学者曾将韦伯视为现代化理论的开山鼻祖,但通过上述的介绍,我们可以看到韦伯笔下的现代化背后有着相应的文化前提,这点不能

---

① 苏国勋:《理性化及其限制:韦伯思想引论》,商务印书馆 2016 年版,第 6 页。
② [德]马克斯·韦伯:《新教伦理与资本主义精神》,康乐、简惠美译,广西师范大学出版社 2007 年版,第 11 页。
③ 同上书,第 460 页。
④ 同上书,第 186 页。
⑤ 苏国勋:《理性化及其限制:韦伯思想引论》,商务印书馆 2016 年版,第 86 页。

被忽视。韦伯对社会变迁的分析中,社会变迁与社会动力相关,而社会动力最终要由文化价值引领方向。①

同为思想巨匠的马克思对于文化有着独到的观点。马克思持辩证唯物主义立场,强调人们为了能够创造历史,必须能够生活,为了生活,首先就需要吃、住、穿以及其他一些东西,而物质生活本身是一切历史的基本条件。② 相比于涂尔干和韦伯,马克思更强调物质生活对社会的重要性。物质、经济生活是基础,文化和主观因素是上层建筑。在《德意志意识形态》一文中,马克思讨论了物质和意识之间的关系:

> 思想、观念、意识的生产最初是直接与人们的物质活动,与人们的物质交往,与现实生活的语言交织在一起的。人们的想象、思维、精神交往在这里还是人们物质行动的直接产物。表现在某一民族的政治、法律、道德、宗教、形而上学等的语言中的精神生产也是这样。人们是自己的观念、思想等等的生产者。③

在马克思看来,意识是现实生活的反映或者升华物。在两者的关系上,马克思明确指出:不是意识决定生活,而是生活决定意识。④ 文化立基于经济生活之上,由物质条件尤其是生产方式决定。在此基础上,社会变革的根本动力来自生产力和生产关系的改变。现代化理论主张的经济决定论在这点上与马克思的上述观点在某种程度上相近。公民文化研究的代表人

---

① 张旅平:《马克斯·韦伯:基于社会动力学的思考》,《社会》2013 年第 5 期。
② 中共中央马克思、恩格斯、列宁、斯大林著作编译局编译:《马克思恩格斯选集》(第一卷),人民出版社 1995 年版,第 79 页。
③ 同上书,第 72 页。
④ 同上书,第 73 页。

物英格尔哈特在《政治文化的复兴》一文中试图调和马克思和韦伯,提出文化和物质相互影响的论点。① 但观察到东亚地区出现经济腾飞的奇迹后,英格尔哈特在后期的作品中完全倒向马克思,强调物质生活对文化的决定性作用。② 而在马克思的笔下,作为"上层建筑"的文化和意识形态虽然处于从属地位,但其作用并不能被忽视。马克思提醒道:人与绵羊不同的地方在于意识取代了本能,或者说人开始意识到自己的本能。③ 他进一步指出:统治阶级不但在物质上占据主导,而且会发展出一套与之相匹配的思想和意识形态,作为思想的生产者进行统治,调节着时代思想的生产和分配。④ 要实现社会变革,被统治阶级必须产生进行彻底革命的意识。⑤

受马克思主义影响的学者和实践家在观察或推动工人运动和革命的过程中提出了新的见解。20 世纪初的世界,英美并没有爆发社会主义革命,相反,经济落后和工业不发达的俄国反而实现了社会主义革命。在资本主义发达的地区,处在被剥削状态的工人并非完全是"结构的奴隶"。在斗争目标上,工人存在两种选择:一是进行彻底的革命斗争,废除资本主义;另一是保留现有的资本主义体制,通过温和改良以改善自身的生

---

① Ronald Inglehart,"The Renaissance of Political Culture",*The American Political Science Review*,1988,82(4),pp.1203-1230.
② See Ronald Inglehart and Christian Welzel,*Modernization, Cultural Change, and Democracy: The Human Development Sequence*,Cambridge:Cambridge University Press,2005.
③ 中共中央马克思、恩格斯、列宁、斯大林著作编译局编译:《马克思恩格斯选集》(第一卷),人民出版社 1995 年版,第 82 页。
④ 同上书,第 98—99 页。
⑤ 同上书,第 90 页。

产和生活条件。在斗争形式上,有组织起来的革命斗争,有因事而定的公开抗争,还有砸机器等形式的消极抵抗。维尔纳·桑巴特(Werner Sombart)认为美国的工人热爱资本主义,更偏向温和的改良,在这样的条件下,社会主义革命很难在该国出现。① 爱德华·汤普森(Edward Thompson)在对英国工人阶级形成的研究中,认为阶级的产生取决于一批人有着共同的经历,能感到并明确说出其中具有独特性的共同利益。阶级形成的过程中,阶级经历主要由生产关系决定,阶级觉悟则是把阶级经历用文化的方式加以处理,体现在传统习惯、价值体系、思想观念和组织形式之中。汤普森提醒我们:作为阶级形成的关键条件,阶级觉悟的出现与文化、传统等相关,并非单纯地由生产方式和状况决定。② 受到欧洲工人起义失败,尤其是意大利工人运动失败以及法西斯运动兴起的刺激,意大利前共产党领导人安东尼奥·葛兰西(Antonio Gramsci)认为意大利的工人组织没能与知识分子和农民联合起来,尤其是工人阶级没有发展出一套能够说服这两个群体展开联合和合作的意识形态。葛兰西将这种意识形态的统合和吸引力称为"霸权"(hegemony)。③ 葛兰西在思索中提出,人首先是精神,也就是历史的产物,而不是自然的产物。④ 借助于文化,人们才能懂得自己的历史价值,懂得自己在生活中的作用,以及自己的权

---

① [德]W. 桑巴特:《为什么美国没有社会主义》,赖海榕译,社会科学文献出版社 2003 年版,第 28—42 页。
② [英]E. P. 汤普森:《英国工人阶级的形成》(上),钱乘旦等译,译林出版社 2013 年版,第 1—2 页。
③ Steven Jones, *Antonio Gramsci*, London: Routledge, 2006, p.42.
④ 中共中央马克思、恩格斯、列宁、斯大林著作编译局国际共运史研究所编译:《葛兰西文选》,人民出版社 1992 年版,第 5 页。

利和义务,使人生达到一个更高的境界。① 具体来看,工人只有有了特定的意识才会把自己看成"生产者",成为阶级的一分子,而非市场中的"商品"。② 葛兰西进一步指出,革命意识并不由严酷的生存环境和急切的生活需求自动产生和传播,相反,它的形成和出现仰赖一套明智有效的阐述,把工人处在附属地位的事实转变为起义和社会重建的导火线。这套阐述开始影响少数人,后来需要变为整个阶级都接受的论述。在他看来,每一次革命都以激烈的批判工作以及在群众中传播文化和思想为先导,典型的例子是法国大革命,它是启蒙运动广泛传播导致的结果。③ 通过对资本主义文明的批判,无产阶级已经或正在形成统一的意识,这种批判含有文化的性质,而不仅是一种自发的和自然主义的进化。④ 在正常时期,形成这样一种革命意志需要一个通过社会逐步传播、扩散的漫长过程,俄国革命中的宣传却使无产阶级的历史在一瞬间戏剧性地苏醒过来,锻造出了一种新的意识。⑤ 葛兰西反复强调新的共同意识和心理对于革命和新的社会体制建立的重要性。⑥

由此,我们可以看到葛兰西等人提出了物质和文化之间关系的新观点。葛兰西强调基础(实践)和上层建筑(话语)之间是相互影响的辩证关系,而不预先假定某一方的决定性作用

---

① 中共中央马克思、恩格斯、列宁、斯大林著作编译局国际共运史研究所编译:《葛兰西文选》,人民出版社1992年版,第5页。
② 同上书,第84—85页。
③ 同上书,第6页。
④ 同上书,第7页。
⑤ 同上书,第10—11页。
⑥ 同上书,第51、87、120页。

(一方决定另一方)。① 文化不再是物质条件的附庸,其一方面有着自己的特点,另一方面反过来影响政治和社会制度的稳定和变革,因此获得了重要性和相对自主性。与涂尔干相同,葛兰西强调共同意识,只是这里的共同意识更多地具有阶级性,是某个阶级所特有的集体现象。葛兰西的追随者在分析资本主义社会之时,除了关注物质状况外,还聚焦话语和文化。如生产和消费过程中的文化符号对于理解现代资本主义越来越重要。② 赫伯特·马尔库塞(Herbert Marcuse)甚至提出:发达工业社会将思想宣传转变成一种生活方式,如更多的消费、更好的服务,从而出现了一种单向度的思想和行为方式,使社会丧失了变革的可能性。③ 与此同时,葛兰西等人扩展了我们对支配关系的认识和理解,统治阶级不仅支配物质生产方式,也支配象征的生产方式。统治阶级会利用其掌控的意识形态部门(文化、宗教、教育和媒体)传播那些可以强化其统治地位的价值观。斯科特进一步提出:取得从属阶级的认同和被动顺从,是比制裁和强制更为有效的阶级统治方式,这才是霸权的关键意涵。通常情况下,正是意识形态霸权的普遍性、深入性确保了社会和平,并将政府的强制性机器推至后台,唯有当预期到危机将至、自发性认同失去效用时,国家才会公开诉诸暴力。④ 权力由此不仅外化为强制和支配关系,也内化成被统治

---

① Steven Jones, *Antonio Gramsci*, London: Routledge, 2006, p.34.
② 如:Scott Lash and John Urry, *The End of Organized Capitalism*, Cambridge: Polity Press, 1987。
③ 参见[美]赫伯特·马尔库塞:《单向度的人:发达工业社会意识形态研究》,刘继译,上海译文出版社1989年版。
④ [美]詹姆斯·斯科特:《弱者的武器》,邓广怀等译,译林出版社2011年版,第382页。

群体对既有秩序和统治群体的认同和服从。①

虽然涂尔干、韦伯、马克思的关注点和具体观点各异,但三位思想巨匠都贡献了不同于公民文化的文化概念,其具体表现如下。首先,文化是一个集体现象,是历史的产物,有着自主性,不能将之等同为个人态度的加总和分布。在这点上,涂尔干论述得尤其充分,韦伯关注的宗教、马克思以及现代西方马克思主义者强调的属于特定阶级的集体意识,也是超越个体的集体存在。这个认识也被人类学所接受,文化被界定为群体创造、分享和表达的集体意义。② 其次,文化能够对个体施加影响。涂尔干强调政治社会化的本质就在于集体性的文化对个体施加影响,教育是其中的关键机制。韦伯强调文化通过塑造个体的信念体系影响其行为。马克思虽然强调物质对文化和意识的决定作用,但现代西方马克思主义者葛兰西主张双方相互影响,文化霸权和意识形态成为统治阶级影响被统治阶级、维护既有政治秩序的工具和手段。最后,对文化的重新界定和理解为其进入社会科学,成为社会科学解释中的自/因变项奠定了基础。以社会变革的极端表现——革命为例,西达·斯考切波(Theda Skocpol)在《国家与社会革命》(*States and Social Revolutions*)一书中将以"相对剥夺感"为代表的解释视为个体能动主义式的心理解释,认为其无法解释宏大的社会革命。③ 休

---

① Steven Jones, *Antonio Gramsci*, London: Routledge, 2006, pp.3-4.
② Richard Wilson, "The Many Voices of Political Culture: Assessing Difference Approaches", *World Politics*, 2000, 52(2), pp.246-273.
③ See Theda Skocpol, *States and Social Revolutions: A Comparative Analysis of France, Russia, and China*, Cambridge: Cambridge University Press, 1979.

维尔指出:斯考切波把主观因素窄化成个体的心理态度,忽略了集体性的文化现象。在理论上,意识形态并不是个人意志的产物,而是超越个体的独立存在。在经验上,法国革命和俄国革命的结果存在显著不同:法国革命之后依然保留了资本主义经济体制,俄国革命则建立了社会主义经济体制,两者的区别并不能用斯考切波强调的国际结构——国家因素和经济形态——阶级因素来解释,必须把意识形态纳入进来。① 20世纪70年代末伊朗革命的爆发进一步说明了文化和意识形态在革命中的重要性。

二、符号、话语与仪式

三位思想家指代文化的词汇各不相同,涂尔干用的是集体意识、道德,韦伯关注的是宗教,马克思在论述中使用的是意识形态、阶级意识,但共同之处在于:其均展示了将文化视为独立于个体的集体现象的本体论。接下来需要讨论的问题是:作为集体性的现象,文化在现实中的表现是什么?应该如何认识文化现象?文化社会学家和文化人类学家不约而同地关注以下现象:符号(symbol)、话语(discourse)和仪式(ritual)。詹姆斯·约翰逊(James Johnson)将符号定义为"能够传递意义的媒介,这个媒介可以是一个物体、行动、事件或者关系"②。话

---

① William H. Sewell, "Ideologies and Social Revolutions: Reflections on the French Case", *The Journal of Modern History*, 1985, 57(1), pp.57-85.
② James Johnson, "Symbol and Strategy in Comparative Political Analysis", *APSA CP: Newsletter of the APSA Organized Section in Comparative Politics*, 1997, 8(2), pp.6-9.

语的本质在于特定语言文字的使用,以及语言使用所表达的意涵。① 斯蒂芬·卢克斯(Steven Lukes)将仪式定义为"以符号为特征的有规则活动,目的是吸引参与者对特定思想和感情的注意和重视"②。大多数学者均认为仪式有以下特征:有规则和秩序、涉及规范层面,以及试图对参与者施加影响。③ 仪式的关键在于告诉参与者过去怎么样,将来会是怎样,以及人与人之间的关系应该如何。④ 通过仪式,符号被定义、传播和赋予活力。话语分析隐含着三层内容:其一,它是一个由特定语言组织起来的文本,文本本身很重要;其二,它是一个话语实践,需关注话语的产生和解读;其三,它发生在社会之中,与制度和组织相互影响,是社会实践。⑤ 围绕这三个概念有很多讨论,如仪式是否仅为宗教现象,仪式是否一定与超自然和超现实的东西相关联。涂尔干认为宗教现象分为两个基本范畴:信仰和仪式。其中信仰是舆论的状态,由各种表现构成,仪式则是某些明确的行为方式,两者是思想和行为之间的差别。⑥ 无论是符号、话语还是仪式,其共同点都在于是意义的具体表现形式。以陕西每年一度的公祭轩辕黄帝典礼为例,这个公祭仪式有着

---

① Deborah Schiffrin, Deborah Tannen, and Heidi E. Hamilton, eds., *The Handbook of Discourse Analysis*, Oxford: Blackwell, 2001, "Introduction", p.1.
② Steven Lukes, "Political Ritual and Social Integration", *Sociology*, 1975, 9, pp.289-308.
③ Ibid.
④ Ibid.
⑤ Norman Fairclough, *Discourse and Social Change*, London: Polity Press, 1993, p.4.
⑥ [法]爱弥尔·涂尔干:《宗教生活的基本形式》,渠东、汲喆译,上海人民出版社1999年版,第42页。

明确的时间(清明)、地点(黄陵县黄帝陵)、参与者(海内外华夏同胞代表)。活动流程包括:击鼓鸣钟、唱《黄帝颂》、敬献花篮、恭读祭文、向轩辕黄帝像行三鞠躬礼、乐舞告祭、龙飞华夏等内容,仪式中包含了多种符号,如雕像、乐器、花篮、钟鼓、飞龙,还有话语传达,如宣读祭文。这些符号、话语和仪式,都在于传达崇敬祖先、增强中华认同等意义。①

符号、话语和仪式在人类社会中有着悠久的历史。在部落社会、传统农业社会中,符号、神话和仪式普遍存在,往往成为构成这些社会的群体特征。② 图腾成为一个部落的象征,仪式和节日则成为部落群体最重要的活动。许多符号、神话和仪式都与宗教信仰有关,埃及神话认为人死后灵魂会复活,必须保留身体,木乃伊因而出现。一些学者认为这些现象具有时代性,在理性精神尚不彰显的传统时代比较重要,进入现代后,世俗和理性文化占据社会生活的主导地位,符号、话语和仪式的重要性下降,有的甚至逐步消失。③ 在现代政教分离的大背景下,宗教的社会影响力下降,附着其上的符号和仪式会逐渐淡出人类的政治和社会生活。另一批学者对此并不赞同,强调符号、话语和仪式在现代生活中依旧发挥着重要作用。④ 在社会

---

① 《万余名中华儿女齐聚陕西黄陵,共祭人文初祖轩辕黄帝》(2019 年 4 月 5 日),新华网,http://m.xinhuanet.com/sn/2019-04/05/c_1124332102.htm,最后浏览日期:2020 年 6 月 13 日。
② 参见[法]爱弥尔·涂尔干:《宗教生活的基本形式》,渠东、汲喆译,上海人民出版社 1999 年版。
③ Joseph R. Gusfield and Jerzy Michalowicz, "Secular Symbolism: Studies of Ritual, Ceremony, and the Symbolic Order in Modern Life", *Annual Review of Sociology*, 1984, 10, pp.417-435.
④ 参见[美]大卫·科泽:《仪式、政治与权力》,王海洲译,江苏人民出版社 2015 年版。

生活方面,不少起源于宗教和传统的节日慢慢被国家认可,成为法定节假日。在政治上,大至社会革命的出现、现代国家的建构,小至政治生活中的竞选、宣誓、就职、纪念和检阅等活动,均可见符号、话语和仪式的身影。如剪辫在晚清成为主张变革乃至革命的标志,为此清政府下达禁止剪辫的命令,严禁学生和军人剪辫。斯科特发现欧洲早期的国家建设过程都在努力将"社会象征符号"(social hieroglyph)理性化和标准化,使其更清晰、更便于管理。① 现代国家的国徽很大程度上是对部落图腾的继承和发展,以至于图腾符号被融入国徽设计之中。如美国国徽的正面图像有白头海雕,俄罗斯国徽上则有双头鹰。一些政治符号的重要性反而得到了增强。按照中国法律,藐视、损毁国旗或国徽会遭到相应的处罚。现代国家也建构了属于自己的仪式,国家葬礼、烈士和战争纪念日等发挥着与古代祭祀、典礼类似的功能。对于国人而言,2008年汶川地震的全国哀悼,2014年开始设立的国家公祭日,每逢整十周年的国庆大阅兵等,都是切身可感的例子。本尼迪克特·安德森(Benedict Anderson)敏锐地察觉到,无名战士纪念碑和墓园等纪念物经常出现在民族主义的建构中,相比于马克思主义和自由主义对死亡和不朽的淡化,民族主义的想象非常关切死亡与不朽,这正暗示了它与宗教想象之间的紧密关系。② 王海洲认为政治仪式在现代政治的发

---

① James Scott, *Seeing Like a State: How Certain Schemes to Improve the Human Condition Have Failed*, New Haven: Yale University Press, 1998, p.3.
② [美]本尼迪克特·安德森:《想象的共同体:民族主义的起源与散布》(增订版),吴叡人译,上海人民出版社2011年版,第9页。

展中扮演着通贯全局的重要角色。①

如何理解这些现象的生命力？这涉及符号、话语与仪式的功能和作用。涂尔干在《宗教生活的基本形式》一书中指出：区分宗教和巫术的并非信仰和仪式，而在于其是否以一个确定的人群团体为基础。② 宗教信仰得以维系的基础是周期性的仪式和聚会安排，在聚会中人们感受到一种超越个体的力量存在，公共性（或社会性）成为宗教赖以生存的基础。③ 无论何种时代，社会生活的各个方面都仰赖庞大的符号体系，人们必须透过符号才能找到它所表现并赋予其意义的集体存在。符号、话语和仪式不仅是为了方便地展现集体意识，它们本身也是集体意识形成和维持的基础。④ 涂尔干强调仪式是在集合群体之中产生的行为方式，它们必定要激发、维持或重塑群体中的某些心理状态。⑤ 仪式不仅为所有集体成员逐一接受，每个集体成员都应感受到共同的信念，而且应完全属于该群体本身，从而使这个集体成为一个统一体。⑥ 由于宗教的核心特点在于区分神圣世界和世俗世界，仪式对个体的作用在于创造一个新的情境，使其摆脱世俗世界，接近神圣世界。在涂尔干眼中，符号、话语和仪式是社会必不可少的组成要素，它们的功用在

---

① 王海洲：《政治仪式的权力策略：基于象征理论与实践的政治学分析》，《浙江社会科学》2009 年第 7 期。
② ［法］爱弥尔·涂尔干：《宗教生活的基本形式》，渠东、汲喆译，上海人民出版社 1999 年版，第 50 页。
③ 张海洋：《涂尔干及其学术遗产》，《社会学研究》2000 年第 5 期。
④ ［法］爱弥尔·涂尔干：《宗教生活的基本形式》，渠东、汲喆译，上海人民出版社 1999 年版，第 2、301—303 页。
⑤ 同上书，第 11 页。
⑥ 同上书，第 50 页。

第三章 解析主义文化视角的启示

于使个体聚集起来,加深个体之间的关系,使彼此更加亲密。对个体而言,仪式能够产生个体重获新生所需要的精神力量,改变自身的价值和行为。① 莫妮卡·威尔森(Monica Wilson)认为借助仪式,人们把最打动自己的价值表现出来,而由于这种表达是约定俗成和具有强制性的,仪式因而表现的是群体的价值。② 希尔斯和迈克尔·杨(Michael Young)认为社会由一些基本的价值共识组成,社会成员对这些价值的接受构成了社会的道德基础。很多时候民众对基本价值的认识和接受非常模糊和不可言说,也可能产生质疑乃至抵抗,仪式则是一个桥梁,让社会成员能够有机会接触和了解这些基本价值,以增强基本价值对个体的影响力。③ 希尔斯和杨以 1953 年英国伊丽莎白女王的加冕仪式为例,展示符号、话语和仪式对政治和社会的意义和重要性。女王加冕仪式程序复杂而隆重,包括手抚圣经宣誓、佩戴王冠、涂抹圣油、展示权杖和宝剑等环节,这些仪式和流程意在展示主权者维护社会核心价值的承诺。借助电视和广播,加冕仪式引发了英国民众的高度关注,增强了社会成员的认同感。他们认为,在主权与治权分离的状况下,英国王室更多地成为社会价值共识的一个载体和表现。除了隆重的加冕仪式,英国王室还通过向各行各业作出贡献的人士颁发荣誉和奖章,允许王室成员在各个社会组织担任兼职等方式巩固和加强社会的价值观,成为英国政治稳定和社会团

---

① [法]爱弥尔·涂尔干:《宗教生活的基本形式》,渠东、汲喆译,上海人民出版社 1999 年版,第 456 页。
② Monica Wilson, "Nyakyusa Ritual and Symbolism", *American Anthropologist*, 1954, 56(2), pp.228-241.
③ Edward Shils and Michael Young, "The Meaning of The Coronation", *The Sociological Review*, 1953, 1(2), pp.63-81.

结的一个重要支柱。① 葬礼仪式同样较好地展示了仪式的作用:葬礼往往表现出对死者的崇敬和敬仰,通过彰显死去之人的牺牲精神呼唤生者为了更大的集体而奉献自我,从而将不同信仰、族群和阶层的民众融合成一个集体。② 仪式对于政治正当性的产生也有着重要作用。韦伯认为宗教仪式是创造职位性卡理斯玛正当性的过程,参与此仪式者即可获得"不可磨灭的印记",透过仪式,无条件的服从关系由持有者传给了继任者。③ 总之,这些学者追随涂尔干的观点,强调社会的存在立基于其内在共享的一些基本道德标准。无论是符号、话语还是仪式,都是这种集体意识或者文化的具体表现。只要人的社会性不消减,那么这些现象就不会过时,作用也不会消失。符号、话语和仪式是催化剂,能激发已经存在于个人心中的共同价值或记忆,能够使人感受到集体的存在和影响。④ 符号、话语和仪式因而有利于创造和加强社会整合。⑤ 从时间的角度,历史学者尤瓦尔·赫拉利(Yuval Harari)认为人类借助仪式和神话成功地扩大了合作的规模,建构了独特的社会生活。⑥

---

① Edward Shils and Michael Young, "The Meaning of The Coronation", *The Sociological Review*, 1953, 1(2), pp.63-81.
② See Lloyd Warner, *American Life: Dream and Reality*, Chicago: University of Chicago Press, 1962.
③ [德]马克斯·韦伯:《经济与历史;支配的类型》,康乐等译,广西师范大学出版社 2004 年版,第 368—369 页。
④ 如:Dan Sperber, *Rethinking Symbolism*, Cambridge: Cambridge University Press, 1974, Chapter 3; Kenneth Burke, *The Philosophy of Literary Form*, New York: Vintage, 1957, p.9.
⑤ Steven Lukes, "Political Ritual and Social Integration", *Sociology*, 1975, 9, pp.289-308.
⑥ 参见[以色列]尤瓦尔·赫拉利:《人类简史》,林俊宏译,中信出版社 2014 年版。

第三章 解析主义文化视角的启示

在兼具语言魅力和思想深度的《文化的解析》(*The Interpretation of Cultures*)一书中,文化人类学家格尔茨对此做了富有新意的阐发。格尔茨呼应涂尔干等人对文化的理解,强调文化提供的意义是公共的,超越于个人之外,并不存在于人的头脑之中。① 文化在影响人的行为方面类似于基因或电脑程序,通过影响社会和心理制度来塑造人的行为,乃至人的本性。② 与基因或电脑程序的不同之处在于,文化处在生物体范围之外,是外生的,所有的人类个体都诞生在一个主体间存在共识的世界中,个人离不开文化,而文化不依赖单个个人而存在。③ 举例而言:如果你不知道眨眼的含义,那么你不会通过眨眼来表达意思,同样,如果你不知道碰鼻代表友好的话,那么你也不会选择这个方式来表示你的善意。④ 由于文化承载着意义,其因此更多地是一个公共性的东西。格尔茨形象地比喻道:"人是悬挂在由他们自己编织的意义之网上的动物,而文化就是这些网。"⑤在现实中,意义只能储存于符号象征,如袈裟、新月、十字架之中。在格尔茨看来,符号象征是概念的可感知的形式,是固化在可感觉的形式中的经验抽象,是思想、态度、判断、渴望或信仰的具体体现。⑥ 借助仪式,这些符号象征与话语共同展现意义。格尔茨进而将文化定义为"历史上传递

---

① Richard Wilson, "The Many Voices of Political Culture: Assessing Difference Approaches", *World Politics*, 2000, 52(2), pp.246-273.
② Clifford Geertz, *The Interpretation of Cultures*, New York: Basic Books, 1973, pp.49, 92.
③ Ibid., p.92.
④ Ibid., p.12.
⑤ Ibid., pp.5, 10.
⑥ Ibid., p.89.

下来的承载于符号之中的意义体系,这套意义体系可以帮助人们沟通、传递和发展其对人生的认知和态度"①。符号性的行为(symbolic action)为我们认识、表达和理解社会提供了概念和类型。② 在他看来,人最大的恐惧在于面对难以理解或解释的东西,人创立的、共享的和习得的符号体系则为人类提供了一个意义框架,使其能够了解自我、适应他人以及周遭的环境。③ 神圣的符号能够统合人的伦理系统,塑造其世界观、审美品味、对生活的态度和期待,以及对社会秩序的根本理解和想象。④ 格尔茨进一步指出:当文化被认为是符号性的行为时,对文化的长期争论,诸如文化是主观的还是客观的、文化到底是规律性的行为还是意识的表现,就没有意义了。⑤ 文化虽然不是物理性的存在,但它并不存在于个人的脑袋中,也不是超自然的神秘存在,它是表现出来的文本,如一个嘲笑眼神或者碰鼻礼。⑥ 文化行为,即对符号的建构、理解和运用,与婚姻和农业一样都是社会事件,既是公共的也是可以观察的。⑦ 格尔茨在文中强调,关注嘲笑眼神或失真的羊群打劫事件(mock sheep raid)不在于深究这些现象的本体论意义在哪,而应探究这些现象表达的意义为何以及受众如何理解和

---

① Clifford Geertz, *The Interpretation of Cultures*, New York: Basic Books, 1973, p.89.
② Ibid., pp.89-123.
③ Ibid., p.250.
④ Ibid., p.89.
⑤ Ibid., p.10.
⑥ Ibid.
⑦ Ibid., p.91.

看待它们。① 文化和思想由有意义的符号的交流构成,如仪式、工具、标记、图像、声音,文化研究因而不再神秘,而与其他学科一样具备实证性。② 由此,符号及其实践不再是深层次文化或共同意识的表现,而成为文化本身。同时,格尔茨没有把文化与个体对立起来,他认为在分析文化现象时,要注意个体如何理解和认识符号、话语和仪式,从而走向了行为者导向(actor-oriented)。

与涂尔干相比,格尔茨在看待文化上以行为者为导向,更为能动。涂尔干式的观点假定社会存在共同意识,符号、话语和仪式是集体意识的外化表现,这种功能主义视角的不足之处在于难以解释社会和文化变迁。③ 卢克斯认为仪式的核心内容在于展现特定社会秩序的安排和理念,目标在于将参与者的注意力吸引过来,减少其对其他议题和设想的关注。卢克斯认为应该用一个多元冲突的视角看待仪式,将其视为争夺认同和权力的一种方式。④ 大卫·科泽(David Kertzer)认为政治仪式并非统治者维护现状的独有工具,对于试图进行政治社会变

---

① "失真的羊群打劫事件"的背后是如下故事:北非法国殖民地区的犹太人科恩(Cohen)利用当地传统的买卖契约规范(Mezrag)成功地从打劫他的柏柏尔人(Berbers)处要回自己的损失,当他将柏柏尔人赔偿他的羊群赶回来后,法国殖民当局无法相信他做的事,认为他实际上是柏柏尔人的奸细,反而将其关入监狱,并没收了他的羊。格尔茨的用意在于展示不了解当地的文化传统使得法国人无法理解科恩的成功索赔。详见 Clifford Geertz, *The Interpretation of Cultures*, New York: Basic Books, 1973, pp.7-10。
② Clifford Geertz, *The Interpretation of Cultures*, New York: Basic Books, 1973, p.362.
③ Ibid., p.143.
④ Steven Lukes, "Political Ritual and Social Integration", *Sociology*, 1975, 9, pp.289-308.

革的行为者而言,仪式同样重要。① 仪式最重要的特征是规范化,有趣的是,科泽认为正是仪式的保守性使其在政治变革中发挥着重要作用,新的政治制度通过对旧仪式的形式改头换面从旧的政治制度中汲取正当性。② 维克多·特纳(Victor Turner)指出:仪式的特殊性在于创造一个与日常生活不同的情境,让参与进来的人隔绝日常时间和状态,除去或消解外在的结构性束缚和责任。在这种状况下,仪式和宗教信仰能使参与者获得解放,并使阈限出现,推动新的观念的形成。如让富人跳出自己的生活情境,亲身体验穷人的苦难和不幸,这可能使富人对穷人的观感和态度大为改变。这种仪式和美学上的形式具有鲜明的反结构特点,体现了社会成员的自省能力(reflexivity)。③

在具体的研究上,涂尔干式的功能主义视角往往将注意力集中于官方话语和主导意识形态之上,忽视政治和社会中存在的多元话语和意义体系。在农业经济占主导的马来西亚,斯科特发现地主和农民之间并非单向的,即农民受地主完全支配的权力关系状态,相反,地主和农民都在自利的基础上建构属于自己的话语,争夺对符号和话语的控制。④ 在更为激烈的社会革命中,革命者通过创办报刊、张贴告示、设立新的节日,以及传播新的文学、音乐、戏剧和美术作品等方式推动革命理念在

---

① 参见[美]大卫·科泽:《仪式、政治与权力》,王海洲译,江苏人民出版社2015年版。
② 同上书,第52页。
③ [美]维克多·特纳:《仪式过程:结构与反结构》,黄剑波、柳博赟译,中国人民大学出版社2006年版,第203页。
④ 参见[美]詹姆斯·斯科特:《弱者的武器》,邓广怀等译,译林出版社2011年版。

民众中的扩散,巩固革命的成果。① 乔尔·米格代尔(Joel Migdal)指出国家构建的过程不仅包括国家机构渗透进社会、汲取和配置相应的资源,而且意味着政府官员们可以为民众提供重要的神话和象征性符号,以获得对民众的控制权。② 在这样的认识下,符号、话语和仪式不再是集体意识的表现,而是获得社会权力的工具和手段。竞争和冲突视角的学者因而主张一种过程主义的分析方法,重点关注如下问题:谁使用和发明了这些符号、话语和仪式? 其中注入了怎样的感情和意义? 受众是否接受这些,以及这些现象是否达到了最初的目的?③ 抗争政治领域中兴起的框架策略(framing strategy)研究关注抗争者在"问题为何、原因在哪、谁该承担责任"等问题上的符号和话语策略,其能对集体行动的动员、过程和结果产生显著影响。④

有趣的是,当公民文化研究逐渐脱离"政治"属性的时候,关注符号、话语和仪式的学者却大量地涉及政治议题。文化符号不但能够塑造人们对世界的偏好和认识,而且能够为政治行为者提供资源,增进群体的团结和巩固行为者自身的权力。⑤ 仪

---

① 参见高毅:《法兰西风格:大革命的政治文化》(增补版),北京师范大学出版社2013年版,第130—138页。
② 参见[美]乔尔·米格代尔:《强社会与弱国家:第三世界的国家社会关系及国家能力》,张长东等译,江苏人民出版社2012年版。
③ Steven Lukes, "Political Ritual and Social Integration", *Sociology*, 1975, 9, pp.289-308.
④ Robert D. Benford and David A. Snow, "Framing Process and Social Movements: An Overview and Assessment", *Annual Review of Sociology*, 2000, 26, pp.611-639.
⑤ David D. Laitin, "Game Theory and Culture", *APSA CP: Newsletter of the APSA Organized Section in Comparative Politics*, 1997, 8(2), pp.9-11.

式推动了权威、官方和公共形象的出现。科泽指出:政治是通过符号来表达的,要理解政治过程,就必须理解象征是如何进入政治生活的,政治主体是如何有意无意地操控象征,以及这些象征如何与政治权力的物质基础产生关联。① 话语霸权在葛兰西笔下更是维持统治或促进社会变革的关键因素。王海洲总结了政治仪式研究关注的四大议题:一是现代社会中与政治人物相关的政治仪式,包括任职加冕、宣誓效忠和葬礼等;二是与政府、政党和政治利益团体等政治组织相关的政治仪式,包括大型庆典、党派竞选和政治集会;三是政治冲突或政治斗争中的仪式应用与变革;四是与政治认同相关的政治仪式。② 符号、话语和仪式无论是社会集体意识的表现,抑或成为行为者争夺支配权和影响力的工具,其中都涉及公共性和权力,必然与政治相关。对一批新文化史学者而言,一切经济、社会、文化都是政治的,权力的博弈无处不在。③

三、理解与深描:文化研究的方法论

在本体论上,解析主义文化视角主张文化是一个集体性的存在,在认识论上,其关注符号、话语和仪式等现象。接下来就是方法论上的问题:文化作为提供意义的集体现象,应如何进行研究和认识? 具体地,应如何分析符号、话语和仪式等文化现象?

---

① [美]大卫·科泽:《仪式、政治与权力》,王海洲译,江苏人民出版社 2015 年版,第 3 页。
② 王海洲:《政治仪式:权力生产和再生产的政治文化分析》,江苏人民出版社 2016 年版,第 9—10 页。
③ [美]林·亨特:《法国大革命中的政治、文化和阶级》,汪珍珠译,华东师范大学出版社 2011 年版,第 7 页。

第三章 解析主义文化视角的启示

　　涂尔干和韦伯都提出了自己的方法论见解。由于社会现象是超越个体的独特存在,独立于个人意识,并能从外部对个人施加压力,涂尔干因此主张将包括文化在内的社会现象视为物进行研究。① 他不赞同将社会还原成个体,采用心理学的办法进行探索。与此同时,由于在开展研究之前就已经形成了一套观念系统,涂尔干认为研究者会倾向于以自己的观念来代替实在,甚至把它们作为思考、推理的材料,导致研究者不是去观察、描述和比较事物,而只满足于解释、分析和综合自己的观点,用思想的分析去代替实在的科学研究。② 以探索人类社会从古至今的进步的研究为例,这样的课题往往在研究开始前就假定人类社会是不断进步的,然后去寻找支撑这个论断的经验材料。涂尔干认为社会研究应摆脱一切预断,区分社会现象与其在研究者头脑中的表象,对社会现象本身进行考察。③ 对文化现象诸如规范和道德,研究者正确的做法是去研究存在于经验世界中的规范和道德准则,而不是被其自身对规范和道德准则的看法所束缚。④ 一种社会事实的决定性原因应该到先于它存在的社会事实之中,而不是到个人意识之中去寻找。以宗教现象为例,涂尔干采取的办法不是从字面上考察宗教的信仰和仪轨,而是借助大量历史和民族志材料,分析经验中出现过

---

① [法]E.迪尔凯姆:《社会学方法的准则》,狄玉明译,商务印书馆1995年版,第117页。
② 同上书,第35页。
③ 同上书,第47、51页。
④ [法]埃米尔·涂尔干:《社会分工论》,渠东译,生活·读书·新知三联书店2000年版,第158页。

的图腾、信仰和仪式,并从历史中追踪其形成的方式。① 很明显,涂尔干主张用一套科学的办法分析文化现象,不是评价优劣,而是对它们进行观察和解释。他强调科学的眼中不存在善和恶,科学可以清楚地告诉我们原因怎样产生结果,却不能告诉我们应该追求什么样的目的。②

与涂尔干主张排除预断和进行客观分析有所不同,韦伯非常强调意义对社会研究的重要性。在他看来,社会学应对社会行动进行诠释性的理解,从而实现对社会行动的过程及结果的因果性解释。③ 社会科学的确如涂尔干所言需要进行因果解释,不过在韦伯看来,解释一定要立基于理解之上,即只有将个人行动时的主观意义纳入进来,才能实现充分的解释。④ 这是因为人类的社会生活是由各种意义交织起来的网络,不论及意义,社会现象将全然无法理解。⑤ 如对宗教的研究必须从理解其意义出发,否则相关研究无从开始。什么是理解(verstehen)?韦伯意指主观心灵状态以及可被归结为行动者意图的意义诠释。⑥ 这里引出韦伯与涂尔干在方法论上的第二个主要区别,涂尔干认为应将社会事实视为超越个体的客观存在进行研究,韦伯则主张方法论上的个人主义(methodological

---

① 参见[法]爱弥尔·涂尔干:《宗教生活的基本形式》,渠东、汲喆译,上海人民出版社1999年版。
② [法]E.迪尔凯姆:《社会学方法的准则》,狄玉明译,商务印书馆1995年版,第66页。
③ [德]马克斯·韦伯:《社会学的基本概念》,顾忠华译,广西师范大学出版社2005年版,第3页。
④ 同上书,"导言"第15—16页。
⑤ 同上书,第8页。
⑥ 同上书,第3页。

individualism)。由于个人是可理解的行动的唯一承载者,韦伯认为对任何社会现象的分析必须落脚在个人的行动之上。① 社会科学的特殊性体现在从行动者的角度去理解及诠释具有主观意义的社会行动。② 韦伯眼中的理解因此关系到行为作为手段还是目的,也常牵涉行动的指向。相对地,缺乏意义指的是那些无法关联到主观意义内涵的行为,即如果这些行为不能与手段或目的建立关联,而只表现为行动的刺激、促发或阻碍,那么它们就缺乏意义。③ 韦伯的理解或诠释的社会学,本质上是通过理解经验现实的"文化意义"来解释经验现实。④

  韦伯认为理解有两种样式:或是合理的,即逻辑的或数学的;或是神入的,即对于研究对象情感关系的重新体验。前者既可以是对于某一数学命题运算的理解,也可以是对某个力图通过选择适当的手段而达到某一目标的行动的理解;后者的情况则要复杂一些,因为它要理解的是价值、宗教的激情行动、虔诚的或极端的理性主义狂热等一类内在的心境。神入理解的可能性在于研究者可以将自己设想成研究对象,在相同的情况下重新体验研究对象当时经历的内心变化,将心比心、推己及人。⑤ 显然,理解的主要形式是神入理解,即对他人心境的重新体验。⑥ 只要行动在一个可理解其动机的意义关联中,理解

---

① [德]马克斯·韦伯:《社会学的基本概念》,顾忠华译,广西师范大学出版社2005年版,第17、23页。
② 同上书,第9页。
③ 同上书,第8页。
④ 张旅平:《马克斯·韦伯:基于社会动力学的思考》,《社会》2013年第5期。
⑤ [德]马克斯·韦伯:《社会科学方法论》,韩水法、莫茜译,中央编译出版社1998年版,第11—12页。
⑥ 同上书,第13页。

就可以视为对实际行为过程的一个解释。因此,对涉及行动意义的学科而言,解释意味着能够掌握行动者自己的主观意义、其行动所系属的意义关联。① 如一个人砍伐木材究竟源自生计需要(理性)还是宣泄愤怒(非理性)。在对资本主义的研究中,当剖析资本主义所代表的特定理性精神后,韦伯从宗教改革的角度解释这种特定理性的出现。其后续的比较宗教社会学研究则试图总结并展示世界主要宗教与其中的经济及社会阶层之间的关系,探讨文化情境如何影响人的信念系统,又产生了什么样的影响。② 韦伯所述的"理解"有助于研究者弄清楚事物的本质及其特点,以及追溯其产生和变化的原因。

追随韦伯对意义理解的重视,格尔茨在文化研究的方法论上做了进一步的阐发。在《文化的解析》中,格尔茨强调文化不是权力,不是任何的社会现象、行为、制度和过程的原因,相反,文化是一种情境(context),其能帮助我们理解在其中的言语和行为。③ 前面提到,文化的本质是一套外在于个人的意义系统,符号、话语和仪式则是意义的载体或表达,理解意义因而成为文化研究的中心问题。现实中由于生存环境的差异以及语言、历史传统的不同,意义在各个人群中的内涵差异显著、具体表现也丰富多样,这给理解带来了挑战。斯科特指出:现实中人的话语中通常会有一些语言学意义上的简略表达,身处同一文化情境的人对此习以为常,外来人却会迷惑不解。同时,人

---

① [德]马克斯·韦伯:《社会学的基本概念》,顾忠华译,广西师范大学出版社 2005 年版,第 10 页。
② [德]马克斯·韦伯:《新教伦理与资本主义精神》,康乐、简惠美译,广西师范大学出版社 2007 年版,第 13 页。
③ Clifford Geertz, *The Interpretation of Cultures*, New York: Basic Books, 1973, p.14.

第三章 解析主义文化视角的启示

们日常生活的话语嵌套在更大范围的意义系统之中,除非出现某种争议,否则这些深层次的东西很难轻易显现。① 与此同时,如涂尔干所言,研究者容易将自己的预断带入,去分析和判断另一文化情境下的现象。这些都使得意义的沟通和理解并非易事。电影《通天塔》(Babel)生动地展示了不同家庭因沟通不畅而产生的悲剧。格尔茨强调:人类学研究不是去一个陌生地方远征,然后带回胜利品,而在于多大程度上能够说明和澄清研究地区的情况,减少不解和疑惑。② 研究者甚至应该提出某些研究对象都未曾意识到的解读或发现。③ 以格尔茨著名的巴厘岛斗鸡(cockfight)研究为例,巴厘岛男人花费大量时间和精力去训练公鸡,让公鸡相互争斗、生死搏命。刚一开始,外人可能很难理解这种爱好,往往会给这种斗鸡活动贴上"原始""倒退"和"不进步"的标签。即使是当地的政治精英,可能也不了解这种现象的缘由和对参与者的意义。出于对农民赌光自己所有的钱、浪费本该用在国家建设上的时间、国际观感不佳等考虑,官方下令禁止斗鸡活动。亲身来到当地考察的格尔茨却发现:即使被禁,斗鸡活动依然在村庄里以半秘密的方式举行,吸引大批民众的参与。缺乏对特定现象出现的背景和意义的理解和分析,政府很难推出良善政策,政策也很难被有效贯彻和执行。尤其在国内整合和国际交流日益增强的当下,对行为意义的理解和解读显得越来越重要。本尼迪克特撰写《菊与

---

① James Scott, *Weapons of the Weak: Everyday Forms of Peasant Resistance*, New Haven: Yale University Press, 1985, pp.138-139.
② Clifford Geertz, *The Interpretation of Cultures*, New York: Basic Books, 1973, p.16.
③ James Scott, *Weapons of the Weak: Everyday Forms of Peasant Resistance*, New Haven: Yale University Press, 1985, p.139.

刀》一书就是为了回答美国决策当局对日本人的困惑:日军在太平洋战场上誓死抵抗、决不投降,但当美军在其本土投掷两颗原子弹后,日本立刻投降,接受美军占领的事实。① 与巴厘岛当局直接推出禁止斗鸡的政策不同,美国决策当局聘请了本尼迪克特等学者对日本人的思维和习性进行深入研究,为之后的对日政策提供参考和建议。

如何了解和认识文化?前面提到,格尔茨认为文化模式是在历史上产生的,用来为人类的生活赋予形式、秩序、目的和方向的意义系统。符号,作为思想的物质载体,所包含的意义常常难以琢磨、迂回含糊又摇摆不定,但其依旧能够通过系统的经验考察被发现。② 格尔茨认为了解文化的最佳途径是将其视为符号系统,通过分解其中的要素,了解要素之间的关系,然后再对整个体系进行刻画。这个过程中,需要考察核心符号如何组织起来,除了知道其面上的表现外还需知道其下的结构和意识形态基础。正是通过文化模式,即有序排列的包含意义的符号串,人们才理解自己所经历的事件。对文化的研究因此是对个体及群体发明用来指导个体行动的机制的研究。若没有这样的机制,个人及群体将处在一个晦暗不明的世界中。③ 格尔茨认为文化现象必须有一定程度的内在逻辑自洽性和体系性。④ 本尼迪克特认为人们既然接受了赖以生活的价值体系,就不可能同时在其生活的另一部分按照相反的价值体系来思

---

① 参见[美]鲁思·本尼迪克特:《菊与刀》,吕万和等译,商务印书馆1990年版。
② Clifford Geertz, *The Interpretation of Cultures*, New York: Basic Books, 1973, p.362.
③ Ibid., p.363.
④ Ibid., p.17.

第三章　解析主义文化视角的启示

考和行动,否则势必出现混乱和不便。为了更加和谐一致,人们为自己准备了种种共同的理由和动机,因此文化体系内的一定程度的和谐一致必不可少,否则整个体系就将瓦解。具体地,经济活动、家庭活动、宗教仪式以及政治目标就像齿轮一样相互咬合在一起,相互联系。① 由于文化由社会行为体现,格尔茨认为研究者也应分析人的行为。② 与此同时,对文化符号系统的认识不是将抽象的成分组合成一个整体,而是在经验现象中观察事件,如对眨眼睛、斗鸡的分析,从细微处见真知。③

在格尔茨看来,文化研究的首要工作在于进入分析对象所生活的世界,这样研究者才有机会去了解研究对象,乃至与之进行对话。④ 针对有的学者认为人类学家只研究小的对象,如一个村庄、部落等,格尔茨澄清道:人类学家并非研究村庄、部落和城镇,而是身处其中展开研究。⑤ 外来者想要研究本地的文化,除了警惕自身业已存在的观念系统带来的偏见外,还需克服语言等障碍,通过获得本地人的认同进入该地的文化体系。以巴厘岛斗鸡的研究为例,在遭遇警察突袭查封斗鸡活动时,格尔茨选择和参与的村民一起逃窜躲避,而不是摆出外国教授的身份得到差别对待。这为其赢得了当地人的信任,而被当地人接纳才意味着研究者"身处其中",为理解斗鸡活动背后的"农民心智"提供了一种内在视角。本尼迪克特同样认为文

---

① [美]鲁思·本尼迪克特:《菊与刀》,吕万和等译,商务印书馆1990年版,第8—9页。
② Clifford Geertz, *The Interpretation of Cultures*, New York: Basic Books, 1973, p.17.
③ Ibid.
④ Ibid., p.24.
⑤ Ibid., p.22.

化人类学家最倚重的方法是与研究对象直接接触,在无法进入日本展开实地调研的状况下,她采取的次优策略是阅读日本人自己撰写的材料,以及观看由日本人编写、摄制的有关城市及农村生活的影片、宣传片和纪录片。① 进一步,格尔茨认为文化分析或者民族志(ethnography)的要义并非一些具体的技术,如进入研究地、选择受访人、采访或做田野笔记,而是"深描"(thick description)。② 与"浅描"(thin description)仅仅记录事件中的主体、行为和对象相比,深描力图揭示这些现象背后层级清晰、有意义的文化结构。只有立基于这些意义系统,眨眼行为的出现、被感知才能被理解,而离开了意义,眨眼作为一个社会行为将不复存在。③ 深描的过程并不容易,格尔茨形象地写道:民族志的工作就像试图去阅读一个充满陌生感、模糊、不完整,乃至逻辑不自洽的和充满偏见注释与评论的稿子,这个稿子由转瞬即逝的人的行为构成。④ 民族志学者做什么?格尔茨说,这些学者写作或记录,聚焦社会话语,试图将其记录下来。一份民族志的解读应该追踪社会话语的变化曲线,将其塑造成为一种看得见的形状。⑤ 总的来看,民族志式的描述(ethnographic description)有四大特点:其一它是解析的;其二它解析的是社会话语;其三,解析的目的在于将这些社会话语从迅速消失的特点中解救出来,将其固化成一种可以被认识和

---

① [美]鲁思·本尼迪克特:《菊与刀》,吕万和等译,商务印书馆1990年版,第4—5页。
② Clifford Geertz, *The Interpretation of Cultures*, New York: Basic Books, 1973, p.6.
③ Ibid., p.7.
④ Ibid., p.10.
⑤ Ibid., p.19.

第三章 解析主义文化视角的启示

阅读的状态;其四,解析关注的是微观层面的对象。① 通过展示研究对象如何理解和认识一些现象和行为,深描帮助不同文化背景的人了解彼此,减少疑惑和误解。回到巴厘岛斗鸡的例子,格尔茨通过对斗鸡活动的解析帮助外人了解巴厘岛人的文化和社会生活:公鸡是其主人的人格代理者,是男性气概的象征性表达,是其心理状态的动物性反映,斗鸡还展现了巴厘岛男人的善恶观念;斗鸡比赛和由此衍生的多种形式的赌博行为也展现了当地的社会等级关系,是社会基体(social matrix)的缩影。基于对斗鸡及其衍生的赌博现象的分析,格尔茨认为声望而非经济理性是该社会中包括斗鸡在内的行为的核心驱动力。②

以格尔茨为代表的文化符号学带来了方法论上的新观点。首先,文化研究的核心在于对意义的理解,而非因果解释。文化分析不是探索规律的科学,而是一种探索意义的阐释性学科。格尔茨指出:"文化研究从来不是预测性的,它只进行事后的阐释。"③一个偷窃粮食的贼、一个明显的怠慢、一件显而易见的礼物,除非研究者能够从只有行动者才能提供的意义中建构它,否则它们的意义就无法被理解。人类学解读(anthropological interpretation)之所以是解读,是因为研究者不是文化情境中的直接行为者,其无法直接了解行为者的所思所想,研究对象只是在某些时候有助于研究者更好地理

---

① Clifford Geertz, *The Interpretation of Cultures*, New York: Basic Books, 1973, pp.20-21.
② Ibid., Chapter 15.
③ Ibid., p.26.

解,在其他时候研究者则需进行猜测和解读。① 在这种状况下,建构普遍性文化理论的尝试都会徒劳无功,人类学材料的重要性不在普遍性,而在于其复杂的特殊性以及"因情而定"(circumstantiality)。② 格尔茨用医学的临床诊断类比文化分析:文化分析并不假定存在普遍规律,然后用一系列的观察值来予以验证;相反,文化分析开始于一系列的标记物,接着力图将其放置在一个易懂的框架内。这些标记物可以是(一系列)符号性行为,其目的在于分析社会话语。③ 在这个过程中,怎么去了解(信息的把握)和怎么去分析(理论的进步)之间存在巨大的张力。④

其次,文化符号学提供了研究方法和经验材料的新认识。由于文化符号学强调研究的目的在于理解意义和发现特殊性,在研究者和研究对象的关系上,研究结果的主导权掌握在研究对象之上,也就是文化解析的本质在于了解研究对象怎么想问题、怎么看待现象和处理问题,而不是用经验证据来验证研究者设想的研究假设。在经验材料方面,与公民文化研究关注研究对象的政治社会态度不同,在文化符号学看来,只要有助于研究者了解并理解研究对象所处的文化情境及其自身的所思所想,一切与研究对象有关的符号、话语、仪式、风俗和行为都是值得关注的经验材料。斯科特即指出:研究者既应关注行动者的经验,又需关注行动本身;既关注人们头脑中的历史,又关

---

① Clifford Geertz, *The Interpretation of Cultures*, New York: Basic Books, 1973, p.20.
② Ibid., p.23.
③ Ibid., p.26.
④ Ibid., pp.24-25.

注作为事件流的历史;既关注阶级如何被认知和被理解,又关注客观的阶级关系。① 在这种认识下,经验材料的种类大为丰富,方法上也不再拘泥于问卷调查一种,访谈、民族志、文化话语分析等多种方法均可采用。

最后,文化符号学启发我们思考特殊和一般的关系。这些作品展现了文化现象及其解读的多样性。如托克维尔曾言:欧洲人喜欢用扰乱社会的方法来忘却其家庭忧伤,美国人则从家庭中汲取对秩序的爱好,然后再把这种爱好带到公务中去。② 本尼迪克特发现日本文化的双重性:爱美而又黩武,尚礼而又好斗,喜新而又顽固,服从而又不驯等。③ 费孝通则提出中国文化呈现的是一个以己为中心的"差序格局"。④ 这些解读一方面扩大了我们的视野,同时也为比较分析打下了基础。本尼迪克特指出:对于一个人类学家来说,研究这种在整体上具有很多共性的各民族之间的差异是最有益的。如她发现日本人对等级制的信仰和信赖与美国人极不相同。而即使最离奇的差异也不会妨碍研究者对它的理解,因为人虽不同,但共通之处在于具有"可理解性"(intelligibility)。⑤ 对格尔茨而言,正是由于人类学材料具有复杂的特殊性及因情而定,其

---

① [美]詹姆斯·斯科特:《弱者的武器》,邓广怀等译,译林出版社2011年版,第55页。
② [法]托克维尔:《论美国的民主》(上卷),董果良译,商务印书馆1988年版,第338页。
③ [美]鲁思·本尼迪克特:《菊与刀》,吕万和等译,商务印书馆1990年版,第1、16页。
④ 参见费孝通:《乡土中国》,北京出版社2005年版。
⑤ [美]鲁思·本尼迪克特:《菊与刀》,吕万和等译,商务印书馆1990年版,第7、10页。

能为涉及重要议题的政治和社会思想,如正当性、现代化、整合、冲突等话题,提供具象的养料,为学者进行真实的、有想象力的创造性思考打下基础。①

四、实证主义和解析主义视角的对比

通过上述介绍,我们可以看到解析主义视角内部在对文化的认识论和方法论上存在一定的分歧,但总的来看,它贡献了与公民文化研究完全不同的文化本体论、认识论和方法论。这里,我们将以公民文化研究为代表的文化观称为实证主义文化视角,将以文化社会学和文化人类学为代表的文化观称为解析主义文化视角,表3-1从文化的定义、分析层次和单位、文化现象、分析方法和研究目标五个方面对两种视角进行了总结和对比。从文化本体论的角度来看,实证主义文化视角受心理学的影响,将文化化约成个体的心理评价和状态;解析主义文化视角则反对将文化视为个体的心理现象,主张文化是超越个体的集体存在。② 马克·罗斯(Marc Ross)将这种区别总结为对文化的主观认识(subjective view of culture)和主体间的认识(intersubjective view of culture)。③ 从文化的具体表现来看,

---

① Clifford Geertz, *The Interpretation of Cultures*, New York: Basic Books, 1973, p.23.
② Lucian W. Pye, "Political Culture Revisited", *Political Psychology*, 1991, 12(3), pp.487-508.
③ Marc Howard Ross, "Culture in Comparative Political Analysis", in Mark Lichbach and Alan S. Zuckerman, eds., *Comparative Politics: Rationality, Culture and Structure*, Cambridge: Cambridge University Press, 2009, pp.134-161.

实证主义文化视角更多地关注个体层面的主观因素,如政治态度、政治观念,以及集合而成的公共舆论等;解析主义文化视角则更为关注集体层面的主观因素,如意识形态、文化规范、宗教、符号、话语和仪式。

表3-1 政治文化的两种分析视角

	解析主义文化视角	实证主义文化视角
文化的定义	独立于个体的集体存在	个体观念的集合和分布
分析层次和单位	集体层次	个体层次
文化现象	宗教、意识形态、符号、话语、仪式等	政治态度、政治观念、公共舆论等
分析方法	深描、民族志	问卷调查、访谈
研究目标	展示文化(意义)及其表现的多样性	展示文化的解释力和规律性

在不同的文化本体论和认识论下,两种视角也有着鲜明的方法论主张。实证主义文化视角采用科学主义的方式来研究政治文化,如第二章展示的那样,公民文化研究的核心目标在于为特定政治制度,尤其是民主制度的兴起贡献一个文化解释。由于实证主义文化视角将文化视为个体观念的集合和分布,因此公民文化研究以问卷调查为主,兼用访谈、实验等方法。公民文化研究的学者遵循科学主义方法论著作主张的"概念界定清楚""扩大样本""提出因果推断"等思路完善和发展相应的研究。[①] 英格尔哈特的工作就是典型代表,他花费大量精力创立世界价值观调查,努力扩大调查的国家数量和样本数

---

① See Gary King, Robert Keohane, and Sidney Verba, *Designing Social Inquiry: Scientific Inference in Qualitative Research*, Princeton: Princeton University Press, 1994.

量,借此检验公民文化对民主政治兴起和巩固的影响,并建构一个文化变迁的普遍理论。实证主义文化视角以展现文化的解释力和发现文化的规律性为最终目标。与之相对,解析主义文化视角更靠近人文传统,强调对情景的关注和对意义的理解。如前所述,无论是韦伯还是格尔茨都反对将自然科学的方法套用到社会或文化研究之上。韦伯强调基于理解的解释,格尔茨则指出文化研究无法提供预测性的解释,其要义在于提供事后的阐释。在具体的方法选择上,解析主义文化视角强调对一地符号意义系统的了解需要通过"深描"的方式来实现,即研究者深深地嵌入当地的文化系统,采用参与式观察、访谈等方法对话语和行为进行理解和解析。文化解析的目的在于增进研究者对另一个文化情境下研究对象话语和行为的理解,最终展示的是文化意义及其表象的多样性。与公民文化研究预先设定文化的类型和演变规律不同,解析主义文化视角允许研究者探索不同地区的多样化的文化意义系统。格尔茨指出:人类学的目标在于扩大人类话语世界的范围。①

实证主义和解析主义文化视角在方法问题上也存在直接交锋。阿尔蒙德和维巴认为:公民文化研究与解析主义视角的区别在于解释力的提高,能够让文化研究不再飘忽不定、空洞含糊。② 这背后的潜台词是:解析主义文化视角的作品容易自说自话、难以对话和沟通。的确,研究者在理解意义、相互对话

---

① Clifford Geertz, *The Interpretation of Cultures*, New York: Basic Books, 1973, p.14.
② See Gabriel Almond and Sidney Verba, *The Civic Culture: Political Attitudes and Democracy in Five Nations*, Princeton: Princeton University Press, 1963.

第三章 解析主义文化视角的启示

的过程中会遭遇很多挑战:研究对象可能会隐藏许多(不愿承认的)动机和想法,其内心所想与表达出来的内容并不相同,这给研究者带来挑战。① 接着对研究者而言,其自身既有的文化价值观和预设可能会影响理解。前面提到,神入理解的前题在于设身处地地推测研究对象可能出现的内心活动,这么做的前提在于研究者和研究对象在思维和价值观等方面的相近。韦伯指出:在涉及终极价值或信仰问题时,研究者与研究对象在价值观与信仰方面时常存在差异,差异愈大,理解就越困难。这源自人的内心活动除了受外在环境的影响外,也受到其内在价值观和信仰的支配。内在价值观和信仰的差距会使人在大致相同的环境下产生不同的内心活动,神入理解因而不再可能。② 虽然涂尔干强调研究者应放弃自己的预断,但实际上价值中立几无可能。借用格尔茨的话,人往往无法也不愿跳出既有的文化意义之网。上述状况引发的结果是:对于同一现象,研究者们往往会提出不同的解读,这增加了对话和沟通的难度。韦伯对加尔文教、天主教和儒家学说的解读就遭遇了诸多挑战。③ 在概念基础不可靠,以及严格符合自然科学标准的证据不存在的情况下,如何判断解读的优劣?斯科特提出了如下意见:其一,解析应该是有效而经济的(economical),至少要与它试图揭示的实践和信仰保持一致;其二,好的解析能帮助我

---

① [德]马克斯·韦伯:《社会学的基本概念》,顾忠华译,广西师范大学出版社 2005 年版,第 12 页。
② [德]马克斯·韦伯:《社会科学方法论》,韩水法、莫茜译,中央编译出版社 1998 年版,第 11—12 页。
③ See Anthony Giddens, "Introduction", in Max Weber, *The Protestant Ethic and the Spirit of Capitalism*, Translated by Talcott Parsons, London: Routledge, 1992.

们弄清楚一些被认为是无关或反常的材料;其三,评价解析好坏的一大标准在于被解析的对象是否认可研究者的解析。①

针对实证主义文化视角钟爱的问卷调查方法,解析主义文化学者也有着相应的评论。在这些学者看来,理解优先于方法的选择。由于文化具有集体属性,解析主义文化学者认为对特定的文化情境的把握可以使研究者预测大部分人乃至所有人的行为特征。本尼迪克特指出:在日本,某人在何时对谁行礼,这种公认的习惯性行为,有几个例子确证就足够,没有必要对所有日本人进行统计研究。② 她指出:用问卷调查了解一地民众的意见,有一个十分明显却无人提及的前提条件,即研究者熟悉本地生活方式并且认为其理所当然。相比于研究对象的数量和覆盖性,对文化自身特性的认识更为重要。在进行问卷调查之前,必须对该国家民众的习惯和观点进行系统研究,否则问卷调查无法提供有效信息。如在美国,无论共和党还是民主党均认为政府几乎是一种摆脱不了的祸害,它限制了个人的自由,这种国家观与日本人完全不同,是研究者首先必须了解的东西。③ 方法之外,解析主义文化学者也反对文化变迁存在规律性和方向性的主张,认为其背后隐含着一地的偏见和傲慢,研究在开始前就戴上了"有色眼镜",且尚不自知。④

说到底,实证主义文化视角本质上是一种文明观,试图找到全球文化变迁的一般规律,引导各地的人们走向更好的生

---

① James Scott, *Weapons of the Weak: Everyday Forms of Peasant Resistance*, New Haven: Yale University Press, 1985, pp.138-139.
② [美]鲁思·本尼迪克特:《菊与刀》,吕万和等译,商务印书馆1990年版,第12页。
③ 同上书,第13页。
④ 同上书,第10页。

活;而解析主义文化视角主张应允许不同地区的民众有着不同的生活方式,同时主张尊重差异,并建立一个能容纳各种差异的安全世界。①

五、小结

本章全面介绍了解析主义文化视角在本体论、认识论和方法论上的观点,与公民文化研究鲜明的议题偏好(民主政治)和线性演化论相对,解析主义文化视角鼓励研究者关注不同的文化现象,反对历史决定论和结构功能主义,强调行为者,尤其是其主观因素的重要性。② 本章接着对实证主义文化视角和解析主义文化视角进行了对比,不同视角的存在可以解释为何"文化"和"政治文化"一词存在多种理解和界定,共识难以出现。对文化的理解和界定反映出研究者自身的世界观和认识论,继而影响政治文化研究的方法论乃至最终的结论。在以公民文化研究为代表的实证主义文化研究遭遇严肃挑战时,解析主义文化视角能为政治文化研究的理论创新提供新的启发,笔者总结为如下三点。

首先,与公民文化研究学者如英格尔哈特假定人将生存问题置于自主选择之前不同,贯穿解析主义文化视角的基本认识是:人是追求意义的动物,而不同的人群对意义的界定往往十分不同。意义系统贯穿人的生活的所有面向,无论是经济、社

---

① [美]鲁思·本尼迪克特:《菊与刀》,吕万和等译,商务印书馆1990年版,第11页。
② Kate Nash, "The 'Cultural Turn' in Social Theory: Towards a Theory of Cultural Politics", *Sociology*, 2001, 35(1), pp.77-92.

会、家庭,还是政治,都无法脱离意义系统而存在。因此政治文化的本质在于为政治生活提供价值和意义,政治文化研究的核心即在于关注政治生活中的意义系统。格尔茨指出:把人看成一种符号化、概念化和寻求意义的动物的观点,在社会科学与哲学中变得越来越流行,努力从经验中获得意义,并赋予其形式与秩序,与人的生物学需要一样真实而又迫切。① 接着,由于意义的内涵和性质不同,解析主义文化学者并不对人的政治生活的意义做预先假定,然后将其具象化成为几个指标,通过标准化的问卷进行测量和比较。相反,这些学者主张在经验现实中观察不同人及人群对意义的界定、理解、沟通和实践。符号、话语和仪式作为意义的载体成为这一视角下文化研究的关注对象。通过界定意义,文化既影响人的情感表达,如喜怒哀乐,又深刻地塑造人的生存状态和行为模式,进而影响人类群体的演变,因此成为人区别于物和其他生物的关键要素。由于制度本质上体现了特定的意义和价值,文化与制度的区别因此逐渐模糊,两者之间的因果关系也不再这么重要。在涂尔干看来,制度就是一切由集体所确定的信仰和行为方式。② 社会学制度主义的崛起根源就在于此。

其次,解析主义文化视角提醒我们,个人出生并生活在一个具有历史传统和既有规则的集体环境中,文化的本质在于集体性而非个体性。如涂尔干所言,文化是历史和集体的产物,超越于个体之外,并通过教育和社会化等途径对个体产生影

---

① Clifford Geertz, *The Interpretation of Cultures*, New York: Basic Books, 1973, p.140.
② [法]E.迪尔凯姆:《社会学方法的准则》,狄玉明译,商务印书馆1995年版,第19页。

第三章　解析主义文化视角的启示

响。在格尔茨看来,文化应被定义为符号性的实践,包括话语和行为,而非人的心理状态。公民文化研究将文化视为人的社会经济生活的反映,实际上使文化丧失了自己的独立性。相比之下,解析主义文化视角将文化视为集体生活的历史产物,反而为其进入社会科学研究,成为独立变项提供了本体论基础。① 如民族主义不是什么虚假意识的产物,而是一种社会事实。② 文化不是简单的人的心理评价和活动,不是无法接触和研究的东西,相反,文化在经验世界中存在很多载体,比如信念、仪式、艺术形式、典礼、语言、故事以及各种符号。本章介绍了其在经验世界中的关键表现形式:符号、话语和仪式。现有的研究提供了两种视角:一种将之视为社会集体意识的表现和载体,从功能主义的角度去分析仪式、符号和话语的作用;另一种则从行为者的角度出发,强调政治生活的一大内容是不同行为者争夺对仪式、符号和话语的控制权或主导权。无论持何种视角,文化的集体性都使其深具政治意涵。迈克尔·曼(Michael Mann)即将意识形态话语视为一个重要的社会权力来源,他认为人们无法仅凭直接感受认识世界(并因而对之产生影响),而需要有在感受之上的有关意义的概念和范畴,文化规范也有利于持久的社会合作。③

最后,解析主义文化视角也贡献了与实证主义文化视角不

---

① Margaret Somers,"What's Political or Cultural about Political Culture and the Public Sphere? Toward Historical Sociology of Concept Formation", *Sociological Theory*,1995,13(2),pp.113-144.
② 参见[美]本尼迪克特·安德森:《想象的共同体:民族主义的起源与散布》(增订版),吴叡人译,上海人民出版社2011年版,"导读"。
③ [英]迈克尔·曼:《社会权力的来源》(第一卷),刘北成、李少军译,上海人民出版社2002年版,第30页。

同的方法论。由于文化的核心在于为人的生活赋予意义,对意义的理解成为文化研究的核心。如何研究一地的文化现象?涂尔干、韦伯和格尔茨等学者提出了有所区别却密切相联的观点,其核心在于处理研究者和研究对象的关系。涂尔干强调研究者在研究时需排除自己的预断,不要将自己的认识强加于研究对象。韦伯则强调解释需立基于理解,其主要形式神入理解的要义在于"推己及人",以此了解行为者的动机。格尔茨同样强调理解,他认为对意义的理解只有研究者亲身深入文化情境之中,通过观察研究对象的行为、与研究对象展开对话才有可能实现。文化研究的关键在于"深描",即揭示行为和话语背后的意义结构。文化研究的目标在于帮助外人将"不可理解"变为"原来如此"。斯科特指出,事件不是自明的,如果人们可以完全地自我说明,那么研究者需要做的是打开录音机,向读者提供一份完整的录音记录就可以了。而即使是最尊重受访人所说的学者,也需要对录音记录进行整理编辑并加上前言或后记。① 涂尔干、韦伯和格尔茨的不同观点充分展现了文化研究中研究者和研究对象之间的微妙关系:一方面不能轻易相信研究对象的说辞,因为研究对象可能隐藏自己的真实想法,或者迅速改变对自己行为的解释;另一方面又不能让研究者完全自我发挥,因为其本身既有的文化价值观和成见可能影响对研究对象的理解和解读。研究者需要平衡把握其中的关系,在沉浸入当地的文化情境后,又有能力予以概括和解读。好的文化解析因而十分不易。

---

① James Scott, *Weapons of the Weak: Everyday Forms of Peasant Resistance*, New Haven: Yale University Press, 1985, pp.138-139.

第四章
政治文化的新分析框架

在前面两章中,本书介绍了政治文化研究的两种视角:以公民文化研究为代表的实证主义文化视角、以文化人类学和文化社会学为基础的解析主义文化视角。无论从理论还是经验层面,文化的重要性都难以被忽视。在对前人研究和新近动态进行回顾后,本章提出一个整体性的分析框架,希望理清政治文化研究的分析视角、议题及对政治学研究的潜在贡献,以推动政治文化研究的发展。新的分析框架试图回答以下问题:政治文化研究需要处理的关键问题为何?主要研究议题和内容又有哪些?其为政治学研究提供了何种新视角和分析工具?在对新分析框架进行介绍后,本章从集体和个体两个层面对政治文化展开进一步的讨论:在集体层面的政治意义系统方面,笔者在前人研究的基础上提出一个新的政治文化类型学;在个体层面,笔者强调政治文化研究的独特贡献在于更好地从经验层面了解和分析政治行为者的动机和偏好。

一、相互借鉴：政治文化研究的新动态

虽然实证主义文化视角和解析主义文化视角差别巨大，但在公民文化研究遭遇挑战的情况下，一些政治文化学者开始从解析主义文化视角中汲取营养，提出新的思路。在比较政治研究领域，学者们开始关注集体性的文化现象，如文化规范、符号、仪式和认同。罗德明（Lowell Dittmer）将政治文化界定为一种政治符号体系，主张将公民文化、政治符号主义（political symbolism）和政治传播的研究结合起来。[1] 一方面区别于格尔茨的整体符号论的结构主义思想，另一方面又不同于将文化视为个人的深层次心理偏好，韦丁认为应该从符号实践（semiotic practices）的角度将文化带入政治学研究之中，即行为者如何认知自己行为的意义，在什么符号和语言系统下行动，最终产生了什么样的结果。[2] 通过对叙利亚的个案研究，韦丁展示了即使没有政治认同，政治符号和仪式依旧能产生实际的服从，从而有利于政治控制和稳定。[3] 理查德·威尔逊认为伦理关怀（ethical concerns）是政治文化的核心，具体地，作者用"服从的意识形态"（compliance ideology）来指代政治文

---

[1] Lowell Dittmer, "Political Culture and Political Symbolism: Toward a Theoretical Synthesis", *World Politics*, 1977, 29(4), pp.552-583.
[2] Lisa Wedeen, "Conceptualizing Culture: Possibilities for Political Science", *American Political Science Review*, 2002, 96(4), pp.713-728.
[3] Lisa Wedeen, "Acting 'As If': Symbolic Politics and Social Control in Syria", *Comparative Studies in Society and History*, 1998, 40(3), pp.503-523.

化,并认为其有利于降低制度的交易成本、稳固制度安排,同时建立个体与外在环境的联系。① 史天健同样主张把文化规范引入实证研究中。在对文化的认识上,他呼应解析主义文化学者的观点,即文化赋予社会行为以意义。具体地,文化约束乃至决定行为者对自身利益的界定,而不简单地增加或减少某些行为的成本或收益,不应被看成另一种类型的政治资源。在书中,政治文化被定义为"一系列的规范组合,它规定一群人行为的准则,并将该人群与其他人群显著区分开来"②。在诸多文化规范中,核心为两点:一是对自我利益的界定,即将个人还是集体的利益放在首位;二是权威观,即个人与国家权威之间的关系。以此为基础,史天健用问卷调查的数据检验文化规范对受访者政治信任、政治参与以及民主观的影响。③ 张善若(Shanruo Ning Zhang)通过时间上的纵向对比和国家间的横向对比,指出对当今中国的政治和社会状况的分析不能忽视传统儒家思想的影响。儒家思想通过提供具有说服力和正当化的价值(engaging and legitimating values)为中国的政治制度和运行提供了文化基础。④ 辛道辙(Doh Chull Shin)同样将儒家文化传统纳入经验研究中。在仔细分析儒家思想内涵,尤其是其有关人和政府的理念后,他通过经验数据探

---

① See Richard Wilson, *Compliance Ideologies: Rethinking Political Culture*, Cambridge: Cambridge University Press, 1992.
② Tianjian Shi, *The Cultural Logic of Politics*, Cambridge: Cambridge University Press, 2015, p.29.
③ Ibid., Chapter 5-7.
④ See Shanruo Ning Zhang, *Confucianism in Contemporary Chinese Politics: An Actionable Account of Authoritarian Political Culture*, New York: Lexington Books, 2015.

讨儒家传统对民众的政治心态和行为模式的影响。① 一些学者发现宗族、宗教等文化组织在公共产品的提供、集体行动的组织等方面发挥着重要作用，乃至能够影响一国的政治制度和国家建构。②

在政治经济和国际政治研究领域，一批学者提出理念(ideas)视角，将规范、文化、意识形态等一并包含进来。③ 彼得·霍尔(Peter Hall)认为国家主义视角主张国家可以独立制定和实施政策，却没有解释国家为何会推出某种特定的政策以及政策为何发生改变。理念，即政策话语(policy discourse)，

---

① See Doh Chull Shin, *Confucianism and Democratization in East Asia*, Cambridge: Cambridge University Press, 2012.

② 如：Lily Tsai, *Accountability without Democracy: Solidary Groups and Public Goods Provision in Rural China*, Cambridge: Cambridge University Press, 2007; Carolyn M. Warner, Ramazan Kilinç, Christopher Hale, Adam B. Cohen, and Kathryn Johnson, "Religion and Public Goods Provision: Evidence from Catholicism and Islam", *Comparative Politics*, 2015, 47(2), pp.189-209; Christopher Hale, "Religious Institutions and Civic Engagement: A Test of Religion's Impact on Political Activism in Mexico", *Comparative Politics*, 2015, 47(2), pp.211-230; Yao Lu, and Ran Tao, "Organizational Structure and Collective Action: Lineage Networks, Semiautonomous Civic Associations, and Collective Resistance", *American Journal of Sociology*, 2017, 122(6), pp.1726-1774; Anna Grzymala-Busse and Dan Slater, "Making Godly Nations: Church-State Pathways in Poland and the Philippines", *Comparative Politics*, 2018, 50(4), pp.545-564。

③ 参见朱天飚：《比较政治与国际关系的学科互动：一种理念的研究视角》，《国际观察》2013年第4期；John Jacobsen, "Much Ado about Ideas: The Cognitive Factor in Economic Policy", *World Politics*, 1995, 47, pp.283-310; Sheri Berman, "Ideational Theorizing in the Social Sciences since 'Policy Paradigms, Social Learning, and the State'", *Governance*, 2013, 26(2), pp.217-237。

第四章 政治文化的新分析框架

在他看来是解答这些问题的钥匙。① 朱迪斯·戈尔茨坦(Judith Goldstein)和罗伯特·基欧汉(Robert Keohane)认为观念也显著地影响国家的对外政策。② 即使在现实主义主导的国家安全研究上,文化视角也逐步进入,一批学者强调各国对国家安全、国家利益的界定很大程度源自其文化和制度环境,文化规范不仅影响国家的行为,更深刻塑造国家的基本认同。③

整体来看,无论是政治符号和仪式、文化规范,还是理念,这批学者把政治文化的分析点放在集体性的文化形态上,这使其与公民文化研究相区别。方法论上,这些学者试图把解析主义视角关注的集体性文化形态引入实证研究中来,重点关注政治符号和仪式、文化规范、政治理念如何影响行为者意义的形成、利益的界定,然后产生了怎样的行为后果。一言以蔽之,即解析主义的文化认识论与实证主义的方法论相结合。这样的尝试有利于沟通两个之前互不联系的视角,为政治文化研究开辟了新的空间。从现有的研究来看,融合视角如想进一步推进政治文化研究,乃至成为政治文化研究的主导范式,尚存在如下问题。

首先,融合视角需要进一步厘清对集体性文化现象的认识

---

① Peter A. Hall, "Policy Paradigms, Social Learning, and the State: The Case of Economic Policymaking in Britain", *Comparative Politics*, 1993, 25(3), pp.275-296.
② [美]朱迪斯·戈尔茨坦、罗伯特·基欧汉:《观念与外交政策:信念、制度与政治变迁》,刘东国、于军译,北京大学出版社2005年版,第8—9页。
③ See Peter J. Katzenstein, ed., *The Culture of National Security: Norms and Identity in World Politics*, New York: Columbia University Press, 1996.

和分类。融合视角较好地避免了公民文化潜在的先验假定问题,允许探索不同地区的文化现象,及其与政治制度和政治行为之间的关系。但很明显,集体性的文化现象十分丰富、多元:韦丁关注的是政治仪式和符号,史天健和辛道辙关注的是文化规范,霍尔和戈尔茨坦等人使用的是理念一词,还有的学者关注宗教、宗族等文化现象。这些种类多样的文化现象之间的相互关系如何,有什么联系和区别,需要辨析和厘清。进一步,如何分辨出研究需要重点关注的对象?用约翰·坎普贝尔(John Campbell)的话说,即特定的集体性文化现象如何变得政治显著?① 韦丁关注的是官方话语和符号,这只适用于有主导官方话语的国家和地区。史天健、辛道辙等学者通过分析传统典籍来展示文化规范,这么做的前提是该国或地区只有单一文化传统。现实情况是,一个国家或地区可能同时存在多种文化传统,政治生活中存在多元的话语体系,如何辨析哪个文化传统或者话语体系更为重要?政治文化研究需要避免先入为主的偏见,即先假定某一话语或文化规范占主导地位,然后寻找有利的经验证据予以论证。在这些方面,目前的研究尚有较大的提升空间。

与之相联系的是,融合视角缺乏对基础性的政治文化概念的讨论和界定,乃至出现了放弃使用"政治文化"一词的趋势。② 如

---

① John L. Campbell, "Ideas, Politics, and Public Policy", *Annual Review of Sociology*, 2002, 28, pp.31-38.
② Marc Howard Ross, "Culture in Comparative Political Analysis", in Mark Lichbach and Alan S. Zuckerman, eds., *Comparative Politics: Rationality, Culture and Structure*, Cambridge: Cambridge University Press, 2009, pp.134-161; Mabel Berezin, "Politics and Culture: A Less Fissured Terrain", *Annual Review of Sociology*, 1997, 23, pp.361-383.

第四章　政治文化的新分析框架

理念学派的学者认为理念一词更具象、更可操作,理念、观念等逐步替代政治文化一词。① 实证主义和解析主义文化视角虽然有着很大差异,但两者的相同之处在于没有区分文化与政治,或者厘清政治文化的特殊性。这些学者开始认同没有政治文化这一现象,只有文化对政治的影响的说法。如韦丁试图界定的是文化,而非政治文化。② 史天健也强调政治文化研究应专注于研究社会中的不同规范如何影响政治行为,这些规范不应局限于政治领域,因为社会规范与政治规范本质上并不冲突。③ 具体地,希尔斯和杨发现在君主立宪的英国体制下,王权建立于家庭之上,王权的体现不仅在于女王本人,也在于其家人及家人之间的互动关系之上,民众对王室的敬重可以表现为对自身家庭的敬重和投入。④ 本尼迪克特在对日本的观察中同样注意到日本民众对天皇的态度与社会中的人际关系相联系。⑤ 在这里,政治文化一词悄然变成了文化政治,即以文化视角来分析政治现象,这与阿尔蒙德提出的政治文化概念并不相同。

---

① 朱天飚:《比较政治与国际关系的学科互动:一种理念的研究视角》,《国际观察》2013 年第 4 期;Mark Blyth, "Any More Bright Ideas? The Ideational Turn of Comparative Political Economy", *Comparative Politics*, 1997, 29(2), pp.229-250。
② Lisa Wedeen, "Conceptualizing Culture: Possibilities for Political Science", *American Political Science Review*, 2002, 96(4), pp.713-728.
③ Tianjian Shi, *The Cultural Logic of Politics*, Cambridge: Cambridge University Press, 2015, p.30.
④ Edward Shils and Michael Young, "The Meaning of The Coronation", *The Sociological Review*, 1953, 1(2), pp.63-81.
⑤ 参见[美]鲁思·本尼迪克特:《菊与刀》,吕万和等译,商务印书馆1990年版。

二、一个新的分析框架

在第一章中,笔者将政治文化界定为"被普遍接受的有关人类群体秩序和权力关系安排的意义系统"。本章接下来的部分通过对包括政治文化的关键议题、类型、独特地位和贡献在内的话题提出新的见解,构建一个政治文化的新分析框架。新分析框架试图回答以下问题:如何理解和分析政治文化现象?政治文化研究应该关注哪些议题?其在现实中存在哪些类型?政治文化研究在政治学乃至社会科学中的独特性和贡献在哪?新分析框架的关键在于处理两组关系:集体与个体之间的关系、物质与文化之间的关系。由于这两组关系与第三章介绍的三位社会思想巨匠相关联,这里将之分别命名为"涂尔干-韦伯命题"和"马克思-韦伯命题"。

"**涂尔干-韦伯命题**"涉及文化分析的层次问题,到底是注重集体的、结构的一面,还是个体的、能动的一面。涂尔干无疑重视文化集体性和结构性的一面。如前所述,他强调以集体意识为核心的社会是独立于个体的存在,可以被客观研究。集体意识源自个体意识的互动,其不能离开个体意识却也不能简化为个体意识。道德规范阐明了社会团结的基本条件,并且通过各种机制对个体产生影响。① 道德建立在依赖关系而非人的自由状态之上,它不会使人摆脱周遭环境、获得解放,相反,它的主要作用在于把人整合成社会群体,从而剥夺了人的部分行

---

① Emile Durkheim, *On Morality and Society: Selected Writings*, Chicago: University of Chicago Press, 1973. p.IX.

动自由。① 在涂尔干眼中,社会中的人是两种存在:一是个体存在,它的基础是有机体,因此其活动范围受到严格限制;二是社会存在,它代表着智力和道德秩序中的最高实在。这种双重本性所产生的结果是:道德观念不能还原为功利的动机,理性在思维过程中不能还原为个体经验,只要个体从属于社会,他的思考和行动也就超越了自身。②

从涂尔干的观点出发,可以看到文化在本体论意义上独立于行为者,同时文化能够塑造政治和社会秩序。在涂尔干看来,社会的共同意识(也是文化)甚至决定了诸多制度和统治方式的存在,如明确而又强烈的共同意识是刑法等制度安排的基础所在。③ 研究者如试图分析政治状况,不应从统治者的特殊地位寻找原因,而应从被统治的社会状况中寻找原因,即问:究竟是什么样的共同信仰和共同情感把如此大的权力寄托在一个人或一个家族的身上。④ 文化不仅影响实际的政治状况和制度安排,还通过教育、社会化等种种途径约束和影响个体。这其中包含两种机制:让人感觉到外在约束,即在违反文化规范时遭到处罚,如舆论评价;以及慢慢将外在的约束内化为个人习惯和内在倾向,使人丧失对这种影响的体察,抹杀个人内心的超越和革命幻想。⑤ 追

---

① [法]埃米尔·涂尔干:《社会分工论》,渠东译,生活·读书·新知三联书店 2000 年版,第 356—357 页。
② [法]爱弥尔·涂尔干:《宗教生活的基本形式》,渠东、汲喆译,上海人民出版社 1999 年版,第 17 页。
③ [法]埃米尔·涂尔干:《社会分工论》,渠东译,生活·读书·新知三联书店 2000 年版,第 113—114 页。
④ 同上书,第 155 页。
⑤ [法]E.迪尔凯姆:《社会学方法的准则》,狄玉明译,商务印书馆 1995 年版,第 24—28 页;[法]爱弥尔·涂尔干:《宗教生活的基本形式》,渠东、汲喆译,上海人民出版社 1999 年版,第 18 页。

随涂尔干的观点,史天健认为文化规范在两个层次上对人的行为产生影响:一是个体层次,一个人内心中的规范取向影响自身的行为,违反心中的规范会引发心理内疚或负罪感,作者称之为"内在的规训系统"(internal policing system);另一个是集体层次,文化规范决定他人和社会对个人行为的评价,遵守者受奖励或平安无事,违反者则遭人非议乃至受到惩罚,作者称之为"外在的规训系统"(external policing system)。① 例如在孝顺父母的文化环境下,对父母不敬的行为不容易出现,因为其首先很难获得个人内心道德律令的同意,内心产生的不安和愧疚会阻止相关行为的出现。进一步,即使个人克服了内心的不安,外在的舆论非议、道德谴责,乃至直接相关的处罚也会使人掂量忤逆父母的后果。与之相对,遵守并践行与此相关的文化规范则会得到社会的认同乃至褒奖。中国古代的察举制即把孝顺父母作为入仕的考察标准之一,所谓"举孝廉"。记录子女孝顺事迹的《二十四孝》则在民间广泛流传,被树立为学习的榜样。在现实中,内在的自律和外部的约束也会相互影响、相互强化。很明显,涂尔干及其追随者展现了"文化结构主义"的视角,关注作为集体性现象的文化对个体思想和行为的约束和影响。在这种视角下,集体性的文化现象,如规范、宗教、道德的内容及其影响成为研究关注的焦点。具体包括:(1)随着时间的推移,这些规范是如何确立的,换言之,形成这些规范的原因是什么,它们服务于哪些有用的目的;(2)它们在社会中的运作方式,换言之,个体是如何应用它们的。②

---

① Tianjian Shi, *The Cultural Logic of Politics*, Cambridge:Cambridge University Press,2015,pp.37-40.
② 渠敬东:《涂尔干:作为文明研究的社会理论》,《学海》2018年第2期。

文化结构主义视角的潜在问题是难以解释文化自身的变迁。张海洋进一步评论道:试想每个社会都由其自身"事实"决定(即完全由文化决定),该社会成员的禀性又由所处社会决定,现实中每个社会各不相同,那么每个社会就有了自成一格的历史和自成一类的人性,整个人类的历史和普遍相同的人类理性将从何谈起?① 不过,涂尔干的著作中提供了反思文化结构主义的线索。在《社会分工论》中,涂尔干注意到了传统社会和现代社会的不同:传统社会中人的信仰和行为几乎完全相同,在相似性中产生的团结条件被涂尔干称为"机械团结"(mechanical solidarity);现代社会表现出来的是一种基于专业化和分工的团结,涂尔干称为"有机团结"(organic solidarity)。② 机械团结建立在个人相似性的基础上,有机团结则以个人相互之间的差别为基础。③ 区别的核心在于现代发展出了个人主义,个人主义冲破了之前的重重限制,在绝对意义上发展起来了。④ 规范的作用依旧在于实现社会团结,但其表现形式出现了变化:与压制性制裁有关的规范逐渐减少,与恢复性制裁有关的规范逐渐增多。虽然文化规范对个人的影响巨大,但从时间的维度看,专业化、分工化和个人意识的崛起推动了社会和文化结构的整体变迁。

与涂尔干的结构主义视角相对,韦伯是一个坚定的方法论

---

① 张海洋:《涂尔干及其学术遗产》,《社会学研究》2000 年第 5 期。
② [法]埃米尔·涂尔干:《社会分工论》,渠东译,生活·读书·新知三联书店 2000 年版,第 356—357 页。
③ 同上书,第 91 页。
④ 同上书,第 158 页。

上的个人主义者。① 由于社会科学区别于自然科学之处在于对意义的理解,韦伯认为文化等集体现象必须被视为特殊行动的组织模式和结果。② 在他看来,人能够通过内省"理解"或试图"理解"自己的意向,并能用他人表明的或被认为是属于他人的意向来解释他人的行为动机。因此韦伯社会学分析的最基本单位是个体的人及其行动,个人同样也是有意义行为的唯一载体,首要任务是如国家、社团等概念分解为可理解的行动。所有的外在文化规范都要转变为对个体心理产生影响和构成人的个体行为动机的原因,然后通过对这些原因的分析达到对社会事实意义的理解。③ 以《新教伦理与资本主义精神》为例,韦伯的论证循着从宗教信仰(预定论)影响社会心理(天职观),接着影响社会行动(入世禁欲)逐步展开。④ 文化分析的目标在于解释社会行动。

涂尔干注意到现代社会中个人的崛起,韦伯则用理性化一词来概括现代化过程。在韦伯看来,现代是一个理智化、理性化或"世界祛除巫魅"的时代,从科学的角度看,现代已没有任何神或先知立足的余地。当然,科学本身不能从根本上完全拒斥形而上学,因为任何科学都须预设某种前提作为自己存在的条件。⑤ 作为其思想的核心概念,韦伯对理性一词进行了仔细

---

① Harry Eckstein, "Culture as a Foundation Concept for the Social Sciences", *Journal of Theoretical Politics*, 1996, 8(4), pp.471-497.
② [德]马克斯·韦伯:《社会学的基本概念》,顾忠华译,广西师范大学出版社 2005 年版,第 17 页。
③ 苏国勋:《理性化及其限制:韦伯思想引论》,商务印书馆 2016 年版,第 114 页。
④ 同上书,第 120 页。
⑤ 同上书,第 31 页。

第四章　政治文化的新分析框架

讨论,具体如下。与理性相对的"非理性"包含两种类型:一种是感情的反应,如焦虑、愤怒、野心、羡慕、嫉妒、爱、仇恨等各种即时情感和感觉的释放;另一种为习惯性的反应,表现为"下意识"或"不自觉"的自然反应。① 在区分社会行动的类型时,与理性的社会行动相对的是感情式的行动,以及由根深蒂固的习惯所决定的行动。② 理性化,既在于反思流传下来的风俗习惯,亦在于克服个人内在的情感冲动和欲望。③ 其意涵在于人以精确计算和仔细考虑为基础,以有条理地达成某一既有的现实目标,目的在于掌握并支配现实。④ 新教的禁欲和修道院生活之所以被称为理性生活,根源就在于其旨在使人摆脱非理性的冲动和人对俗世与自然的依赖,在有计划的意志的支配之下,不断检视自我的行为且审慎思量自己行为的伦理价值,过上一种警醒、自觉而明彻的生活。⑤ 当人根据熟知的"经验事实",以一定手段达到既定目标并产生一定的行动结果,其行动便可被理性地认识。⑥ 韦伯对理性的理解是对启蒙运动思想的继承,理性意味着人具备认识能力,既指向外在的对象,也指向人的思想本身。外在方面,理性指的是确立人作为认识的主体,把世界作为理解的对象,并对其

---

① [德]马克斯·韦伯:《社会学的基本概念》,顾忠华译,广西师范大学出版社 2005 年版,第 6—7 页。
② 同上书,第 31—32 页。
③ 同上书,第 40 页。
④ [德]马克斯·韦伯:《中国的宗教;宗教与世界》,康乐、简惠美译,广西师范大学出版社 2004 年版,第 492 页。
⑤ [德]马克斯·韦伯:《新教伦理与资本主义精神》,康乐、简惠美译,广西师范大学出版社 2007 年版,第 102—104 页。
⑥ [德]马克斯·韦伯:《社会学的基本概念》,顾忠华译,广西师范大学出版社 2005 年版,第 6 页。

作出解释;对内方面,理性指的是人具有自我意识,体现在人会不断地进行怀疑。人的反省和自我意识会对人盲目的意志(欲望)进行抑制。① 在解释人的社会行为时,韦伯认为使人的内心保有一种常存的紧张压力,比令其单纯服从外部权力的命令意义深刻得多。②

在这个过程中,理性化会走向不同的方向,韦伯归纳出两种类型:一为"价值理性",即有意识地坚信某些特定行为的——伦理的、审美的、宗教的或其他任何形式的——自身价值,在行动时以实现此价值为目标,不关乎是否成功、代价如何;二为"目的理性",即存在多元的目标和价值,没有一个绝对重要,因此理性一方面意味着考量这些目标在实现上的轻重缓急,另一方面必须顾及行动后果的利弊得失,避免出现得不偿失的情景。③ 总的来看,韦伯笔下的理性主义存在三种意涵:首先,理性主义意指一种通过计算来支配事物的能力,这可以说是广义的科学-技术的理性主义;其次,理性主义意味着(思想层次上)意义关联的系统化,即把"意义目的"加以知性探讨和刻意升华的成果,这一层次可以被称为形而上学-伦理的理性主义;最后,理性主义也代表一种有系统、有方法的生活态

---

① 邓晓芒:《西方启蒙思想的本质》,《广东社会科学》2003 年第 4 期。
② 苏国勋:《理性化及其限制:韦伯思想引论》,商务印书馆 2016 年版,第 186 页。
③ [德]马克斯·韦伯:《社会学的基本概念》,顾忠华译,广西师范大学出版社 2005 年版,第 31—32 页。该书的中文译者顾忠华在第 32 页的注释中写道:中文世界中,目的理性还有一种译法叫工具理性。韦伯认为理性的行动者对于行动目标亦有估量,并非仅只手段本身。目的理性因而包含了两层关系:一是目的的设定的合宜程度,一是目的和手段间的联系。工具理性则仅偏重手段的选择。本书因此使用目的理性一词。

度,即实际的理性主义。① 无论是官僚制还是资本主义,其独特的理性化精神即体现在目的理性。有趣的是,为了解释目的理性在近代欧洲的兴起,韦伯将注意力集中在集体性的文化现象,尤其是宗教之上。通过对比世界主要宗教,尤其是分析宗教教义对行动伦理和行动指向的影响,韦伯试图用集体性的文化现象解释各地行为者的不同行为状态,或者说理性的不同表达。②

文化结构主义的主张者涂尔干注意到传统社会和现代社会中个体和社会集体关系的根本差异,现代社会由个体的分工和能动选择建构而来。而作为方法论个体主义者的韦伯在分析世界各地行为者的不同信念和动机时,将之归因为集体性的文化传统。两者的比较分析提醒我们:政治文化理论的一个关键问题在于处理集体(或结构)与个体(或能动)之间的关系。研究者需要在分析时选取自己的立场和位置。如斯科特就更偏向能动,强调社会行动者并非意识形态的被动承载者,而是其主动使用者,通过斗争、争论和部分地洞察结构以再生产现存的结构。③ 霍尔同样指出国家行为者能够进行社会学习,通过吸取过去的经验、在新信息的辅助下调整公共政策。④

---

① [德]施路赫特:《理性化与官僚制:对韦伯之研究与诠释》,顾忠华译,广西师范大学出版社 2004 年版,第 4—5 页。
② 苏国勋:《理性化及其限制:韦伯思想引论》,商务印书馆 2016 年版,第 68—82 页。
③ [美]詹姆斯·斯科特:《弱者的武器》,邓广怀等译,译林出版社 2011 年版,第 386 页。
④ Peter A. Hall, "Policy Paradigms, Social Learning, and the State: The Case of Economic Policymaking in Britain", *Comparative Politics*, 1993, 25(3), pp.275-296.

还有一批学者试图将集体和个体综合起来,建立一种互动综合的视角。伯恩斯认为:个人生活在文化之中,而文化立基于个人之上,只有持这样的观点才能解释文化变迁的动态以及评判不同文化之间的差异。① 威尔逊则认为文化既是社会建构的规范系统,又是个人心理感知,两者相互影响,不能简单地认为一个决定另一个。② 埃利亚斯认为人应该被理解为由许多相互依存的人组成的各种各样的形态、群体和社会,超然于社会之上的个人和超然于个人之上的社会均不存在。③ 休维尔认为作为一个集体性的结构,意识形态和国家、阶级、国际结构一样,都有着两重性:对个体产生制约,同时也能被个体改变。④ 安·斯威德勒(Ann Swidler)主张把韦伯的因果论断与涂尔干整体性的文化认识结合起来,用于社会分析。⑤

文化规范对个体的重要性在于提供意义和确定性,从而促进人与人之间的相处和合作。与社会一样,政治生活也需要有一个意义系统作为支撑。政治文化会影响个体的思维和价值

---

① Franz Boas, "Introduction", in Ruth Benedict, *Patterns of Culture*, New York: Houghton Mifflin, 1934, p.XV.
② Richard Wilson, "The Many Voices of Political Culture: Assessing Difference Approaches", *World Politics*, 2000, 52(2), pp.246-273.
③ [德]诺贝特·埃利亚斯:《文明的进程:文明的社会起源和心理起源的研究》(第一卷),王佩莉、袁志英译,上海译文出版社2009年版,第39页。
④ William H. Sewell, Jr., "Ideologies and Social Revolutions: Reflections on the French Case", *The Journal of Modern History*, 1985, 57(1), pp.57-85.
⑤ Ann Swidler, "Cultural Power and Social Movements", in Hank Johnston and Bert Klandermans, eds., *Social Movements and Culture*, Minneapolis: University of Minnesota Press, 1995, pp.25-40.

偏好,乃至逐步成为潜意识,塑造个体的习性。在此基础上,政治中的冲突减少,合作增多,政治秩序得以建立。在文化提供稳定性和确定性的同时,个体存在自省能力和创造力。人能够理性地总结和反思身处的文化环境,乃至提出或接受完全不同的新的论述,削弱既有文化环境对自己的影响,进而改变整个文化环境。① 这体现了人追求自由和新意的一面。现实中,即使在教规细密严格的一神宗教内,围绕教义也存在多元的解读和认识,从而产生不同的教派。文化和个体因而相互影响,而非一方单向决定另一方,这背后体现了人在确定性和变化性之间的权衡取舍。图4-1展示了两者的互动关系:文化规范的出现会推动人与人之间的合作,人类群体走向稳定和有序,但这会抑制人的某些创造性,乃至使人觉得压抑;在特定情况下,个人理性张扬,自由选择的空间增加,从而冲击和挑战既有的文化规范,政治局势出现不一样的状态。这样的平衡视角使得政治文化既成为自变项又成为被解释变项,有利于研究者把握政治文化的稳定性和变化性。

图 4-1　文化与个体理性之间的关系

"马克思-韦伯命题"。涂尔干和韦伯命题涉及集体和个体的关系,马克思和韦伯命题则涉及物质与文化的关系,即政治文化与政治现实、其他经济社会现实之间的关系。如第三章提

---

① 参见[英]安东尼·吉登斯:《社会的构成》,李康、李猛译,生活·读书·新知三联书店1998年版。

到的那样,马克思强调经济生产是"基础",而文化、制度等现象是上层建筑。马克思强调不应从观念出发来解释实践,而要从物质实践出发解释观念的形成。① 在马克思看来,意识的一切形式和产物不能通过精神的批判来改变或消灭,只有通过改变或推翻这意识(宗教、哲学和其他任何理论)所立基的现实的社会关系才能予以改变或消灭。② 历史的动力以及宗教、哲学和任何其他理论的动力是革命,而不是批判。③ 在《政治经济学批判序言》一文中,马克思曾强调:

> 人们在自己生活的社会生产中发生一定的、必然的、不以他们的意志为转移的关系,即同他们的物质生产力的一定发展阶段相适合的生产关系。这些生产关系的总和构成社会的经济结构,即有法律的和政治的上层建筑竖立其上并有一定的社会意识形式与之相适应的现实基础。物质生活的生产方式制约着整个社会生活、政治生活和精神生活的过程。不是人们的意识决定人们的存在,相反,是人们的社会存在决定人们的意识。④

列宁也曾言:思想的社会关系不过是物质的社会关系的上层建筑,而物质的社会关系不以人的意志和意识为转移而形成。⑤ 在马克思恩格斯笔下,现代资本主义是生产关系和交换

---

① 中共中央马克思、恩格斯、列宁、斯大林著作编译局编译:《马克思恩格斯选集》(第一卷),人民出版社1995年版,第92页。
② 同上。
③ 同上。
④ 中共中央马克思、恩格斯、列宁、斯大林著作编译局编译:《马克思恩格斯选集》(第二卷),人民出版社1995年版,第32页。
⑤ 中共中央马克思、恩格斯、列宁、斯大林著作编译局编译:《列宁选集》(第一卷),人民出版社1992年版,第6页。

第四章 政治文化的新分析框架

关系等一系列变革的长期过程的产物。资本主义改变了人的生存状态,带来了新的价值偏好。从根本上看,历史过程中的决定性因素被认为源自现实生活的生产与再生产。① 人的物质生存或生活因而成为影响其行为和偏好的根本因素。同时,人的目的有着清晰的界定和衡量标准,具体而言就是物质资源占有和生产状况,或者更通俗的财富的占有和分配状况。物质状况或经济理性对于文化和观念有着决定性影响。现代化理论,尤其是强调经济发展以及特定阶级的崛起影响文化变迁及民主转型的学者,都是上述思想的潜在追随者。

韦伯同样关注并探寻资本主义的兴起及其影响。与马克思将资本主义的兴起归因为生产力发展和封建制度衰败不同,韦伯强调以资本主义和现代官僚制为代表的现代性在近代欧洲的兴起,很大程度源自宗教改革尤其是加尔文教义的创立和影响。② 从出发点来看,韦伯不赞成将自利看成人类交往互动的根本动机,因为除了考量利害状况之外,人们的行动还常被习惯、情绪和价值规范等因素所左右。③ 进一步,理性的表现包括目的理性和价值理性,并非仅为物质或经济理性。在比较宗教社会学系列研究的导言中,韦伯曾经提出过著名的"扳道工比喻"(switchmen metaphor):

> 直接支配人类行为的并非理念,而是物质与精神上的

---

① 中共中央马克思、恩格斯、列宁、斯大林著作编译局编译:《马克思恩格斯选集》(第四卷),人民出版社1997年版,第695—696页。
② 参见[德]马克斯·韦伯:《新教伦理与资本主义精神》,康乐、简惠美译,广西师范大学出版社2007年版。
③ [德]马克斯·韦伯:《社会学的基本概念》,顾忠华译,广西师范大学出版社2005年版,"导言"第14页。

利益。然而，由"理念"所创造出来的"世界观"（weltbildes），常如铁道上的扳道工，决定被利益驱动的行为的前进轨道为何。人们希望"自何处"被拯救出来、希望被解救到"何处去"以及"要如何"才能被拯救，这些问题的解答全在于个人的世界观。①

在韦伯眼中，利益考量的确支配着人的行动，但理念却决定利益的界定，最终影响行为的轨迹。韦伯反对将经济因素视为社会变化的根本原因，因为这将人窄化成只知追求经济利益或图谋生存的动物。② 实际上人不但追求生存，更追求意义和价值，对意义和价值的理解和偏好影响乃至决定人的生存境遇和状况。在韦伯看来，人是文化人，富有自觉地对世界表示态度并赋予其意义的能力和意志，社会研究不仅要注重人们行动的社会性，更要强调其中的文化意义。③

马克思并不认为经济因素是政治社会变迁的唯一决定因素，在分析历史进程中，他指出还需考虑经济、政治形式、理论及宗教观点等多个因素。④ 在具体的研究中，韦伯也并不反对物质利益的解释，相对地，韦伯总是强调自己提出的解释只是多种原因之一，当然文化因素无疑是最重要的因素

---

① 这段话基于以下两个文本由笔者译出：Hans H. Gerth and C. Wright Mills, eds., *From Max Weber: Essays in Sociology*, New York: Oxford University Press, 1946, p.280；[德]马克斯·韦伯：《中国的宗教；宗教与世界》，康乐、简惠美译，广西师范大学出版社 2004 年版，第 477 页。
② 苏国勋：《理性化及其限制：韦伯思想引论》，商务印书馆 2016 年版，第 307 页。
③ 张旅平：《马克斯·韦伯：基于社会动力学的思考》，《社会》2013 年第 5 期。
④ 中共中央马克思、恩格斯、列宁、斯大林著作编译局编译：《马克思恩格斯选集》（第四卷），人民出版社 1997 年版，第 695—696 页。

(或之一)。① 但两者在文化是否具有独立解释力的问题上依然存在根本分歧:马克思主张经济因素的决定性作用,韦伯则强调文化因素的基础性影响。对于同一个现象,如现代国家和资本主义的兴起,韦伯及其追随者认为文化(具体指西方的理性和个人主义)创造了这些现象,马克思及其追随者则强调市场和生产方式创造了其他。② 马克思影响了以生产方式、外在生存环境、经济状况决定文化形态的观点的出现。韦伯则通过其比较宗教社会学研究,尤其是强调宗教先知在创立教义、推动特定观念普及方面的巨大影响力,提醒我们人类群体能够超越外在条件的束缚,具有自主地构建文化和意义系统的能力。马克思和韦伯的相关论点涉及对人性及人的目的性判断。无论是人基于生存需求产生的物质欲望,还是人追求不同于生存和物质需求的其他意义,都是现实存在的。塔尔科特·帕森斯(Talcott Parsons)试图整合两者,提出物质的活动为社会变化设置限度,而文化的活动为社会变化标示方向。③ 曼则选择将经济和意识形态并立起来,强调两者都是社会权力的来源。④ 赵鼎新进一步指出:经济和军事层面

---

① [德]马克斯·韦伯:《中国的宗教;宗教与世界》,康乐、简惠美译,广西师范大学出版社 2004 年版,第 463 页;[德]马克斯·韦伯:《新教伦理与资本主义精神》,康乐、简惠美译,广西师范大学出版社 2007 年版,第 68—69 页。
② Martha Finnemore, "Review: Norms, Culture, and World Politics: Insights from Sociology's Institutionalism", *International Organization*, 1996, 50(2), pp.325-347.
③ 转引自丁学良:《"现代化理论"的渊源和概念架构》,《中国社会科学》1988 年第 1 期。
④ 参见[英]迈克尔·曼:《社会权力的来源》(第一卷),刘北成、李少军译,上海人民出版社 2002 年版。

的竞争有清楚的输赢规则和优势策略,促进的是目的理性精神在一个社会的发展,经济和军事竞争越重要,社会越可能出现积累发展;而意识形态的竞争更多涉及价值理性,并且高度多元,很难促进社会的积累性发展。① 这其实展现了人类理性的多元表达形式,以及人在手段和目标之间的权衡取舍。

虽然观点各异,三位思想巨匠马克思、涂尔干和韦伯都关心现代性的产生和影响,并为我们构建政治文化的新理论框架提供了深厚的思想基础。"涂尔干-韦伯命题"涉及文化的集体性和个体理性之间的关系,其中文化给人以确定性,理性则张扬个人的自由。"马克思-韦伯命题"则关注物质环境与文化之间的关系,涉及对人的生存目的的理解和认识。在以上讨论的基础上,笔者提出一个整合性的互动框架(如图 4-2 所示),用以分析政治文化。

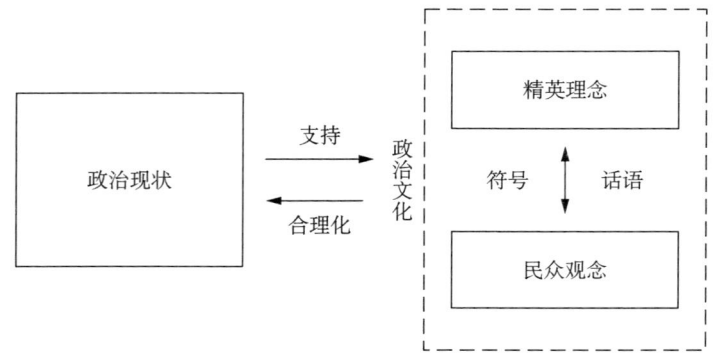

图 4-2　政治文化的新分析框架

---

① 赵鼎新:《时间、时间性与智慧:历史社会学的真谛》,《社会学评论》2019 年第 1 期。

第四章 政治文化的新分析框架

图 4-2 展示的政治文化的新分析框架包含两个部分。在新分析框架的第一部分,政治文化是赋予人类政治生活的意义系统,是一种集体性的存在,是历史的产物,不能将之视为个体心理活动或态度的集合,否则文化将丧失自身的特殊性。当然,政治文化与政治心理、态度并非对立关系。在现实中,政治文化可以内化于个体之中,表现为个体的理念、观念和态度,也可以外化于个体,表现为符号、话语和仪式。理念、观念和态度,以及符号、话语和仪式,都是政治文化在现实中的表现。在彰显政治文化的集体性和结构性特征的同时,不能忽视个体的理性和反思精神。政治文化内存在两种类型的行动者:一类为精英,另一类为民众。两者的区别主要在于:民众是政治文化的信服者、实践者和传播者;精英则能意识到政治文化透过惯性和潜意识、理念和价值观对自身的影响,并且对此予以总结、归纳和反思,乃至创造新的有关群体秩序和权力关系的新理念。两者相比,精英是少数,韦伯将这种精英具备的超凡能力称为卡理斯玛。在韦伯笔下,宗教先知和思想家就是有卡理斯玛特质的人,其能以理智的方式解释和澄清人与人、人与自然、人与超自然之间的各种关系,并使之系统化,因而能吸引大批追随者聚集身边、成为信徒。[①] 思想精英或能发明新的思想,或能从其他思想体系中汲取资源,创造新的政治论述,并推动新思想为民众所接受。具有卡理斯玛特质的精英通过新的思想叙述对既有的政治文化进行挑战,因而是革命性的力量,是新意和变革的领路人。与精英相对,民众更多的是政治文化的

---

① 苏国勋:《理性化及其限制:韦伯思想引论》,商务印书馆 2016 年版,第 63 页。

接受者和实践者,是政治文化落地生根的基础,是守成和稳定的主力军。与其他类型的文化(社会文化、经济文化)相似,政治文化本身具有传播性,当其获得一定人群的支持后会蔓延开来,尽可能扩大自己的影响力。与其他类型的文化不同,在现代国家兴起,越来越强调疆域和领土的状况下,在一个地域内往往会形成单一的政治文化体系。同时由于政治权力的强制性特点,政治文化的不宽容性更强,而带有某种强制色彩,大众对某种政治文化的接受可能不完全源自自愿。相比于其他类型的文化,个体摆脱政治文化的束缚更为困难。总之在政治文化体系内,精英和民众扮演不同的角色:一个是供给者,一个是需求者;一个代表理性和自由,一个代表传统和惯性。两者的沟通和互动通过符号、话语和仪式进行,并由此组合构成一地的政治文化。葛兰西即强调需要关注精英和大众两个群体:

> 事件并不取决于某个个人的愿望,也不取决于甚至为数众多的一群人的愿望。它们取决于极为众多的人民的愿望。这些愿望通过他们采取或不采取某些行动,通过他们的相应的理智态度表现出来。事件还取决于少数人所掌握的与这些愿望相关的知识,取决于少数人把这些愿望体现于国家权力之中以后,能否在某种程度上把它们引向一个共同的目标。①

在政治生活中,精英和民众的匹配非常重要。帕特南曾言:威权主义的精英和有强烈权利意识的公众难以匹配、形成

---

① 中共中央马克思、恩格斯、列宁、斯大林著作编译局国际共运史研究所编译:《葛兰西文选》,人民出版社1992年版,第16—17页。

稳态,谦恭的领导人与顺从的追随者组成的模式也难以长久。① 缺乏大众支持的政治论述只能停留为精英的思维游戏和学说,不会产生真正的政治影响。在缺乏卡理斯玛精英的政治文化中,统治者和民众围绕政治的意义归属有着共识,这样的政治文化体系较为稳固,能产生可预测的政治结果和影响。葛兰西笔下的"文化霸权"就是指一种系统论述被广泛接受、无人挑战的状况。政治文化提供的意义和规范因而引导统治者和大众按照统一的行为准则组织政治生活。在这种状态下,虽然具体的政治变动依旧存在,但政治的根本意义体系和游戏规则不会发生改变。中国的大一统思想无疑是一个典型,即使在政治秩序衰败、军阀混战的年代,权力的掌握者和民众都希望实现全面的统一,内部斗争乃至战争的目的只有统一,而无其他。② 只有当精英开始提出不同的政治理念并试图扩大其影响力时,政治文化才可能出现变动。在变动的过程中,政治文化的结构性约束下降,个体的自主选择得以提升。

卡理斯玛式的精英何时出现？这涉及新分析框架的第二个部分,即政治文化与政治现状之间的关系。前面提到,政治文化是主观现象,政治现状则包含实际的政治制度、政府政策和政治行为。作为关涉群体秩序和权力关系安排的意义系统,政治文化在落地后也会延伸到现实政治之中,构建出与之相应的政治安排,并产生后续的影响。在现实中不存在每一个人都认同的政治文化,但是在一个政治体内部,围绕政治的根本原则,往往

---

① Robert Putnam, *Making Democracy Work: Civic Traditions in Modern Italy*, Princeton: Princeton University Press, 1993, p.104.
② 参见[美]孔飞力:《中国现代国家的起源》,陈兼、陈之宏译,香港中文大学出版社2014年版,第30页。

政治文化新论

存在一定的共识,至少大多数人存在共识,这是政治秩序建立和延续的基础。反过来,政治安排也是政治文化得以进一步延续的制度和现实基础,缺乏实际的政治安排,一定的政治理念难以存续。如在清廷宣布废除科举考试后,儒家思想在中国的影响力即大为削弱。总的来看,政治文化为政治安排赋予正当性和合理性,现实的政治安排反过来支持并强化政治文化。文化的软性影响和制度的硬性约束相结合,使得政治的根本变革难以出现。希尔斯认为:当社会出现摧毁或创造秩序、发现秩序、揭示秩序的力量时,会激发卡理斯玛品质的出现和传播。① 这里当然要讨论社会缝隙的出现源自何处。曼认为四种社会权力的互动产生了间隙性的发展机会。马克思主张生产力和生产关系的矛盾互动引发了社会变迁。物质状况和文化状况的互动关系的确值得关注,笔者提出的新分析框架带来的新观点在于:外在环境或物质状况对政治文化的影响需要通过影响政治文化与政治安排之间的匹配程度来实现。只有当政治文化无法实践自身的承诺、与政治安排不再匹配时,变革才可能出现。其中的细致讨论,将会放在本书的第六章"政治文化的变迁"中进行。

新分析框架的提出有利于我们理清政治文化研究的关键议题。现有的政治文化研究的一大缺憾在于研究议题散乱、共识难寻。阿伦·威尔达夫斯基(Aaron Wildavsky)认为政治文化最重要的问题有两个:我是谁? 我应该做什么?② 罗斯总结了政治文化

---

① 转引自李强:《韦伯、希尔斯与卡理斯玛式权威:读书札记》,《北大法律评论》2004 年第 1 期。
② Aaron Wildavsky, "Choosing Preferences by Constructing Institutions: A Cultural Theory of Preference Formation", *American Political Science Review*, 1987, 81(1), pp.3-22.

第四章　政治文化的新分析框架

研究的主要五个议题：文化和个人性格研究、公民文化传统、文化和政治过程、政治仪式以及文化与政治暴力。① 鲁斯·莱恩（Ruth Lane）认为一个政治文化的分析框架应该包括对价值系统的结构分析、价值系统如何影响群体的组织和目标、对人的影响，尤其是塑造人在群体中的角色和目标。② 白鲁恂则认为政治文化有四个主要主题：信任和不信任、平等与对等级和权力的态度、自由与强制，以及认同、忠诚和承诺问题。③ 罗德明认为政治文化研究需要包含两个方面的内容：意义的产生和表现，以及文化如何影响现实的政治行为。④ 从一个动态的角度看，本书认为政治文化研究的核心议题有三。

（1）政治文化的起源。这个议题关注力图推动变革的精英的出现及其提出的主张。前面提到，政治文化是有关人类群体秩序和权力关系安排的意义系统，对个体具有很强的影响力。在这种状况下，具有批判反思精神同时能够提出新的意义系统的思想精英的出现是政治文化研究首先要关注的问题。思想精英出现，除了需要外在环境的支持，还与个人特质有关，

---

① Marc Howard Ross, "Culture and Identity in Comparative Political Analysis", in Mark Lichbach and Alan Zuckerman, eds., *Comparative Politics: Rationality, Culture, and Structure*, Cambridge: Cambridge University Press, 1997, pp.42-80.
② Ruth Lane, "Political Culture: Residual Category or General Theory?", *Comparative Political Studies*, 1992, 25, pp.362-384.
③ Lucian W. Pye, "Introduction: Political Culture and Political Development", in Lucian W. Pye and Sidney Verba, eds., *Political Culture and Political Development*, New Jersey: Princeton University Press, 1965, pp.22-23.
④ Lowell Dittmer, "Reflections on the Analysis of Chinese Political Culture", in Eberhard Sandschneider, ed., *The Study of Modern China*, New York: St. Martin's Press, 1999, pp.16-30.

需要人有很高的思维和创造能力,其出现的具体条件和缘由值得仔细分析。具体地,研究者可以对思想精英本身进行探究,也可以分析其与其他政治社会行为者,如政治精英和经济精英之间的关系,还需将其出现的宏观环境纳入进来考虑。在方法上可以进行时间维度的过程追踪,也可以进行横向比较。除了关注力图求新的思想精英的出现和崛起,研究者也应关注其提出的新的思想和理念。由于不同人的观点各有侧重,新的思想和理念的内容需要进行仔细对比,同时分析新思想和新理念之间的讨论、竞争以及可能出现的共识。为了了解新思想和新理念"新"在何处,旧有的政治文化内涵也需要得到关注和分析,从而得以比较。在这一方面,政治文化研究与政治思想研究有着诸多相似之处,思想史和观念史的方法值得借鉴和参考,研究者可以采用文本和话语分析的方法。总的来看,这个议题的研究主要包括:既有的政治文化的内涵和内容为何?标新立异的思想精英为何及如何崛起?又提出了怎样的新思想和新理念?不同的思想和理念的关系如何?新的共识是否出现?

(2)政治文化的传播和落地。新思想和新理念在出现后需要进行传播,以获得民众和社会的支持和认同,因此政治文化的第二个研究议题即关注新思想和新理念的传播和落地。这其中有两个关注点:一是侧重供给方面,即思想精英如何包装和传播自己的新思想和新理念,以获得更大的认同和支持;另一个侧重需求方面,即民众在何种状况下会放弃既有的文化传统,转而拥抱新思想和新理念。在这个议题上,研究者既要关注新思想和新理念本身的内容及其包装,也需将外在环境和行为者的策略纳入进来,重点分析思想精英呈现自身思想的方式(符号、话语和仪式)以及政治传播媒介(如书刊、报纸、戏剧、电视、网络)的效果。同时,由于政治文化关涉政治权力和秩序,还需关注统治者对新思想和新理念的态度,其如何应对新思想和新理念的传播,是予以正当化还是压制下来。这个议题因而包含如下研究问题:新思想和新理念为何有的传播开来,有的没有?哪些传播方式和策略更为有效?在何种状况下,统治者和民众会放弃旧有的态度和规范,拥抱新思想和新理念?

(3) 政治文化的影响。新思想和新理念在获得统治者和大众的认同后,会形成政治文化,接着影响政治现实和安排,主要包括两个部分的内容:政治文化如何影响政治现实,又会产生怎样的经济社会后果。阿尔蒙德认为任何政治系统都嵌入在一定的对政治行为的系统态度之中。[①] 缺乏相应的政治制度安排,政治文化的设想将无法实现,而对现实政治安排的分析无法脱离对其背后政治理念的认识。研究者需要关注的问题是:政治文化引发了怎样的政治安排?在现实中,其与政治制度和安排是如何相互匹配的?如一个强调平等、参与的政治文化环境必然在现实中要提供政治参与的途径和方式。具体的政治安排在不同的时空背景下各不相同,可以成为政治文化经验研究关注的一个焦点。除了影响政治制度,政治文化也会对身处其中的行为者以及其他领域的现象产生影响。在这一议题下,研究者需要关注:政治文化对身处其中的行为者的政治态度和行为产生了怎样的影响?政治文化对经济、社会等现象会产生何种潜在的影响?本书第五章将讨论政治文化与政治行为之间的关系。政治文化对

---

① Gabriel Almond, "Comparative Political Systems", *The Journal of Politics*, 1956, 18(3), pp.391-409.

经济社会现象的影响则是间接的,往往透过影响政治制度或者政治行为来达到。如政治文化对经济成长的影响,往往经由影响政府的产业政策或对经济干预的方式来实现。反过来,经济、社会领域出现的新状况也会透过对政治行为者和政治制度的影响与政治文化产生关联。如一个国家面临严重的经济危机时,一些变革者可能试图通过改造政治制度和政治文化来重振本国经济。探讨这些因素之间的关系,同样应该成为政治文化研究的话题。从一个动态的角度来看,政治文化研究应包括如下内容:

(思想)精英的思考和贡献→落地成为被民众普遍接受的政治规范和行为准则→引发相应的政治、经济和社会后果。

三、情境和意义:政治文化的理想类型

任何政治学研究之中,概念和类型学都具有基础性地位。如上一章所述,解析主义文化视角认为对意义的理解应进入具体的文化情境中实现,而不应事先设定,因此其在(政治)文化的概念和类型学方面着墨不多。加之由于意义的表现和理解的多样性,解析主义文化视角展示的是文化的多样性和丰富性。笔者当然充分理解和欣赏解析主义文化视角带来的启发,但没有分类学的框架和思维,研究者在进入田野和情境时容易陷入汪洋大海般的话语、文字和材料之中,难以聚焦更应被重视的现象。本节将追随韦伯的脚步,构建一个政治文化的理想类型学。韦伯将"理念型概念"的建构视为汇通理解和解释的途径,理念型概念基于特定的观点,从繁杂的现实里抽离出某些特征,整理成逻辑一致的思想秩序,反过来可以作为衡量现

第四章 政治文化的新分析框架

实的尺度。理念型构成了一个个尽可能展现完备之意义妥当性的概念单位,它们愈尖锐而明确地被建构出来,愈能善尽其形塑专门概念、进行分类和启发之功能。① 这种理想类型的划分一方面可以加深我们对政治文化本质的认识,另一方面可以为具体的经验研究提供参考项,以便进行验证或修订。具体地,研究者可以更清楚地把握政治文化的内涵,分析政治文化对其他政治社会经济现象的影响,同时能更好地解释政治文化自身的变迁。

现实中,政治文化有着多样化的表现,如意识形态、政治价值观、政治规范、政治仪式、政治符号、政治话语、政治态度和观念。政治文化类型学建构的目标在于理清这些政治文化现象之间的关系,这不可避免要涉及概念和分类。很多相关的作品中都能看到这样的尝试。亨廷顿以宗教和地域为标准,区分出不同的文明体系。② 坎普贝尔从个体的认知层面还是外在的规范层面、在政策制定过程中显露的概念和理论还是隐藏其后的潜在假定两个维度出发,区分了四种类型的理念:范式、公众情绪、可选项目和框架。③ 在后来的一篇综述文章里,他总结了理念在经验研究中的几种具体体现:认知范式和世界观、规范框架、世界文化、框架及纲领性的意见。④ 戈尔茨坦和基欧

---

① [德]马克斯·韦伯:《社会学的基本概念》,顾忠华译,广西师范大学出版社 2005 年版,"导言"第 16—17 页。
② See Samuel Huntington, *The Clash of Civilizations and the Remaking of World Order*, New York: Simon & Schuster, 1996.
③ John L. Campbell, "Institutional Analysis and the Role of Ideas in Political Economy", *Theory and Society*, 1998, 27(3), pp.377-409.
④ John L. Campbell, "Ideas, Politics, and Public Policy", *Annual Review of Sociology*, 2002, 28, pp.31-38.

汉区分了三种类型的理念:世界观、原则化信念和因果信念。世界观是人们对世界的根本看法;原则化信念主要指人们的价值观,包括区分对与错、正义与非正义标准的规范性观念;因果信念指的是人们对原因与结果之间关系的看法。① 史天健认为政治文化是一个同心圆结构,从内核到外延由不同的现象组成。从表面到深层,政治文化由态度和看法、规范、价值三个层级的内容组成。他首先对价值和规范与态度和看法做了精彩的区分:价值和规范涉及正确与否的判断;态度和看法则是对具体人物和现象的看法。价值和规范更为深层、更具持久性,态度和看法则更为表面、更易受外在环境的影响。态度和看法受价值和规范以及人与对象的现实互动的影响。如人应该尊重父母,这是一个规范,现实中人对父母的态度,则受到人所处的规范及其与父母之间实际相处互动的影响。两者相比,史天健认为政治文化研究应更关注规范,而非态度和信念。在价值和规范的关系上,他进一步认为:价值屈指可数,而且规定的是一般性的理想结果,它们可以在不同的环境中引发不同甚至完全相反的行为后果,爱国主义就是一个典型,因此价值与行为之间的直接关系往往很难建立;与之相对,规范更为具体,允许或禁止个人在特定的环境中做出特定的行为,价值和规范中,规范更值得被重视。② 史天健对文化现象的分类很有启发性,他对价值和规范的区分却值得商榷。且不说爱国主义是不是价值尚值得讨论,爱国主义作为价值在不同的环境中引发了不

---

① [美]朱迪斯·戈尔茨坦、罗伯特·基欧汉:《观念与外交政策:信念、制度与政治变迁》,刘东国、于军译,北京大学出版社2005年版,第8—9页。
② See Tianjian Shi, *The Cultural Logic of Politics*, Cambridge: Cambridge University Press, 2015.

同的后果,并非由于其本身没有明确的行为导向,而是源自爱国主义与其他价值的结合。如爱国主义与自由主义结合,会引发一种行为导向,与威权主义结合,又会引发另一种行为导向。实际上价值与规范的区别并没有作者说的那么大,所有的文化规范都是一定价值的具体体现。以作者提出的利益观和权威观为例,以个人为中心的利益观和契约式的权威观的背后体现的是自由和平等的价值。

政治文化的类型学讨论应围绕涉及政治的基本价值来展开。对政治价值展开讨论有利于我们把握政治文化的特质。政治价值和规范是意义系统中最内核的部分,也最为稳定,决定了具体的政治符号含义、话语内容和仪式形式。接着,由于政治正当性是不同人类群体所共同关心的话题,聚焦政治基本价值有利于我们进行横向和纵向的比较。实际上,在本书已经介绍的多位学者的作品中,包括阿尔蒙德和维巴、英格尔哈特、史天健、韦伯等,都能看到相应的努力。表 4-1 对涉及文化和政治文化的类型学进行了梳理。

表 4-1 (政治)文化的既有类型

提出者	类型	划分标准
霍夫斯泰德	集体主义 vs. 个人主义	利益观
费孝通	团体秩序 vs. 差序格局	个人与群体关系
托克维尔、本尼迪克特	等级制 vs. 平等制	等级观念
史天健	利己主义 vs. 利他主义;契约式权威观 vs. 等级式权威观	利益观、权威观

(续表)

提出者	类型	划分标准
英格尔哈特	传统价值观 vs. 世俗理性价值观;生存价值观 vs. 自我表达的价值观	权威观、人生意义观
阿尔蒙德和维巴	狭隘型政治文化、臣民型政治文化、参与型政治文化	是否关心政治、政治过程是否必要
韦伯	传统型正当性、超凡魅力型正当性、法理型正当性	正当性的基础
赵鼎新	意识形态正当性、绩效正当性、程序正当性	正当性的来源

资料来源:Geert Hofstede, *Culture's Consequences: International Differences in Work-Related Values*, California: Sage Publications, 1980;费孝通:《乡土中国》,北京出版社 2005 年版;[法]托克维尔:《论美国的民主》(上卷),董果良译,商务印书馆 1988 年版;[美]鲁思·本尼迪克特:《菊与刀》,吕万和等译,商务印书馆 1990 年版;Gabriel A. Almond and Sidney Verba, *The Civic Culture: Political Attitudes and Democracy in Five Nations*, Princeton: Princeton University Press, 1963; Tianjian Shi, *The Cultural Logic of Politics*, Cambridge: Cambridge University Press, 2015; Ronald Inglehart and Christian Welzel, *Modernization, Cultural Change, and Democracy: The Human Development Sequence*; Ronald Inglehart, *Cultural Evolution: People's Motivations Are Changing and Reshaping the World*, Cambridge: Cambridge University Press, 2018;[德]马克斯·韦伯:《经济与历史;支配的类型》,康乐等译,广西师范大学出版社 2004 年版;赵鼎新:《国家合法性和国家社会关系》,《学术月刊》2016 年第 8 期。

上面的总结中可以分出三类:霍夫斯泰德、托克维尔、本尼迪克特、费孝通等学者的分类没有区分政治文化和其他类型的文化,史天健和英格尔哈特的类型学部分涉及政治,阿尔蒙德和维巴、韦伯、赵鼎新的类型学基本围绕政治展开,更贴近政治文化的分类。在《公民文化》一书中,阿尔蒙德和维巴区分出了三种类型的政治文化:狭隘型政治文化、臣民型政治文化、参与型政治文化。如第二章所介绍的那样,其中的核心区别在于民众是否关心政治以及政治过程是否必要。韦伯和赵鼎新的分类则主要关心政治正当性的基础或来源。由于政治文化的本质是有关政治生活的意义论述,这里涉及的基本问题包括:政治生活的目的为何?政治生活中的主体是谁?由此可以提炼出政治文化的两个核心维度,分别为政治权力的目的和政治权力的掌握主体问题。政治权力的目的问题,关涉政治权力的运行是否服务于一个确定的终极目标、统治者的执政目的以及民众对政治和政府的期待。《公民文化》中狭隘型政治文化与其他两种政治文化的区别与此相关。与政治权力的目的问题相对应的是政治权力的掌握主体问题,涉及政治的程序安排,即哪些人能够参与以及通过何种方式参与政治乃至掌握政治权力、政治统治权如何产生等问题。《公民文化》中臣民型政治文化与参与型政治文化的区别更多地体现于此。对政治文化两个核心维度的详细讨论如下。

首先,对政治文化的分类离不开对"政治"这一概念的讨论。亚里士多德有言:人自然趋向于城邦生活,人类在本性上是政治动物。① 阿奎那说:人是天然要过政治生活的,它和奴役形成很好的对照。② 学者汪晖用"去政治化的政治"来形容20世纪90年代以后的中国。③ 有些人说"我不关心政治""我对政治不了解",他们所说的"政治"意味着什么?从上述举例

---

① [古希腊]亚里士多德:《政治学》,吴寿彭译,商务印书馆1965年版,第7页。
② 《阿奎那政治著作选》,马清槐译,商务印书馆1982年版,第101页。
③ 参见汪晖:《去政治化的政治:短20世纪的终结与90年代》,生活·读书·新知三联书店2008年版。

中我们能发现对"政治"一词的不同理解,这是政治文化出现的基础。围绕政治文化的第一个关键维度,即政治或政治权力是否有自己的目的,大致可以区分出两类观点:一批思想精英强调政治的目的在于实现某个终极目标,另一批则否认政治存在终极目标,或者认为政治不应该追求某种终极目标。亚里士多德是前一种观点的提倡者,他曾言:一切社会团体的建立,其目的总是为了完成某种善业,所有人类的每一种作为,其本意总在求取某一善果。① 人类不同于动物的特性就在于其对善恶和是否合乎正义及其他类似观念的辨认,而家庭和城邦的结合正是这类义理的结合。② 城邦以正义为原则,由正义衍生的礼法可以判断人间的是非曲直,这是确立社会秩序的基础,目的在于实现"优良的生活"。③ 在中国,孔子同样强调需"为政以德"、君王需推行仁政。在他看来,用刑法来约束民众,民众只是暂时免于罪过,而用道德来诱导他们,用礼数来约束人们,人民不但有廉耻之心,而且人心归服。④ 这种政治观可以称为"理想主义政治观",在这种状况下,政治的目的在于服务某一种终极目标。终极目标的内容往往由富有天赋之人(即上面提到的思想精英)提炼总结而来,往往高于现实生活,展现出一种更好的政治生活状态,政治权力的目的即在于贯彻和实现这种终极目标。为了实现这个目标,统治者除了需要加强自身的修为、恪尽职守外,还通过教育、宣传等方式教化民众,引导其朝

---

① [古希腊]亚里士多德:《政治学》,吴寿彭译,商务印书馆1965年版,第3页。
② 同上书,第8页。
③ 同上书,第7、9页。
④ 杨伯峻译注:《论语译注》,中华书局1980年版,第12页。

着终极目标前进。对于不符合终极目标的想法,这种理想主义的政治观往往展现出不宽容的一面。而对另一些思想精英而言,政治的本质不在于追求某种特定的终极目标,而在于维系人类生存和基本秩序,这里称为"现实主义政治观"。马基雅维利主张把政治从道德中剥离出来,认为一国君主应考虑战争、军事制度等事务,不应有其他目标。① 托马斯·霍布斯(Thomas Hobbes)指出人类共有的普遍倾向是永无休止的权势欲,旧道德哲学家所说的那种终极的目的和最高的善根本不存在,为了防止所有人对所有人的战争,国家(或者政治)的本质在于对内谋求和平,对外相互帮助抵御外敌。② 韦伯认为政治组织区别于宗教等其他组织的关键在于其立基于暴力的支配关系,而无视其目的为何。③ 在他看来,政治家的行为准则首先着眼的是权力,而不是正义,亦无需引用宗教、道德或其他非政治性或超政治性的规范为依据,政治因而不是也永远不会是以道德为依据的职业。④ 施米特指出政治的关键在于区分朋友和敌人,进而影响战争的发动、生死的决定。⑤ 肯尼思·华尔兹(Kenneth Waltz)将这种观点扩展到国与国之间的关系上,强调国家间的关系是权力关系,在国际无政府状态下,

---

① 参见[意]尼科洛·马基雅维利:《君主论》,潘汉典译,商务印书馆1986年版。
② [英]霍布斯:《利维坦》,黎思复、黎廷弼译,商务印书馆1986年版,第72、132页。
③ [德]马克斯·韦伯:《社会学的基本概念》,顾忠华译,广西师范大学出版社2005年版,第76页。
④ 苏国勋:《理性化及其限制:韦伯思想引论》,商务印书馆2016年版,第37—38页。
⑤ [德]卡尔·施米特:《政治的概念》,刘宗坤等译,上海人民出版社2004年版,第106页。

权力、斗争与和解成为整个国际政治主线。①"现实主义政治观"反对给政治披上一层道德的外衣,认为政治不应也无法实现一个更为理想的状态,政治权力和支配本身就是需要关注和追求的东西。春秋战国时期的"王道"和"霸道"之争就颇具这个色彩。

对于政治权力目的的不同看法,会引发出不同的政治态度和观点,如对国家的不同观念。"现实主义政治观"下,道德存在于个人及社会之上,国家的存在没有道德外衣,是为了维持秩序的"必要的恶";而在"理想主义政治观"下,国家本身就意味着道德,抑或是引导个人超越自我、走向更好状态的工具。② 在现实主义政治观的影响下,虽然国家能够为人们提供秩序,但其本身也不完美,限制国家权力、规范权力运作成为应有之义。在这种状态下,民众对政府往往持一种不信任状态,参与政治往往是为了维护自己的权利,权利意识由此产生。同时,由于谁都不占据道德制高点,利益和观点竞争过程中,制度和程序显得非常重要,决定政治结果的是规则而非道德或目标高下。"理想主义政治观"强调政治的终极目的性,关注终极目的本身的内涵以及由此形成的道德规范。在这样的文化情境下,统治者会极为关心自己的道德形象,而民众评判统治者和政策的核心在于其是否符合既定的道德标准。相较于制度和程序,道德和结果更为重要。同时,民众对国家和政府往往抱持着很强的信任感,民众参与政治往往是为了提醒或督促统治

---

① 参见[美]肯尼思·华尔兹:《国际政治理论》,信强译,苏长和校,上海人民出版社2003年版。
② 此处受益于与张诗羽博士的讨论,在此致谢。

第四章　政治文化的新分析框架

者和官员践行道德责任。孔飞力写道：在这种环境下，天下只存在一种关于公共利益的正确认识，这种认识很难产生于意见全然对立的情况下，更不可能产生于个人利益之间（自私自利）的竞争。①

在政治权力的目的（作用范围）之外，政治文化的另一个维度与政治权力的掌握主体相关。臣民型政治文化和参与型政治文化的区别就在于公民是否关心政治过程。无论是理想主义政治观还是现实主义政治观，在实践之时都有相应的权力结构和政治安排，其中的关键在于谁掌握政治权力、哪些人具有政治决策权和影响力。在此问题上，亚里士多德曾言：君王以个人掌握国家的全权，而政治家则凭城邦政制的规章加以治理。② 基于掌权者数量的多少，亚里士多德区分了三种类型的政体：君主制、贵族（贤能）制和共和制。③ 托克维尔发现近代欧洲出现了政治统治群体的变动，具体而言：贵族下降，平民上升。④ 在《支配社会学》中，韦伯将其转变为支配的正当性问题：

> 正当性基础，绝非仅只是个理论性与哲学性思辨的问题，它实际上构成经验性之支配结构的、最为实际之差异的基础。之所以如此，乃是因为任何权力一般都有为自己之正当性辩护的必要。⑤

---

① ［美］孔飞力：《中国现代国家的起源》，陈兼、陈之宏译，香港中文大学出版社2014年版，第66页。
② ［古希腊］亚里士多德：《政治学》，吴寿彭译，商务印书馆1965年版，第4页。
③ 同上书，第133页。
④ ［法］托克维尔：《论美国的民主》（上卷），董果良译，商务印书馆1988年版，第7页。
⑤ ［德］马克斯·韦伯：《支配社会学》，康乐、简惠美译，广西师范大学出版社2004年版，第19页。

从支配的产生方式来看,韦伯认为存在三种类型的支配:一为传统型,该正当性源自古人的承认和习惯传统,以及神圣化的习俗的权威,典型代表为家族长制和世袭君主;二为卡理斯玛型(或称超凡魅力型),其正当性源自个人献身精神,对救赎、英雄业绩的信念,或者其他一些个人领袖的素质,典型代表为先知、战争领袖、煽动家或政党领袖;三为法理型,正当性源自法律条款的有效性和客观性,根据理性方式建立的规则,典型代表为官僚制。① 法理型正当性的基础是一个具有合理规则的制度,被支配者服从的并非个人,而是具有一般性约束力的规则。传统型正当性和卡理斯玛型正当性虽均建立在对个人的服从上,但传统型正当性基于习惯和既定历史传统,因此也有一定的制度化特征;卡理斯玛型正当性则建立在对超凡魅力的服从、对非日常性事务的归依之上,因此具有革命性。② 韦伯的分类固然具有很强的启发性,尤其是他注意到理性化带来的平等趋势,但他的注意力放到了官僚制之上,而没有对政治领导人和统治阶层的产生作充分的讨论。韦伯从受众的角度来区分正当性的类型,赵鼎新则将重心转为统治者如何论证自己的正当性之上。他将传统型和卡理斯玛型合并称为意识形态正当性,与法理型正当性相对应的是程序正当性,同时增加了一个新的绩效正当性。其中意识形态正当性体现了价值理性,绩效正当性体现目的理性,而程序正当性体现了形式理性。具体地,成功的意识形态正当性建构会给人精神依

---

① [德]马克斯·韦伯:《学术与政治》,钱永祥等译,广西师范大学出版社2010年版,第56—57页。
② [德]马克斯·韦伯:《支配社会学》,康乐、简惠美译,广西师范大学出版社2004年版,第19—20页。

托和道德归属感;成功的程序正当性建构会给人政治参与感和公正感,并在一定程度上限制国家的权力;成功的绩效正当性建构会给普通民众带来各种具有实惠性质的公共物品。①

总的来看,柏拉图、亚里士多德开启了从统治者多寡划分政体的先河,托克维尔注意到现代平等的趋势,韦伯和赵鼎新将关注点集中到统治者如何论证自己的正当性以及被统治者是否接受上。这些讨论都与政治权力的掌握主体有关,即政治中掌握权力的是哪些人、统治者的产生方式为何。围绕这个问题,大致也可以区分出如下两种类型的观点。

一类观点认为政治权力应由一人或少数人掌握,笔者称之为"精英主义政治观",典型例子是君主制和贵族制。"精英主义政治观"主张政治生活不需要也不应该由所有人参与,政治权力应掌握在某些特定人的手中,这既是正当的也是最好的安排。进入政治生活、掌握政治权力需要一定的资格和条件,包括血缘关系、功绩或知识品德等。中国皇位继承中的"嫡长子继承制"就是一个典型代表,在该规范受到广泛认可的情况下,如由非嫡长子继承皇位,其正当性会大大受损。欧洲古代政治长期由贵族把控,中国古代读书人不经历科举考试就无法做官,也源自类似的理念。

与"精英主义政治观"相对的是主张政治权力由政治共同体内的大多数或全部成员共享,笔者称之为"平等主义政治观",典型代表是民主制与共和制。"平等主义政治观"主张政治是众人之事,所有的政治成员都是平等主体,应有参与政治的权利和途径。古

---

① 参见赵鼎新:《国家合法性和国家社会关系》,《学术月刊》2016 年第 8 期; Dingxin Zhao, *The Confucian-Legalist State: A New Theory of Chinese History*, Oxford: Oxford University Press, 2015。

希腊时代曾经出现的民主实践、法国大革命中提出的"自由、平等、博爱"理念以及后来逐步推行的普选都是这方面的例子。

政治权力由谁掌握的不同观点会产生显著的政治影响。在"精英主义政治观"的影响下,民众往往并不认为自己天然具有政治权利,有资格参与政治,政治效能感和预期因此往往不高,犬儒主义和政治疏离容易出现。在民众与统治者的关系上,由于拥有与众不同的品格和特质,统治者的政治社会地位理所应当地高于民众,两者是上下级的关系。民众往往使用敬语或尊称称呼统治者,臣服、跪拜等行为也相继出现。相对地,在"平等主义政治观"的影响下,由于所有民众都具有参与政治生活的资格,乃至通过一定的程序有机会掌握统治权力,因此其政治效能感和预期往往较高。民众通过一定的程序和安排有机会成为政治精英,政治精英在执政一段时间后需要退下来,民众和统治者可以相互转化使得两者的身份差别意识并不强烈。双方的互动往往较少地具有上下级色彩,往往平等相称,更多地像"委托者和代理人"的关系。政客甚至在很多时候会鞠躬感谢民众,争取其支持。基于以上的讨论,笔者将政治权力的目的和掌握主体结合起来,建构出四种理想类型的政治文化(如表4-2所示)。

表 4-2 政治文化的理想类型

		政治权力:掌握主体维度	
		等级化安排	平等参与
政治权力:目的维度	有终极目标	政治文化类型Ⅰ 如:儒家思想	政治文化类型Ⅲ 如:共和主义
	无终极目标	政治文化类型Ⅱ 如:法家思想	政治文化类型Ⅳ 如:自由主义

表 4-2 展示了政治文化的理想类型。政治文化类型Ⅰ以主张某种终极目标和等级制安排为关键特征,儒家思想的主张与之接近;政治文化类型Ⅱ关注权力和政治秩序等现实问题,同时主张等级制,法家思想的主张与之相近;政治文化类型Ⅲ则鼓励政治共同体的成员广泛平等地参与政治,以追求和实现某种终极目标,共和主义思想的内容符合这一类型;政治文化类型Ⅳ同样强调政治平等,鼓励民众广泛参与政治,但其并不提倡政治权力以某个终极目标为目的,主张过程本身即为目的,自由主义的主张接近这一类型。与前人的类型学划分相比,笔者提出的政治文化新类型聚焦于政治权力,而不是泛泛地讨论文化的一般状况。新类型学的关注点既包括政治权力的目的,也涉及政治权力的掌握主体和运行过程,在内涵上完备齐全。新的政治文化理想类型为具体的经验研究提供了参考项,使得我们在面对复杂多元的政治文化现象,如政治仪式、符号、态度、观念、话语时,能够把握其中的关键要素。由此我们可以观察和确定一地的政治文化状况,分析其稳定性和变动性,并探讨政治文化的影响和后果。例如中国古代的政治文化与欧洲中世纪的政治文化相比,两者的相似之处在于都追求某种终极目标和主张等级制安排,区别在于终极目标的内容不同,等级制的具体安排有所差异。接着,这些理想类型也不排斥经验现象的多样性,如政治终极目标在不同地方、不同时代的内涵各不相同,现实主义政治观引发的政治安排也不尽相同。在政治生活中,哪些群体有资格参与,怎么参与,也有不同的想法和设计。这些都是经验研究可以具体关注的话题。与《公民文化》三种类型隐含着的进步思想相比,新的政治文化理想类型各有其侧重点,是并立关系,而非落后和先进之分。强

调政治目标的现实性和超越性、政治权力掌握者的多寡,各有自身的论据和道理。政治哲学研究可以探讨这些类型何者更优,政治文化研究则关注经验世界中特定政治文化类型的产生、传播和影响。

四、动机和偏好:政治文化对行为者的影响

进入政治文化的情境能够帮助我们了解该地有关政治生活的系统设想和内容,尤其是有关政治权力的目的及其掌握的主体与运行方式。除了宏观层面的意义和情境外,政治文化也为了解微观层面上政治行为者的动机和偏好提供了启发。孟德斯鸠曾言:"人类受多种事务的支配,包括气候、宗教、法律、施政的准则、先例、风俗、习惯。"①围绕如何解释人的政治行为,何种因素更具决定性,政治学研究中逐渐出现三种主要的视角:结构主义(structural approach)、理性选择和文化范式。② 结构主义视角关注现象背后的宏观因素,如国际体系、阶级关系、国家状态,主张政治现象由超越个人能动选择的结构化力量决定,而非源自个人或行为者的设想和互动。马克思主义主张历史的变迁由生产力与生产关系

---

① [法]孟德斯鸠:《论法的精神》(下),张雁深译,商务印书馆1963年版,第205页。
② Mark Lichbach and Alan S. Zuckerman, "Research Traditions and Theory in Comparative Politics: An Introduction", in Mark Lichbach and Alan S. Zuckerman eds., *Comparative Politics: Rationality, Culture and Structure*, Cambridge: Cambridge University Press, 1997, p.5.

第四章 政治文化的新分析框架

的互动决定。① 在结构主义的视角下,"革命自发到来,而非人为造就"(revolutions are not made, they come)。② 结构主义视角关注的是超越个人的外在因素,20世纪60年代开始兴起的理性选择学派则旗帜鲜明地主张方法论上的个人主义。受经济学,尤其是微观经济学的影响,理性选择学派主张把政治社会现象视为行为者理性思考及互动博弈的结果。结构主义和理性选择视角虽然差别巨大,但两者都以物质利益为基础。③ 理性选择视角即借鉴经济学的理性人假设,对行为者的动机和偏好做出普遍的统一假定,理性行为者在考虑外在约束条件的情况下分辨出各种可能的选择,然后在策略互动中寻找最大化自身利益的方案。④ 以安东尼·唐斯(Anthony Downs)的《民主的经济理论》一书为例,他认为一个(经济)理性人是按如下方式行为的人:(1)当面临一系列可选择方案时,人总能够作出一个决定;(2)能根据自己的偏好顺序按一个方式来排列所有可选择的方案,使得每一方案或者优于其他方案,或者与其他方案无差异,或者劣于其他方案;(3)偏好顺序是传递的;(4)总是选择在偏好顺序中位置最高的

---

① 参见马克思、恩格斯:《共产党宣言》,中共中央马克思、恩格斯、列宁、斯大林著作编译局编译,人民出版社1997年版。
② Jeff Goodwin and Theda Skocpol, "Explaining Revolutions in the Contemporary Third World", *Politics & Society*, 1989, 17(4), pp.489-509.
③ Craig Parsons, *How to Map Arguments in Political Science*, Oxford: Oxford University Press, 2007, pp.54-55.
④ Margaret Levi, "The Economic Turn in Comparative Politics", *Comparative Political Studies*, 2000, 33(6/7), pp.822-844.

可选方案;(5)面临同一选择时,总是作出同一决定。① 理性选择视角强于演绎。以中间选民定理为例,其假定选民在投票中选择与自己政策偏好更相近的候选人,而候选人以获得更多选票胜选为动机,在选举制度为多数决、选民偏好呈单峰状态的条件下,政策靠近中间选民的候选人更容易胜选。② 结构主义视角下个体为结构性因素所支配,其背后的假定与理性选择相同,即在结构性因素的影响下,个体具有普遍相同的利益偏好和动机。以国家为中心的视角主张将国家视为一个具有独立意志和利益的行为体,原因在于国家处在国际社会和国内状况的交汇处,政治统治者因而关心安全利益,与关心经济利润的主导阶级产生区别。③ 克雷格·帕森斯(Craig Parsons)指出:结构主义和理性主义其实是一体两面,因为如果假定人是理性的,偏好不能变,那么只有外在的结构或环境改变才能解释行动的变化;而认为人受制于结构,必然假定人的偏好和动机的统一性,否则个人的能动性影响就无法被忽视。④ 由此,结构主义和理性选择视角都得以构建具有普遍性的解释框架和理论体系。

结构主义和理性选择视角对行为者偏好和动机的普遍的

---

① [美]安东尼·唐斯:《民主的经济理论》,姚洋等译,上海人民出版社2005年版,第5页。
② 参见上书。
③ Theda Skocpol, "Bringing the State Back in: Strategies of Analysis in Current Research", in Peter Evans, Dietrich Rueschemeyer, and Theda Skocpol, eds., *Bringing the State Back in*, New York: Cambridge University Press, 1985, pp.3-37.
④ Craig Parsons, *How to Map Arguments in Political Science*, Oxford: Oxford University Press, 2007, pp.54-55.

第四章 政治文化的新分析框架

统一假定会遭遇如下挑战。

首先,虽然理性选择强调"理性",但其理解的理性往往是能够明确计算和排序的经济理性,这忽视了理性在现实中的多种含义和表现。唐斯笔下的理性是在一给定投入下使产出最大化,或在一给定产出下使投入最小化。① 这里的理性指行动过程,而不是指它们的目的,甚至也不是指实现目的的成功。如选举的目的是为了产生政府,一个选民如果为了避免与其家庭成员产生分歧或矛盾而选择支持一个政党,这种行为在唐斯看来是不理性的。② 这样的观点忽视了理性的多样性,将经济或目的理性视为理性的全部状态。

其次,不考虑行为者动机的复杂性,而假定某一行动背后有普遍的统一目的的做法显然会遭遇经验现实的挑战。现实中一个选民完全可能因为家庭和睦的考虑而投票支持某个政党,这种状况需要分析解释,而非简单地将之斥为非理性。对政治的理解,无论是政治权力的目的还是政治权力的掌握主体,本身就存在多元观点。经济理性的假定被引入政治议题的分析后,政治的特殊性没有得到重视。以政治统治者的动机和偏好为例,不同的作品中可以看到截然不同的观点。列维强调政治统治者的目标在于追求财政收入的最大化。③ 唐斯认为每一个政府追求的是政治支持的最大化,在民主社会中,政府

---

① [美]安东尼·唐斯:《民主的经济理论》,姚洋等译,上海人民出版社 2005 年版,第 4 页。
② 同上书,第 6 页。
③ See Margaret Levi, *Of Rule and Revenue*, California: University of California Press, 1988.

的首要目标是获得执政权。① 米兰·斯沃里克(Milan Svolik)等学者则强调统治者的目标在于巩固和维护政治统治权。② 芭芭拉·格迪斯(Barbara Geddes)认为统治者的目的在于维护自身的职位利益(career interests)。③ 马基雅维利则建议君王既像狮子又像狐狸,令人畏惧的同时也受人爱戴。④ 哈罗德·拉斯韦尔(Harold Lasswell)认为精英考虑的东西既有尊重,也有安全、收入,以及更多的价值。⑤ 经验事实中,我们既可以看到为了个人权力无所不用其极的统治者,也可以看到为了某个理想目标放弃权力甚至牺牲自我的领导人。不同的假定往往会引发出不同的理论建构和结论。针对这点,列维认为理性选择视角最重要的贡献在于从假定出发推演出来的假设和可验证的结论。⑥ 这将经验检验放在了理论建构之后,潜在的风险在于:如果经验事实与理论建构的预期不符,那么研究的贡献和意义就要大打折扣。为了避免这种现象出现,一些学者往往挑选对自身有利的案例或

---

① [美]安东尼·唐斯:《民主的经济理论》,姚洋等译,上海人民出版社2005年版,第10页。
② See Milan Svolik, *The Politics of Authoritarian Rule*, Cambridge: Cambridge University Press, 2012; Bruce Bueno de Mesquita, Alastair Smith, Randolph M. Siverson, and James D. Morrow, *The Logic of Political Survival*, Cambridge: MIT Press, 2003.
③ See Barbara Geddes, *Politicians' Dilemma: Building State Capacity in Latin America*, Berkeley: University of California Press, 1994.
④ [意]尼科洛·马基雅维利:《君主论》,潘汉典译,商务印书馆1986年版,第79—84页。
⑤ [美]哈罗德·D.拉斯韦尔:《政治学:谁得到什么?何时和如何得到?》,杨昌裕译,商务印书馆1992年版,第12页。
⑥ Margaret Levi, "The Economic Turn in Comparative Politics", *Comparative Political Studies*, 2000, 33(6/7), pp.822-844.

第四章 政治文化的新分析框架

证据来证明自己理论的可靠,列维说的假设的可检验性反而不复存在。

最后,普遍的统一假定的出现需以所有行为者接受这种偏好为前提,如所有企业均以经济利润最大化为自己的偏好,所有国家都以生存和最大化自身的国力为目标,这并非自然产生。追求利润最大化的资本主义精神在全球的扩展,就消灭了之前以学徒制、道德为基础的经济形态。① 这本身是一个后天的政治社会过程产物,是一种文化现象。普遍统一的动机和偏好假定也会使理性选择和结构主义难以解释政治变化,或者将之归因为外生冲击。②

文化范式对结构主义和理性选择既提出了挑战,也做出了补充。理性选择和结构主义的基础都是物质利益,文化视角则强调主观因素的影响。③ 赫尔伯特·西蒙(Herbert Simon)指出,理性意味着在特定情境下实现特定目标。如果只考虑环境的约束,那么我们可以判断哪些行为更优,哪些行为可以更为适应环境。同时,如果考虑知识的限度以及组织的状态,我们也能找到最优的策略。理性因此存在两种判断的标准:一种通过过程来判断,一种通过

---

① See Karl Polanyi, *The Great Transformation: The Political and Economic Origins of Our Time*, Boston: Beacon Press, 2001.
② See Shu-Yun Ma, "Political Science at the Edge of Chaos? The Paradigmatic Implications of Historical Institutionalism", *International Political Science Review*, 2007, 28(1), pp.57-78.
③ 参见朱天飚:《比较政治与国际关系的学科互动:一种理念的研究视角》,《国际观察》2013 年第 4 期;Craig Parsons, *How to Map Arguments in Political Science*, Oxford: Oxford University Press, 2007.

结果来判断。① 西蒙笔下的"特定情境、特定目标"就指向文化。通过提供情境和意义,文化影响行为者的偏好、对自身利益的认识以及行为目标的确定。在现实中,人以什么为利益,把什么目标放在更重要的位置是在其与所处的文化情境互动中形成的,偏好排序同样可以改变。② 韦伯认为,社会现象区别于其他现象的地方在于:社会行为对行为者而言,不是简单的一个动作,其背后蕴含着意义,社会科学的独特工作在于揭示这种行为背后的意义,帮助我们更好地认识它。③ 政治文化与前两种视角的核心区别在于提醒我们普遍的统一偏好假定与经验现实不符,不同的文化情景下行为者对自身利益的认识可能各不相同。④ 通过揭示行为者的动机和偏好,政治文化为我们理解和分析政治现象提供了一种新的视角,也由此确立了自己在政治学研究中的地位和影响力。与理性选择视角重演绎不同,政治文化研究重在观察,尤其关注在特定政治文化情境下行为者实际的偏好和动机。中间选民定理假定选民的意

---

① Herbert Simon, "Human Nature in Politics: The Dialogue of Psychology with Political Science", *American Political Science Review*, 1985, 79(2), pp.293-304.
② Peter A. Hall and Rosemary C. R. Taylor, "Political Science and the Three New Institutionalism", *Political Studies*, 1996, pp.936-957; Aaron Wildavsky, "Choosing Preferences by Constructing Institutions: A Cultural Theory of Preference Formation", *American Political Science Review*, 1987, 81(1), pp.3-22.
③ 参见[德]马克斯·韦伯:《社会学的基本概念》,顾忠华译,广西师范大学出版社2005年版。
④ Mark I. Lichbach, "Social Theory and Comparative Politics", in Mark Lichbach and Alan S. Zuckerman, eds., *Comparative Politics: Rationality, Culture and Structure*, Cambridge: Cambridge University Press, 1997, pp.239-276.

识形态偏好呈现单峰状态,但现实中政治态度极化现象屡见不鲜,选民也并非一定选择与自己政策偏好相近的候选人。格尔茨和斯科特在东南亚的实地调研中,均发现民众更加关心声誉和名声,而不是经济利益。① 何为动机? 格尔茨指出:动机既不是行为也不是感觉,而是进行某类活动或产生某类感觉的倾向性。动机和情绪的主要区别在于,前者指向某种目的而后者没有。② 韦伯所说的理解的社会学,即探寻动机、意图对诱发社会行动的重要性,解析社会行动的概念要破译意义,反过来又要把动机、意图、意向当作理解行动意义的钥匙来思考。③ 文化也对结构主义作出贡献,特定理念的兴起、行为者动机和偏好的改变有助于解释结构的变迁,使其摆脱只能用未知的外生冲击来解释变化的尴尬境地。一些结构主义者尤其是历史制度主义者越来越重视理念在制度变迁中的作用。④ 马克·利希巴赫(Mark Lichbach)总结道:理性选择关注行为者如何利用理性满足自己的利益,结构主义强调制度环境内行为者之间的关系,而文化主义者则聚焦规则(rules)的

---

① 参见[美]詹姆斯·斯科特:《弱者的武器》,邓广怀等译,译林出版社 2011 年版;Clifford Geertz, *The Interpretation of Cultures*, New York: Basic Books, 1973。
② Clifford Geertz, *The Interpretation of Cultures*, New York: Basic Books, 1973, pp.96-97.
③ 苏国勋:《理性化及其限制:韦伯思想引论》,商务印书馆 2016 年版,第 279—280 页。
④ Mark Blyth, "Any More Bright Ideas? The Ideational Turn of Comparative Political Economy", *Comparative Politics*, 1997, 29(2), pp.229-250; Stephen E. Hanson, "Review Article: From Culture to Ideology in Comparative Politics", *Comparative Politics*, 2003, 35(3), pp.355-376.

影响以及对个体和群体认同的塑造。①

表 4-3　政治文化情境下的行为者动机和偏好

		政治权力:掌握主体维度	
		等级化安排	平等参与
政治权力:目的维度	有终极目标	(精英)实现理想和抱负;(大众)期待在精英的带领下走向理想状态	精英和大众:合作共同实现政治理想
	无终极目标	(精英)争夺和享受权力;(大众)维持生计和生活,对政治并无期待	(精英)服务民众;(大众)权利意识

通过注入价值观和意义系统,政治文化影响行为者的偏好排序。理解意义能够帮助我们了解行为者的政治偏好、评价以及可能采取的行动。在不同的政治文化环境下,行为者对自身的定位和行为有着不同的期待,同时对外在的政治状况也会出现不同的评价。在史天健笔下,不同的利益观和权威观会影响乃至决定个人对政治现象的判断和看法。② 在上一节中,笔者从政治权力的目的和掌握主体两个维度建构了四种理想类型的政治文化。表 4-3 展示了不同政治文化情境下行为者不同的动机和偏好。在追求超越性的终极目标的政治文化环境下,精英参与政治的动机往往在于实现这一理想目标,如修齐治平、实现善治等,民众则期待在精英的带领下实现理想目标,倾

---

① Mark I. Lichbach, "Social Theory and Comparative Politics", in Mark Lichbach and Alan S. Zuckerman, eds., *Comparative Politics: Rationality, Culture and Structure*, Cambridge: Cambridge University Press, 1997, pp.239-276.
② Tianjian Shi, *The Cultural Logic of Politics*, Cambridge: Cambridge University Press, 2015, pp.34-36.

第四章 政治文化的新分析框架

向于相信政府、支持和配合其政策;在现实主义的政治文化环境下,行为者参与政治的动机往往在于追求政治权力、享受权力给自身带来的成就感和满足感,民众则对掌权的精英保持怀疑和警惕心态,更关心自身的生计和生活状态;在等级制的政治文化下,政治精英往往认为自己高人一等,享受特殊待遇是理所应当;在平等主义的政治文化下,政治精英倾向于与民众打成一片、不搞特殊化。政治文化也会影响政治评价标准,在不同的政治文化情境下,对同一政治现象往往会出现不同的理解和评价。在古代中国,官员享有某种特权并不会被诟病,而如今,官员及其亲属公开宣示特权,诸如"我爸是李刚""故宫太和殿广场停车"事件均引发了民众的不满以及舆论的强烈反响。

在实际的研究中,研究者应该如何了解和揭示行为者的动机和偏好?除了了解和把握行为者所处的政治文化情境外,研究者还需与研究对象进行接触。理性选择视角的特点是从个体假定出发,然后通过设定外在约束条件推导出行为者的策略选择,在推演行为者之间的互动后得出相应的结论。政治文化研究应反之:先从一地既有的政治文化情境出发,充分了解和理解该文化情境的内容和特点,由此推导出其可能引发的政治行为者的偏好和动机;接着研究者应与行为者接触或对话,了解其观念、态度和行为;最后将宏观政治文化情境的推论与行为者层面的观察和了解进行比对、检验。对宏观政治文化情境的了解可以通过分析本地的官方话语、主导文化传统、政治仪式和符号、社会思潮和公共舆论、宪法等根本性制度文件等方式展开。研究者与行为者进行对话的方式包括访谈、问卷调查乃至模糊研究者和研究对象的界限进行参与式观察。如研对象是历史人物,那么可以进行间接对话,也可以阅读与行为者相关的历史材料,如回忆录、日记、口述史。在这个过程中,研究者应进行韦伯所说的"神入理解",即通过分析自己处于被理解者所处的情况时将会出现的内心活动,来类推他人的内心活动。① 在这个过程中,一些学者主张集体性的文化规范对行为者动机和偏好具有决定性作用。这种观点更偏向文化结构主义,强调政治文化通过社会化、教育等途径影响和塑造个体的偏好和动机。如史天健强调传统儒家思想对当今中国民众的持续性影响,着重展现文化规范如何影响人的政治偏好和评价、行为习惯。② 另一些学者则强调行为者的能动选择,即行为者自主形成自身的动机和偏好。尤其在社会存在多元的政治文化、政治控制力在削弱时,特定的个体能够发挥自己的能动性,选择自己的文化和价值认同。通过分析中共在安源煤矿的革命历史,裴宜理(Elizabeth Perry)展现了中共领导人如何通过各种创造性手段将马列主义革命思想嵌入普通民众的既有生活习惯和思维体系中,扩大革命思想的传播和号召力。③

五、小结

由于意义系统内容以及表现的多样性,文化及政治文化本

---

① [德]马克斯·韦伯:《社会科学方法论》,韩水法、莫茜译,中央编译出版社1998年版,第11—12页。
② See Tianjian Shi, *The Cultural Logic of Politics*, Cambridge: Cambridge University Press, 2015.
③ See Elizabeth Perry, *Anyuan: Mining China's Revolutionary Tradition*, California: University of California Press, 2012.

第四章　政治文化的新分析框架

身不存在普遍规律,但这不妨碍笔者提出一个整体性的分析性框架。相较于具体的理论和经验性研究,对政治文化一般性问题的探索和回答更具基础性。[①] 综合实证主义和解析主义两种文化视角,笔者提出的政治文化新分析框架试图界定政治文化议题、类型和独特贡献,将其带回政治学研究之中。在对"涂尔干-韦伯命题"和"马克思-韦伯命题"进行介绍和讨论的基础上,笔者强调政治文化研究的关键在于处理集体与个体、文化与物质条件这两组关系。政治文化新分析框架立基于将政治文化视为被广泛接受的有关人类群体秩序和权力关系安排的意义系统这一新界定,力图明晰这两组关系,建立一个互动和综合的分析视角。具体地,首先,在政治文化的起源方面,思想精英发挥着关键作用,其具备提出新思想和新理念的能力,成为政治文化起源和变迁的源头;接着,思想精英的新思想和新理念需要传播开来,被普通民众所接受,最终从个人的理念和思想外化成为一地政治生活的共同准则;最后,当新的理念和思想获得精英和民众的认同,成为政治生活的根本准则后,政治文化逐步形成并稳固,进而对现实的政治经济社会状况产生影响。在这个动态过程中,政治文化源于某些思想精英的能动性和创造力,当传播开来被民众接受并成为共同体的政治游戏规则后,政治文化会对其他政治经济社会现象以及其内的行为者产生结构性的影响,新分析框架因而兼顾了结构和能动两个方面。

在研究议题上,新分析框架大大扩展了政治文化的研究范

[①] Richard Wilson, *Compliance Ideologies: Rethinking Political Culture*, Cambridge: Cambridge University Press, 1992, p.3.

围,所有涉及政治意义系统的话题都可以被纳入政治文化研究的领域,如集体层面的政治文化规范如何与个体层面的观念态度互动、政治文化规范如何与政治制度互动、个体层面的政治观念和态度如何与集体层面的政治制度互动。从一个动态的角度看,政治文化研究包含政治意义系统的起源、传播及影响三大方面的议题。在方法论层面,由于政治文化研究的议题多样,既需关注行为者的能动性,也需关注结构性的文化情境,研究方法应是丰富而多元的。如研究精英如何提出自己的论述时,话语和文本分析十分重要,这对理解这些新的论述的内在逻辑、关注重点、与既有政治文化规范之间的关系十分有益。接着,新理念和新思想的竞争、传播和扩散也需要得到关注。具体地,需要对新理念和新思想的传播者的行为策略进行经验性的分析,关注符号、话语和仪式等现象的内涵和影响,以及分析为何民众转变了自己的态度,拥抱新思想和新理念。研究者在分析政治文化如何影响政治行为者的态度和行为倾向时,可以采用问卷调查、访谈、实验等方法,在分析政治文化如何影响集体性的现象,如政治制度、政府政策、集体行动时,可以采用跨时段、跨国家和地区的比较分析方法。总之对于政治文化的不同议题,研究者应采取符合该议题的研究方法,不必拘泥于一种。

在厘清政治文化的主要内容和议题后,本章从集体层面和个体层面对政治文化的理想类型和潜在贡献做了进一步的讨论。在集体层面,政治文化提供了意义和情境。具体而言,笔者从政治权力的目的和掌握主体两个维度区分不同类型的政治文化:主张政治权力需服务某种终极目标的"理想主义政治观"以及主张关注政治权力和秩序本身的"现实主义政治观";

主张掌握政治权力需要一定的资格和条件的"精英主义政治观"以及主张政治权力由共同体内大多数人乃至所有人掌握的"平等主义政治观"。两个维度相互结合可以组成四种理想类型的政治文化。笔者提出的类型学既关照了政治文化的"政治"特点，聚焦政治权力，又注意到了其"文化"属性，即围绕政治权力的目的和掌握主体的不同观点和理念。新类型学抓住了政治生活的根本议题，揭示了不同政治文化的本质差别，有利于研究者从纷繁复杂的政治文化现象中厘清关键性的东西，进行跨时间和跨地区的比较。接下来的第五、六章将进一步展示这个理想类型如何有助于我们分析政治文化与政治行为的关系，以及解释政治文化自身的变迁。

在个体层面，政治文化有助于分析行为者的动机和偏好。休维尔敏锐地注意到，文化存在两张面孔：作为理念和实践的集合，以及作为一个理论视角。[1] 除了政治文化现象外，政治文化也提供了与结构主义和理性选择不同的新视角。结构主义和理性选择的共通之处在于事先假定人的单一目的性，文化视角则提示经验现实中人会表现出完全不同的偏好和目的性。[2] 政治文化区别于结构主义、理性选择之处在于走向经验观察，从意义情境中观察并了解行为者的动机和偏好。接着，在了解行为者的动机和偏好后，政治文化有助于研究者发掘因

---

[1] William H. Sewell, Jr., *Logics of History: Social Theory and Social Transformation*, Chicago: University of Chicago Press, 2005, Chapter 5 "The Concept(s) of Culture", pp.152-174.

[2] Mark I. Lichbach, "Social Theory and Comparative Politics", in Mark Lichbach and Alan S. Zuckerman, eds., *Comparative Politics: Rationality, Culture and Structure*, Cambridge: Cambridge University Press, 1997, pp.239-276.

果机制。公民文化研究试图在宏观上建立特定政治文化与政治制度的普遍因果关系,但如前所述,这一尝试遭遇了不小的挑战。相较而言,政治文化研究可以在因果机制的发掘方面作出自己的贡献。因果机制在于揭示原因如何影响结果,为了打开因果之间的黑箱,必须加入行为者,走向能动。① 而要了解行动者的选择和策略,其背后的偏好和动机必须得到分析。② 由于人是追求意义的动物,特定动机和偏好会引发相应的行为后果,有助了解行为者在现实中的动机和偏好的政治文化研究因而在因果机制的发掘上有着独到的贡献。

　　整体来看,研究者遵循的研究思路应为:从集体性的意义推导和分析个人的动机和偏好,接着分析个人的动机和偏好如何影响其行为以及人与人之间的互动。③ 与此同时,由于意义系统以及个人体会和理解的差异,政治文化研究如解析主义展示的那样,只能提供在本意义系统下相对规律性的解释,而不能提供一个普遍性的因果规律。区别于理性选择和结构主义视角,政治文化研究的贡献主要在于展现世界的多样性。

---

① 刘骥、张玲、陈子恪:《社会科学为什么要找因果机制——一种打开黑箱、强调能动的方法论尝试》,《公共行政评论》2011 年第 4 期。
② 李钧鹏:《何谓社会机制》,《科学技术哲学研究》2012 年第 1 期。
③ 类似的提法,参见 Peter J. Katzenstein, ed., *The Culture of National Security: Norms and Identity in World Politics*, New York: Columbia University Press, 1996, p.11。

第五章
政治文化与政治行为

在上一章提出的新分析框架的基础上,本章将以政治文化与政治行为的关系为例,展示政治文化的引入如何有助于理解和解释具体的政治现象。政治行为是一个语意宽泛的概念,也是距离个人最近、最易于观察到的政治现象。现实中可以看到各种各样的政治行为:到政府机关办事、寻求政府官员协助、成为政治领导人或政府公务员、制定和实施公共政策、参与投票、竞选、参加乃至建立政党组织、参与抗争活动、组织革命等。大到世界格局和国家兴衰,小到社区和村庄治理,都离不开对政治行为的关注,因此了解并解释政治行为成为政治学研究的一个重要议题。韦伯社会理论的落脚点即在对社会行动的研究和探讨上。罗德明曾经指出:政治文化研究的一大要务在于探讨政治文化和政治实践之间的关系。① 约翰逊也强调对符号体系的研究必须落实到机制问题上,了解符号如何影响政治和社会互动。② 韦丁认为文化的影响主要有两点:一是文化影响的核心在于界定意义而非其他,二是文化分析需注重文化符号如何影响行为,从而产生相应的政治后果。③ 从学科发展的历程来看,政治文化研究的兴起与行为主义革命(behavioral revolution)息息相关。④ 行为主义革命的主张深刻影响了政治文化尤其是公民文化研究的发展。由此,本章的介绍和分析将从政治学的行为主义革命开始,介绍其"革命"之处及其推动的政治行为研究。接着,我们将从概念界定和分析视角两方面对既有的政治行为研究进行回顾,由此引入政治文化的视角。本章讨论和关注的重点为:政治文化为理解和分析政治行为提供了什么新的视角、政治文化如何影响政治行为的出现,由此展示政治文化对政治行为研究的启发和贡献。

一、行为主义革命与政治行为研究

(一)行为主义革命与政治行为研究的兴起

人类对政治现象的思考和探索历史悠久,政治学作为一个学

---

① Lowell Dittmer, "Reflections on the Analysis of Chinese Political Culture", in Eberhard Sandschneider, ed., *The Study of Modern China*, New York: St. Martin's Press, 1999, pp.16-30.
② James Johnson, "Symbol and Strategy in Comparative Political Analysis", *APSA CP: Newsletter of the APSA Organized Section in Comparative Politics*, 1997, 8(2), pp.6-9.
③ Lisa Wedeen, "Conceptualizing Culture: Possibilities for Political Science", *American Political Science Review*, 2002, 96(4), pp.713-728.
④ Lowell Dittmer, "Political Culture and Political Symbolism: Toward a Theoretical Synthesis", *World Politics*, 1977, 29(4), pp.552-583.

科却到 19 世纪才逐步成型。19 世纪末,美国约翰·霍普金斯大学、哥伦比亚大学、普林斯顿大学等院校相继设立政治学研究机构,1903 年美国政治科学协会(American Political Science Association)成立,政治学作为一个独立学科逐渐成型。在发展初期,政治学在美国的发展深受欧洲社会科学研究的影响。在研究议题和取向上,发源自普鲁士的官僚制度成为政治学研究关注的焦点,而基于官僚制的良善治理成为政治学研究追求的理想目标。对政治和行政制度的集中关注被后人称为"旧制度主义范式"(old institutionalism),其目标在于基于单个国家(德国/普鲁士)的经验发展出一套有关治理的普遍理论。① 在方法上,早期的政治学研究主要采用法律、哲学和历史的视角开展研究,应然的政治哲学研究与实然的经验研究交织在一起。很快,由于没有对如俄国共产主义革命的爆发、纳粹法西斯主义的兴起以及两次世界大战等重大政治事件有所预见,传统政治学研究遭遇了巨大挑战。德国也不再作为理想国家受到推崇和学习。在二战期间以及结束以后,虽然大批来自欧洲的学者对美国的政治学研究产生了重要影响,如塔尔科特·帕森斯引进的韦伯思想影响巨大,但美国政治学研究已逐步走上了具有自身特点的轨道。

阿尔蒙德认为 20 世纪美国政治学的发展有三个重要节点:20 世纪 20 年代至 20 世纪 40 年代芝加哥学派的兴起为第一个重要节点,其从心理学和社会学的角度来分析政治,推崇经验研究尤其是量化研究的价值;二战结束后出现的行为主义革命是第二个重要节点,行为主义革命推动了整个学科的专业化以及政治学下

---

① Mark Blyth, "Great Punctuations: Predictions, Randomness, and the Evolution of Comparative Political Science", *American Political Science Review*, 2006, 100(4), pp.493-498.

属学科的发展;第三个重要节点是演化和数学方法的引入,以及从经济学借鉴而来的理性选择视角和方法论上的个人主义路径。① 行为主义革命是其中具有承上启下意义的重要变革。如前所述,政治学研究在发展的初期主要关注政治制度,运用历史和哲学方法进行分析。行为主义革命的"革命"之处在于挑战旧有的分析范式、更新相关的研究议题,以此推动政治学学科的发展。具体而言,行为主义革命的推动者将研究的关注点放在政治行为之上,同时不再关注"应该怎么发生"的问题,而关注"实际发生了什么"。② 戴维·伊斯顿(David Easton)总结了行为主义革命的八大特征:(1)寻找规律性,试图进行解释;(2)提出假设并予以验证;(3)自觉采用多种研究方法和技术;(4)尽可能地量化,追求准确测量;(5)区分价值判断和经验分析;(6)通过系统化将理论和研究联系在一起;(7)科学研究重于指导实践;(8)整合社会科学。③ 行为主义革命的学者试图探索政治过程中的行为者及其群体实际行为的一致性程度,特点在于通过概念建构、假设提出、经验检验等方式将政治学研究推向科学化的轨道。④ 行为主义革命的第一大特

---

① Gabriel Almond, "Political Science: The History of the Discipline", in Robert E. Goodin and Hans-Dieter Klingemann, eds., A *New Handbook of Political Science*, Oxford: Oxford University Press, 1996, pp.50-96.
② Robert A. Dahl, "The Behavioral Approach in Political Science: Epitaph for a Monument to a Successful Protest", *American Political Science Review*, 1961, 55(4), pp.763-772.
③ David Easton, "The Current Meaning of 'Behavioralism' in Political Science", in J. S. Charlesworth, ed., *The Limits of Behavioralism*, Philadelphia: The American Academy of Political and Social Science, 1962, pp.8-25.
④ Samuel J. Eldersveld, Alexander Heard, Samuel P. Huntington, et al., "Research in Political Behavior", *American Political Science Review*, 1952, 46(4), pp.1003-1045.

第五章　政治文化与政治行为

点在于推动政治学朝着科学主义的方向迈进。

科学主义导向之外,行为主义革命还提倡政治学研究关注现实中的政治行为,尤其是民主政治下的政治行为。在《政治学》一书中,行为主义革命先驱之一的拉斯韦尔将政治学定义为对"权势和权势人物的研究",政治学研究应辨析政治中具有权势的都是哪些人,其通过什么样的途径达到自己的目的,又产生了怎样的影响。① 拉斯韦尔主张将政治学经验研究和哲学思辨研究区分开来,在他看来,政治学的任务在于阐明情况,政治哲学则主要为政治选择提供辩护。② 这与亚里士多德在同名经典《政治学》著作中强调政治生活追求正义和善治形成鲜明对比。具体来看,行为主义学者不太关心人应该怎么行动,而关心人实际上做了什么。罗伯特·达尔(Robert Dahl)在《谁统治》一书中即关注一个城市的公共政策由何人通过何种方式制定。③ 政府被描绘成由行为者或行为者群体的活动和互动构成的程序。④ 行为主义学者也关心形式化的法律、组织和制度,但这源自法律、组织和制度会对人的行为产生重要影响,研究的关注点依然是政治行为。阿尔蒙德认为对政治制度的研究不能仅关注形式化的法律制度或道德准则,更应关心实际的政治行为,尤其是规范和制度如何影响政治行为。⑤

---

① [美]哈罗德·D.拉斯韦尔:《政治学:谁得到什么? 何时和如何得到?》,杨昌裕译,商务印书馆1992年版,第3页。
② 参见上书。
③ 参见[美]罗伯特·达尔:《谁统治:一个美国城市的民主与权力》,范春辉、张宇译,江苏人民出版社2010年版。
④ Samuel J. Eldersveld, Alexander Heard, Samuel P. Huntington, et al., "Research in Political Behavior", *American Political Science Review*, 1952, 46(4), pp.1003-1045.
⑤ Gabriel Almond, "Comparative Political Systems", *The Journal of Politics*, 1956, 18(3), pp.391-409.

政治理论的内涵在行为主义革命中也发生了改变:不再仅是探求和理解美好生活的本质,或者只限于把握先哲对此问题的看法,也开始包括对经验世界的分析以及对因果性理论的探索。① 在行为主义革命的影响下,政治思想和政治哲学研究受到的关注和支持逐步减少。相比,在芝加哥大学、密歇根大学等院校,卡耐基和福特等基金会以及社会科学委员会(Social Science Council)的大力资助和推动下,有关政治行为的经验研究开始兴起,其中的焦点在于关注民主政治下的投票、竞选等行为。② 1954 年,斯坦福大学行为科学研究中心(Center for Advanced Study in the Behavioral Sciences)成立。1962 年,密歇根大学整合有关美国选举研究和问卷调查研究的机构,设立跨校级的政治和社会研究联盟(Inter-university Consortium for Political and Social Research, ICPSR)。芝加哥大学则成立国家公共舆论研究中心(National Opinion Research Center)。与之相关的学术研究成果也大量涌现。

在行为主义革命的影响下,政治学学科的专业化程度大大提高。政治科学系在美国各个大学纷纷成立,学术期刊和匿名评审制度也逐步建立,二战结束后美国政治科学协会的会员数大约为3 000 人,到了 20 世纪 60 年代,会员数已超过 10 000。③ 提倡科学和实证研究的政治学综合刊物《美国政治科学杂志》(*American*

---

① [美]戴维·伊斯顿:《政治生活的系统分析》,王浦劬译,华夏出版社 1998 年版,第 6 页。
② Robert A. Dahl, "The Behavioral Approach in Political Science: Epitaph for a Monument to a Successful Protest", *American Political Science Review*, 1961, 55(4), pp.763-772.
③ Gabriel Almond, "Political Science: The History of the Discipline", in Robert E. Goodin and Hans-Dieter Klingemann, eds., *A New Handbook of Political Science*, Oxford: Oxford University Press, 1996, pp.50-96.

Journal of Political Science)于 1956 创办发行,以政治行为研究为主题的期刊杂志,如《政治行为》(*Political Behavior*)、《选举研究》(*Electoral Studies*)、《政党政治》(*Party Politics*)、《立法研究季刊》(*Legislative Studies Quarterly*)也逐一创刊。总的来看,行为主义革命有着鲜明的时代和国家烙印:二战结束后,美国崛起成为世界超级大国,美国政治学研究对本国政治状况的关注越来越多。如同商人希望知道市场情况以更好地推销产品那样,政客们也希望知道选民的意图和状况,问卷调查的出现提供了相应的技术手段,对选民及其他政治行为者的研究因此兴盛起来。① 行为主义革命不仅是学术思想的变革,也是学科建设和规范化运动。白鲁恂认为行为主义革命从包括心理学、社会学、人类学、经济学在内的多个学科借鉴思想。② 达尔认为行为主义革命虽然受到欧洲社会学研究尤其是韦伯的影响,但其主要立基于美国自身的文化传统,包括实用主义、实证思想和对科学的信心,以及依靠问卷调查等方法。③

(二) 政治行为研究的进展及不足

在 2007 年出版的《牛津政治行为手册》(*Oxford Handbook of Political Behavior*)的开篇语中,编著者拉塞尔·达尔顿(Russell

---

① Gabriel Almond, "Political Science: The History of the Discipline", in Robert E. Goodin and Hans-Dieter Klingemann, eds., *A New Handbook of Political Science*, Oxford: Oxford University Press, 1996, pp.50-96.
② Lucian Pye, "The Behavioral Revolution and the Remaking of Comparative Politics", in Robert E. Goodin and Charles Tilly, eds., *The Oxford Handbook of Contextual Political Analysis*, Oxford: Oxford University Press, 2006, pp. 797-805.
③ Robert A. Dahl, "The Behavioral Approach in Political Science: Epitaph for a Monument to a Successful Protest", *American Political Science Review*, 1961, 55(4), pp.763-772.

政治文化新论

Dalton)和汉斯-迪特尔·克林格曼(Hans-Dieter Klingemann)指出:20世纪50年代兴起的系统化的民意调查极大地改变了学界对普通民众的认知和了解,政策制定者因而能够知道民众的政策偏好,选举候选人得以了解选民的所思所想,这本手册编撰的目的即在于记录行为主义革命后有关公民态度和行为的研究。[1] 手册将现有的政治行为研究归纳为六大议题领域:民众的信念系统及其沟通和传播、现代化与社会变迁、政治价值、政治行为的新争论、政治参与和公共舆论。在两位编著者撰写的导论中,政治行为研究关注的核心议题是民主政治下公民的政治行为,关注焦点是民众在选举中的投票和参与。从区域国别的角度看,政治行为研究主要关注西方成熟民主政体,在第三波民主化浪潮的背景下,对新兴民主政体中的政治参与现象的关注也在增加。[2] 在行为主义革命的起源地美国,研究者开始大量关注美国政治中的政治行为和过程,包括政党和利益集团的活动、立法行为、行政行为、行政与立法和司法部门的互动、联邦政府与州和地方政府的互动、竞选策略、选民投票策略和投票率。[3] 关注美国政治和选举的学术机构和问卷调查机构,如密歇根大学美国选举研究中心、威斯康辛大学麦迪逊分校选举研究中心、皮尤调查中心纷纷成立,与选举相关的数据和材料越来越丰富。在此基础上,美国政治研究成为政治学研究的重要领域。政治行为研究者们也开始关注欧洲以及新兴民主国家的选举、参与和民主政治运行状况,相关研究日渐增加。围

---

[1] Russell J. Dalton and Hans-Dieter Klingemann, eds., *The Oxford Handbook of Political Behavior*, Oxford: Oxford University Press, 2007, p.vii.

[2] Ibid.

[3] 参见[美]戴维·伊斯顿:《政治生活的系统分析》,王浦劬译,华夏出版社1998年版,第9页;王正绪、耿曙、唐世平主编:《比较政治学》,复旦大学出版社2020年版,第8章"政治参与"。

绕政治行为的类型及其发生原因,以下部分对既有的研究做一个概要性的回顾和反思。

从上述介绍可以知道,现有的政治行为研究聚焦于政治参与或公民参与现象。维巴等学者将政治参与界定为"公民通过合法手段直接或间接影响政府人员的产生以及政府行为的走向"①。在给出这一界定时,维巴等学者强调他们只关心影响政府的行为,而不关心那些"仪式性的参与"(ceremonial participation),同时只关注常规性的合法参与,抗争、暴力以及叛乱革命等非常规性活动被排除在外。② 亨廷顿和琼·纳尔逊(Joan Nelson)将政治参与定义为"公民试图影响政府决策的活动",具体来看:(1)政治参与包括活动而不包括态度;(2)政治参与是指平民的政治活动,或者更确切地说是充当平民角色的那些人的活动;(3)政治参与只指试图影响政府决策的活动,不考虑其活动根据政治系统的既定准则是否合法;(4)政治参与包括试图影响政府的所有活动,而不管这些活动是否产生实际效果。③ 两位作者认为政治参与是一个伞状概念,是一整组变量的全称,每一项变量都符合政治参与的核心定义,但每一项变量多少又有些不同的原因和后果,与社会和经济发展趋势也有着不同的联系。④ 对比维巴等人和亨廷顿等人的界定,可以发现学者们对政治参与的概念界定存在不同看法。在政治参与的概念界定上,帕特里克·刚吉(Patrick Conge)归纳出六

---

① Sidney Verba, Norman H. Nie, and Jae-on Kim, *Participation and Political Equality: A Seven-Nation Equality*, Chicago: University of Chicago Press, 1978, p.1.
② Ibid.
③ [美]塞缪尔·亨廷顿、琼·纳尔逊:《难以抉择——发展中国家的政治参与》,汪晓寿等译,华夏出版社1989年版,第5—6页。
④ 同上书,第16页。

大争论:(1)积极还是消极——政治参与应被界定为一种实际的行为,还是也包括消极意义上的认同和了解;(2)进取性还是非进取性的——政治参与只限于常规性的行为还是也包括公民抗命和政治暴力行为;(3)结构还是非结构的目标对象——政治参与的目标仅针对特定政府政策或决定,抑或也包括整体的政治制度;(4)对象是否仅限于政府——政治参与是否只限于与政府有关的行为,抑或也包括政府之外的现象;(5)动员还是自愿的行为——政府动员行为只包括那些由民众自发组织的活动,还是也包括被动员的行动;(6)预期的还是非预期的结果——是否只包括产生预期后果的行为,还是也包括产生非预期的结果的政治行为。① 保罗·怀特利(Paul Whiteley)更总结出九大争议,并提出应该及时更新或重思政治参与这个概念。② 紧接着,政治参与与公民参与(civic engagement 或 civic participation)又有所不同。美国心理学会将公民参与界定为"旨在认识和解决公共议题的个人或集体行动"。公民参与可以存在很多形式:包括个人的自愿参与、组织化的参与以及选举投票参与。③ 联合国开发计划署(United Nations Development Programme, UNDP)将公民参与定义为"公民及其代表参与公共决策的过程,目的在于达成公民的共同目标"④。

---

① Patrick J. Conge, "Review: The Concept of Political Participation: Toward a Definition", *Comparative Politics*, 1988, 20(2), pp.241-249.
② Paul Whiteley, "Is It Time to Update the Definition of Political Participation?", *Parliamentary Affairs*, 2014, 67, pp.495-505.
③ "Civic Engagement", American Psychological Association, http://www.apa.org/education/undergrad/civic-engagement.aspx, retrieved June 29, 2020.
④ "Civic Engagement", United Nations Development Programme, https://www.undp.org/content/undp/en/home/ourwork/democratic-governance-and-peacebuilding/inclusive-political-processes/civic-engagement/, retrieved June 29, 2020.

公民参与因而有两个核心特征：个人的自愿参与；聚焦于社群的公共议题。与政治参与相比，公民参与关注的议题更广，并不仅限于政治，也可以是与社会、经济等相关的公共议题。公民参与的方式有多种，既可以是政治的途径，也可以是非政治性的途径。①

政治参与或公民参与也不同于政治行为，其中政治参与只是政治行为的一种类型。参与意味着行动者自认是现有政治体系的一分子，在此意义上的政治参与概念无法覆盖抗争、暴动、骚乱、革命等试图挑战现行体系、建立新的政治制度和游戏规则的行为。现实中，制度化的政治参与和非制度化的政治行为往往相互影响，两者也会相互转化，如因选举不公而爆发的抗争在全球各地时常出现。只关心制度化的政治参与无疑大大窄化了政治行为研究的范围。从时空维度上看，现有研究主要关心民主体制下的政治行为，对出现在其他类型的政体或其他时代的政治行为的关注相对不足，礼仪祭祀、击鼓鸣冤告状、谣言的制造与传播以及新近崛起的网络政治参与等政治行为同样具有重要意义和影响。在对北京民众进行问卷调查后，史天健发现北京民众的政治参与途径多样，包括颇具中国特色的联系单位领导、信访等。② 在关注对象方面，无论是公民参与还是政治参与都聚焦于普通民众的政治行为，实际上精英的个人策略、派系与联盟、冲突与对抗等行为同样值得关注，也与民众的政治行为有着紧密联系，两者应结合起来。整体来看，政

---

① Thomas Ehrlich, *Civic Responsibility and Higher Education*, American Council on Education/Oryx Press, 2000, p.vi.
② See Tianjian Shi, *Political Participation in Beijing*, Cambridge: Harvard University Press, 1997.

治行为概念的内涵与外延目前并不清楚,其中的症结在于如何理解"政治"与"行为"两个词汇。罗伯特·赛力斯伯里(Robert Salisbury)指出:很多行为刚开始没有政治含义,但在演化过程中逐步与政治关联。① 如上一章所述,不同地区、不同人群对"政治"的理解存在很大差异,而政治文化的核心在于界定"政治"的含义和意义。引入政治文化能够有助于更好地理解和分析政治行为的含义和类型。

如何解释包括政治参与在内的政治行为的出现?行为主义革命后的政治行为研究借鉴了不少心理学和社会学的观点和成果。② 在一篇回顾性文章中,爱德华·卡曼斯(Edward Carmines)和罗伯特·哈克菲尔特(Robert Huckfeldt)归纳出分析政治行为研究的三种视角:政治经济学视角、政治心理学视角以及政治社会学视角。③ 三种视角对政治行为的产生/不产生有着不同的分析和解释。

政治经济学视角的学者主要运用理性选择视角分析政治行为。上一章提到,理性选择视角往往事前假定政治行为者拥有普遍一致的偏好及偏好排序。在此基础上,行为者是否行动取决于对行为的"成本-收益"计算。如果预期收益大于预期成

---

① Robert H. Salisbury, "Research on Political Participation", *American Journal of Political Science* 1975, 19(2), pp.323-341.
② Samuel J. Eldersveld, Alexander Heard, Samuel P. Huntington, et al., "Research in Political Behavior", *American Political Science Review*, 1952, 46(4), pp.1003-1045.
③ Edward G. Carmines and Robert Huckfeldt, "Political Behavior: An Overview", in Robert E. Goodin and Hans-Dieter Klingemann, eds., *A New Handbook of Political Science*, Oxford: Oxford University Press, 1996, pp.223-254.

本,那么相应的行为就可能出现,反之不行动就是更优选择。无论是普通民众的政治参与,还是政治精英的行为和策略,都适用于这个分析逻辑。其中具有代表性的作品当属曼瑟尔·奥尔森(Mancur Olson)的《集体行动的逻辑》(*The Logic of Collective Action*)和唐斯的《民主的经济理论》。奥尔森指出:认为行动者会自觉行动起来实现公共利益或公共产品(collective good)的观点不切实际,在他看来,理性的个人会考虑行为对自身的预期成本和收益,只有行动的预期收益大于预期成本,且是所有选择中的最优选项时,行为者才会予以考虑。① 唐斯将这个思路运用到选举政治研究之中,在他看来,选民选择去投票的关键在于认为自己的一票管用,能够有助于与自己偏好相符合的候选人胜选,由此获得的预期效用大于为此付出的时间和精力成本。② 在对政治精英的研究中,政治经济学视角的学者同样强调精英行为的理性基础。唐斯认为政治家及政党的目标是获得选举,因此其行动目标在于赢得尽可能多的政治支持,在外在环境稳定的情况下,政府的最佳策略是与多数选民认同的选择保持一致。③ 奥尔森认为统治者的政策从"雁过拔毛"转变为"放水养鱼",根源在于是否有长期统治的预期,这背后还是由成本-收益的考虑所决定。④ 列维则假定统治者关心如何在一系列约束条件下实现财政收入的

---

① See Mancur Olson, *The Logic of Collective Action: Public Goods and the Theory of Groups*, Cambridge: Harvard University Press, 1971.
② 参见[美]安东尼·唐斯:《民主的经济理论》,姚洋等译,上海人民出版社2005年版。
③ 同上。
④ Mancur Olson, *Power and Prosperity*, New York: Basic Books, 2000, pp.3-24.

最大化。① 布鲁斯·梅斯奎特(Bruce Mesquita)等学者认为威权统治者关心的是自己的政治生存,并以此为基础,在设定外在环境和条件的基础上推演出统治者的政策倾向和制度偏好。②

在理性选择的视角下,政治精英和普通民众的行为出现与否取决于行动者的成本收益考量,学者观点的区别之处在于对偏好和动机的设定上。只要对偏好和动机予以设定,再将外在环境和条件因素纳入考虑,那么研究者就可以预测行为者的行为特征和互动模式。以此为基础的作品得出的结论是:在个人理性计算的假定和影响下,某些特定的政治行为无法出现。在奥尔森笔下,公共利益或公共产品并不自动引导行为者采取行动,相反,由于公共利益的非排他性,以自我利益为中心、权衡成本收益的行为者的最优策略是"搭便车"(free riding),坐等他人付出而自己享受成果,在这种状况下,追求公共利益的大型组织很难出现或组织起来,集体行动难以产生。③ 在后续的研究中,奥尔森认为以资本集团为代表的小组织相比成员规模庞大的工会组织更容易行动起来,能更有力地游说政府,从而获得对其有利的公共政策。由于规模小,这样的组织必然倾向于分蛋糕而不是将蛋糕做大,政府被分利组织俘获,并最终拖

---

① See Margaret Levi, *Of Rule and Revenue*, California: University of California Press, 1988.
② See Bruce Bueno de Mesquita, Alastair Smith, Randolph M. Siverson, and James D. Morrow, *The Logic of Political Survival*, Cambridge: MIT Press, 2003; Milan Svolik, *The Politics of Authoritarian Rule*, Cambridge: Cambridge University Press, 2012.
③ See Mancur Olson, *The Logic of Collective Action: Public Goods and the Theory of Groups*, Cambridge: Harvard University Press, 1971.

累一国的经济效率和成长,引发国家的衰败。① 唐斯笔下同样出现与奥尔森类似的情况,很多状况下选民的最优策略是不投票或不参与。② 在政治精英研究方面,达龙·阿西莫格鲁(Daron Acemoglu)指出政治博弈中的一个核心问题是承诺的可信问题,与公司、个人之间的契约相比,政治精英围绕权力的谈判和合作往往缺乏外在的监督和惩罚机制,双方很难实现合作。③ 在缺乏制度保障和中立裁决者的情况下,出于自我理性(政治生存或自我权力最大化)的考虑,政治精英之间互动的更优策略不是合作,而是相互背叛、攻讦、算计等对立行为。总的来看,以理性选择为基础的政治经济学视角展示的是"三个和尚没水喝"的囚徒困境,是霍布斯式以邻为壑、相互算计的政治和社会图景。这当然是政治和社会生活的一面,但很显然,政治和社会生活并没有一直如此阴暗和让人绝望,人与人之间的互助合作、政治精英之间的联盟、不计个人得失的政治参与、以公共利益为目标的大型集体行动(如革命)一直都存在,乃至随着时间的演进在人类的政治生活中越来越显著。罗伯特·阿克西罗德(Robert Axelrod)认为在缺乏外在强制的情况下,囚徒困境消失的前提在于行为者会多次相遇和互动,"下次会再见"的预期会消除行为者的机会主义倾向,促

---

① See Mancur Olson, *The Rise and Fall of Nations*, New Heaven: Yale University Press, 1982.
② 参见[美]安东尼·唐斯:《民主的经济理论》,姚洋等译,上海人民出版社2005年版。
③ Daron Acemoglu, "Why not a Political Coase Theorem? Social Conflict, Commitment, and Politics", *Journal of Comparative Economics*, 2003, 31, pp.620-652.

使其展开合作。① 为了在大型组织内推动实现公共利益的集体行动,奥尔森给出的解决方案是通过科层化的方式将组织规模变小,同时设立辨析成员个人付出和贡献的"选择性激励"(selective incentive)。② 无论是多次博弈的存在,还是外在的制度设计,理性选择视角下政治合作行为尤其是集体行动的出现,都有着一个关键的前提假定:人群已经出现了涂尔干所说的共同意识或者韦伯所说的支配关系。只有存在集体性的共同意识或者权威支配关系,才能使博弈者再次相遇,才能设定组织层级和提供选择性激励。政治经济学视角的学者虽然也关注意识形态和习俗等文化现象,但对其而言,意识形态和习俗仅仅是政治行为者达成其理性目标的工具和手段,并没有自身独立的影响力。③ 在执政(理性目标)与特定政策(意识形态产物)的关系上,唐斯认为政党是为了赢得选举而制定政策,而不是为了制定政策去赢得选举,意识形态只是政党进行权力斗争的工具。④ 同时,作为所有不同立场的样本,投票人(民众)借助意识形态可以节约时间,减少了解更广泛问题、进行判断和选择的成本。⑤ 这里的问题在于:意识形态产生的源头是什么?如果是精英用来糊弄大众的工具,为何同为理性人的大众会接受并认可?如果大众了解精英能够随时更改自己的主

---

① See Robert Axelrod, *The Evolution of Cooperation*, New York: Basic Books, 1984.
② See Mancur Olson, *The Logic of Collective Action: Public Goods and the Theory of Groups*, Cambridge: Harvard University Press, 1971.
③ [美]安东尼·唐斯:《民主的经济理论》,姚洋等译,上海人民出版社2005年版,第5页。
④ 同上书,第25、89页。
⑤ 同上书,第91页。

张,那么精英提出的意识形态的吸引力会大大下降。意识形态减少选民判断和选择成本作用的前提在于其稳固性,而非变动性。韦森进一步指出用理性主义很难推演出习俗等文化现象的出现。① 从个人决策方面来看,理性选择视角假定人在做决定时是独立而理性的,而实际上人在做决定时往往会受到他人的影响,相互之间会沟通、模仿和学习,社会纽带越强,人与人之间的相互依赖越强,集体行动出现的概率越高。② 而建立人际信任和纽带的,往往是共同的世界观和价值观。

  政治经济学视角假定个体具有普遍统一的偏好和动机,以此探讨政治行为的出现与否,另一批学者则从经验观察出发,试图在此问题上给出不同的分析和解答。追求公共目标的大型集体行动虽然不易,但现实中依旧存在。在民主政治生活中,很多民众会选择主动参与政治活动,进行政治游说、投票乃至投入竞选,还有的参与到风险更大的抗争性活动之中。由此产生如下问题:为什么有的民众采取行动,而有的无所作为?亨利·布拉迪(Henry Brady)和维巴归纳出三种可能的原因:一是行为者不能或不被允许参与,二是行为者不想参与,三是无人询问其是否参加。其中"无人询问"与个体之外的环境和条件有关;"不想参与"与个体的动机和想法有关;"不能或不被允许参与"或与个体面临的外在约束有关,或与个体自身掌握

---

① 韦森:《习俗的本质与生发机制探源》,《中国社会科学》2000年第5期。
② Pamela Oliver, Gerald Marwell, and Ruy Teixeira, "A Theory of the Critical Mass. I. Interdependence, Group Heterogeneity, and the Production of Collection Action", *American Journal of Sociology*, 1985, 91(3), pp.522-556; Gerald Marwell, Pamela Oliver, and Ralph Prahl, "Social Networks and Collective Action: A Theory of the Critical Mass. III", *American Journal of Sociology*, 1988, 94(3), pp.502-534.

的资源有关。① 政治心理学视角主要侧重个体本身的原因,政治社会学视角则关注个体之外的环境和条件。

政治心理学视角关注个体层面的主观因素对其外在政治行为的影响,研究者主要通过问卷调查、访谈等方法了解研究对象的心理状态,通过统计分析建立心理因素和行为之间的联系。《公民文化》一书即是采用政治心理学视角的经典作品。维巴后续开展了一系列与政治行为和参与相关的研究,他和一批学者关注并检验诸如年龄、性别、个人政治知识、效能感、生活满意度、政治满意度等因素对政治参与行为的影响。② 在对抗争、骚乱、革命等非制度化政治行为的研究中,泰德·戈尔(Ted Gurr)强调驱动人采取对抗和暴力行动的不是诸如满意度、效能感等积极因素,而是人的冤屈和不满。人在实际所得低于预期所得时,容易产生"相对剥夺感"(relative deprivation),相对剥夺感的出现使人对周边环境产生不满,增加暴力行为出现的概率。③ 在对中国群体性事件的研究中,应

---

① Henry E. Brady, Sidney Verba, and Kay Lehman Schlozman, "Beyond SES: A Resource Model of Political Participation", *American Political Science Review*, 1995, 89(2), pp.271-294.
② 如:Norman H. Nie, Sidney Verba, and Jae-on Kim, "Political Participation and the Life Cycle", *Comparative Politics*, 1974, 6(3), pp.319-340; Sidney Verba, Nancy Burns, and Kay Lehman Schlozman, "Knowing and Caring about Politics: Gender and Political Engagement", *The Journal of Politics*, 1997, 59(4), pp.1051-1072; Yang Zhong, *Political Culture & Participation in Urban China*, Singapore: Palgrave Macmillan, 2018;王正绪、叶磊华:《东亚社会中的公民政治参与》,《政治学研究》2018 年第 1 期。
③ See Ted Gurr, *Why Man Rebel*, New Jersey: Princeton University Press, 1970.

星发现怨气是导致民众采取抗争性行为的重要原因。① 政治心理学视角的作品面临的一个巨大挑战在于证明是某个心理因素,而非其他因素引发的政治行为。毕竟个体的心理活动时常变化,也难以被客观测量和了解,心理与行为之间的因果关系也较难论证。维巴与合作者在后期的研究中将个人的政治心理与其经济社会背景相联系,认为个人的效能感、对公共事务的兴趣,以及作为政治共同体成员参与的责任等态度都与其受教育水平紧密相联,因此教育、财富和社会阶层是影响个体政治参与的自变量,心理因素转为中间变量。② 影响民众政治参与的社会经济因素包括教育、收入和职业因素,后续又加入时间、金钱和公民技巧。③ 在这些学者看来,在经济和社会阶层中占据有利位置的民众有更多的动力和资源参与政治,这使其对政府政策的影响力更大,政策更能反映其偏好和利益。④ 在研究政党形成的过程中,利普赛特和斯坦·罗坎(Stein Rokkan)强调基于经济状况的社会裂痕(social cleavage)的存在是政党形成的关键原因。⑤ 抗争政治中的资

---

① 应星:《"气场"与群体性事件的发生机制:两个个案的比较》,《社会学研究》2009 年第 6 期。
② Sidney Verba, Norman H. Nie, and Jae-on Kim, *Participation and Political Equality: A Seven-Nation Equality*, Chicago: University of Chicago Press, 1978, p.11.
③ Henry E. Brady, Sidney Verba, and Kay Lehman Schlozman, "Beyond SES: A Resource Model of Political Participation", *American Political Science Review*, 1995, 89(2), pp.271-294.
④ Sidney Verba, Norman H. Nie, and Jae-on Kim, *Participation and Political Equality: A Seven-Nation Equality*, Chicago: University of Chicago Press, 1978, p.5.
⑤ See Seymour Lipset and Stein Rokkan, eds., *Party System and Voter Alignments: Cross-National Perspectives*, New York: Free Press, 1967.

源动员理论(resource mobilization theory)关注资源(时间、金钱)和组织保障对集体行动的影响。① 显然,这批学者把解释的重点从"是否愿意参加"转变为"是否有能力参加"。相比于内在的心理状况,行为者外在的经济社会地位和资源更加重要,能力决定意愿,同时人群之间的差异重于个体之间的差异。这实际又回到经济决定论的逻辑上去了,心理等主观因素被悄然放弃,相比之下,将核心为政治意义体系的政治文化带入有利于增强政治心理学视角的解释力。

二战后经历经济增长的主要发达国家在20世纪70年代后出现了投票率下降和公民参与积极性降低的现象,与此同时,民众的政治信任和人际关系信任度都出现了不同程度的下滑。② 这挑战了以经济社会条件为基础的解释。为了解释这些现象以及发达国家内部针对类似问题的不同政治行为,一批学者开始关注行为者所处的宏观政治环境及其对个体的影响,政治社会学视角兴起。斯考切波发现美国公民团体逐步从以会员为基础的市民社会组织转变为职业化的院外团体,这与美国联邦政府的政策高度相关。③ 跨国比较研究显示,国家之间的政治制度安排的不同会显著影响抗争政治的表现形式。④ 透

---

① J. Craig Jenkins, "Resource Mobilization Theory and the Study of Social Movements", *Annual Review of Sociology*, 1983, 9, pp.527-553;赵鼎新:《政治与社会运动讲义》,社会科学文献出版社2006年版,第9章。
② Robert Putnam, "Bowling Alone: America's Declining Social Capital", *Journal of Democracy*, 1995, 6(1), pp.65-78.
③ See Theda Skocpol, *Diminished Democracy: From Membership to Management in American Civic Life*, Norman: University of Oklahoma Press, 2003.
④ 如:Herbert Kitschelt, "Political Opportunity Structure and Political Protest", *British Journal of Political Science*, 1986, 16, pp.57-85。

过政治社会化,宏观环境对个体的行为产生影响。具体地,通过家庭教育、学校课程内容、课外活动以及社团和社区活动的参与,政治社会环境深刻塑造了个体的心理偏好和行为特征。① 这是维巴关注的公民技巧的来源。政治社会环境对个体行为影响的一个关键在于世界观和价值观的塑造,这也是为什么政治社会化的学者越来越多地关注在具体情境下的公民文化(context civic culture),关注国家和政党的主张、学校教育的内容等。② 在对意大利分权改革效果的比较研究中,帕特南发现意大利北部的公民参与有着很深的历史传统和文化基础。③

总的来看,政治经济学视角下个人考量的是尚未出现的行动的预期成本和收益,政治心理和政治社会学视角则关注个体既有经历和状态的影响,尤其强调个人自身的经历、背景和特质会影响其是否采取政治行动。无论持何种视角,作为集体性现象并提供意义的文化因素都无法被绕开,其既有利于解决集体行动的困境,也是影响人的价值观、政治心理和行为习惯的因素。接下来,本章将把政治文化带回政治行为的研究之中,重点关注政治文化对政治行为研究的两大潜在贡献:理解不同类型的政治行为,以及解释政治行为的出现。

---

① Kent Jennings,"Political Socialization", in Russell J. Dalton and Hans-Dieter Klingemann, eds., *The Oxford Handbook of Political Behavior*, Oxford: Oxford University Press, 2007, pp.29-44.
② Ibid.
③ See Robert Putnam, *Making Democracy Work: Civic Traditions in Modern Italy*, Princeton: Princeton University Press, 1993.

二、文化意义视角下的政治行为

只有将文化意义系统纳入考量,我们才能更好地理解和解释政治行为,包括政治行为的类型、发生原因以及产生的影响。行为主义革命的推动者主张将政治学经验研究与政治哲学相分离,推动政治学研究走向科学主义。在对既有的政治行为研究进行回顾后,我们可以发现:无论是政治行为的概念还是对政治行为的解释,都离不开对文化意义系统的关注。笔者认为将政治文化纳入进来,有助于更好地理解政治行为,具体表现为如下两点。

其一,不同政治文化意义系统的存在会引发行为者对同一现象的不同认识和看法。研究者在研究政治行为时,不能简单地观察其行为特征,更需要把握其背后的含义。以政治参与为例,从不同的理论家和思想家的论述中可以发现对政治参与的不同理解。赛力斯伯里总结出三类观点:在约瑟夫·熊彼特(Joseph Schumpeter)、达尔、伊斯顿等人的著作中,政治参与的意义在于正当化既有的政治体制,民众的积极参与体现了对现有政治体制的信任和支持,反之,以投票率为标志的政治参与程度的降低则预示政治体制出现正当性危机;与之相对,在葛兰西等人的著作中,政治参与的目的和意义在于争夺对有限政治资源的支配权,包括获得更大的普选权、对社区的控制乃至掌握政权,政治参与的工具性意义更强;第三种对政治参与意义的认识来自亚里士多德、卢梭等人,在他们看来,政治参与的意义在于消弭社会分歧和矛盾,同时公民在参与政治的过程中实现成长,增进对公共利益的共识和认同,从而推动政治共同体的建立。① 虽然行为主义革命主张科学主义和价值中立,但关注现实存在的文化意义系统有助于我们了解相关研究的价值基础。现有的政治行为研究聚焦民主政体下的政治参与行为,根源在于这些学者认为这样的政治参与行为可取、值得鼓励,这与民主理念的扩散和实践紧密相联。达尔等民主理论家即认为参与是多头政体(民主政体)的一个关键要素,是平等和自由的具体表现。② 甚至有的学者将政治参与视为政治现代化的一个关键要素乃至标志。③ 当研究者的视野扩展到其他地区,并认识到这背后的政治文化前提时,原有对政治参与的认识可能会发生改变。在《变化社会中的政治秩序》一书中,亨廷顿发现新兴国家伴随经济增长出现的并非政治发展,而是政治衰朽(political decay),这源自新的社会集团及成员被动员起来参加政治,而政治制度的建设又步伐缓慢,当政治参与的速度和要求超越政治制度所能容许的程度时,政治衰朽就会出现。④ 在对发展中国家政治参与的后续研究中,亨廷顿等人就认为政治参与程度并非越高越好。⑤ 雪莉·伯曼(Sheri Berman)发现魏玛德国时期民众的社团参与热情十分高涨,这些社团组织却加深了当时的社会裂痕,没有对魏玛民主政体起

---

① Robert H. Salisbury, "Research on Political Participation", *American Journal of Political Science*, 1975, 19(2), pp.323-341.
② See Robert A. Dahl, *Polyarchy: Participation and Opposition*, New Haven: Yale University Press, 1973.
③ [美]塞缪尔·亨廷顿、琼·纳尔逊:《难以抉择——发展中国家的政治参与》,汪晓寿等译,华夏出版社 1989 年版,第 1 页。
④ 参见[美]塞缪尔·亨廷顿:《变化社会中的政治秩序》,王冠华等译,上海人民出版社 2008 年版。
⑤ 参见[美]塞缪尔·亨廷顿、琼·纳尔逊:《难以抉择——发展中国家的政治参与》,汪晓寿等译,华夏出版社 1989 年版。

到巩固和助益的作用。① 在分析政治行为的既有视角中:政治经济学视角将政治行为视为手段,行为者考虑的是政治行为的成本和收益,这更接近韦伯所说的目的理性;政治社会学尤其是公民文化研究者则将政治行为尤其是政治参与作为目的,只有既关心政治结果又关心政治过程的民众才能称为公民,这更靠近韦伯笔下的价值理性。同一种政治现象,当处在不同的政治文化环境中时,其产生的影响可能完全不同。如选举投票在一些地方可能是维持既有政体正当性的方式,在另一些地方则成为了推动执政轮替,乃至变革政体的手段。② 这取决于选举投票对于行为者的意义为何。

其二,文化意义系统协调个体所处的外在环境与其行为策略之间的关系,会对行为产生直接影响。③ 在不同的解读之外,行为者在采取行动时也会面临不同的选择,政治文化的意义系统内含价值判断,通过塑造行为者对"利益"的理解和定义影响其对特定政治行为的偏好和评价,从而正当化一些政治行为,而排斥其他类型的政治行为。韦伯发现不同的宗教体系给出了实现人生意义的不同路径,大致可以分为两种类型:"模范型预言",即以一种冥思性的、无所动心的禁欲生活为模范,以

---

① Sheri Berman, "Civil Society and the Collapse of the Weimar Republic", *World Politics*, 1997, 49 (3), pp.401-429.
② See Beatriz Magaloni, *Voting for Autocracy: Hegemonic Party Survival and Its Demise in Mexico*, Cambridge: Cambridge University Press, 2006; Andreas Schedler, ed., *Electoral Authoritarianism: The Dynamics of Unfree Competition*, Boulder: Lynne Rienner Publishers, 2006.
③ Harry Eckstein, "Culture as a Foundation Concept for the Social Sciences", *Journal of Theoretical Politics*, 1996, 8(4), pp.471-497.

身示范,指引出救赎之路,典型代表是佛教;"使命型预言"则以神之名颁布其对世间的要求,走的是外向超越之路,典型代表是基督教。① 塔尔科特·帕森斯指出,霍布斯和洛克观察到两种不同的手段和方式以达成目的:霍布斯讨论的是有关暴力、欺诈和其他强制方式的手段,洛克则主张通过理性劝服人们并以交换关系来获得利益,两者存在很强的替代关系。② 在政治生活中,民众的不满也有多种表达方式:退出这个政治共同体,或者直接发声要求改变,还可以隐忍不发,或者采用隐蔽的方式予以抵抗。③ 不同的选择取决于何者更为有利,何者更得到当地的政治文化环境的支持。"不平则鸣"绝非处处都有,而是特定政治文化环境下的产物。政治文化也会塑造民众对政府角色的看法以及对理想的政府-民众关系的想象。如在一个对政治权力的扩张保持警惕的文化环境中,政府减税裁员比征税以扩大福利更容易获得民众的支持和认同。相对地,一些地区的民众更接受并支持全能型的政府形式,政府的角色类似家庭里的父母:一方面提供"善治",另一方面也负有管制保护和引导社会和公民的责任。④ 在一些政治文化环境下,民众质疑政府、要求政府对其负责理所应当,"不平则鸣"往往受到赞

---

① 参见[德]马克斯·韦伯:《中国的宗教;宗教与世界》,康乐、简惠美译,广西师范大学出版社 2004 年版。
② [美]塔尔科特·帕森斯:《社会行动的结构》,张明德等译,译林出版社 2003 年版,第 114 页。
③ 参见 Albert Hirschman, "Exit, Voice, and the State", *World Politics*, 1978, 31 (1), pp.90-107;[美]詹姆斯·斯科特:《弱者的武器》,邓广怀等译,译林出版社 2011 年版。
④ 王正绪、叶磊华:《东亚社会中的公民政治参与》,《政治学研究》2018 年第 1 期。

许。在另一些政治文化环境下,民众对政府的服从被认为是正当的,挑战行为则被视为大逆不道或者非常危险。① 即使民众的抗争出现,参与者的目标也是"劝谏"(acts of remonstration),目的在于提醒政府自身承担的责任,而非变更根本游戏规则。②

将政治文化引入政治行为研究之中,可以使研究者避免被自己的预断所支配,避免将发生在特定政治文化情境下的政治行为视为全球的通用标准,去测量和评价其他政治文化情境下的状况。相对地,研究者不应预先假定某种政治行为(如投票)更值得关注或重视,而应在充分了解当地的政治文化情境后,观察本地的政治行为究竟为何,这有助于丰富我们对政治行为类型的认识。基于对马来西亚某村庄内部农民-地主关系及互动的长时间观察和分析,斯科特提出了"日常抗争"(everyday forms of resistance)这一新的政治行为类型。日常抗争不同于公开的、有组织的反抗,它更为非正式,也更为隐秘,具体的表现包括偷懒、装糊涂、开小差、假装顺从、偷盗、装傻卖呆、诽谤、纵火、暗中破坏等。相比于公开的叛乱,斯科特认为农民以日常抗争的方式参与进了政治生活,改变或削弱了国家可用的政策选项,反而最有意义和成效。③ 对宏观政治文化环境的把握也有利于区分不同类型的政治行为。一些学者从参与者自身的心理状态出发,将政治参与区分为主动参

---

① Elizabeth J. Perry, "A New Rights Consciousness?", *Journal of Democracy*, 2009, 20(3), pp.17-20.
② See Tianjian Shi, *The Cultural Logic of Politics*, Cambridge: Cambridge University Press, 2015.
③ [美]詹姆斯·斯科特:《弱者的武器》,邓广怀等译,译林出版社 2011 年版,第 2—3、43 页。

第五章 政治文化与政治行为

与和被动参与两种类型。另一批学者从其是否符合政治制度出发,区分出诸如抗争型参与和制度化参与等类型。① 政治文化的引入,可以为研究者区分制度化和非制度化的政治行为提供标准。符合政治文化规范的往往是制度化的政治行为,行为者在其中往往表现出服从的特征;违背既有政治文化规范的行为往往是非制度化的行为,行为者在其中展现出更强的主动性和革命性。不同的政治文化类型下的正当的政治行为也各有特点,结合上一章提出的政治文化理想类型,笔者进一步提出与其对应的政治行为的类型(如表 5-1 所示)。

表 5-1　政治文化与对应的政治行为类型

		政治权力:掌握主体维度	
		等级化安排	平等参与
政治权力:目的维度	有终极目标	精英争夺终极目标的界定和解释权;精英教化民众,民众呼吁和要求精英遵守道德规范	公民结社、公共空间和讨论;精英和民众的合作和相互转化
	无终极目标	精英争夺权力支配地位;精英通过强制控制民众	民众参与、精英竞争;民众对精英的制约和问责

表 5-1 展示了不同的政治文化类型对应的正当化的政治行为类型。当政治权力以某种理想化的状态为终极目标时,政治行为和互动会围绕该目标的含义、解读和实现方式展开;而

---

① See Doug McAdam, Sidney Tarrow and Charles Tilly, *Dynamics of Contention*, Cambridge: Cambridge University Press, 2004.

在政治权力不以某种终极目标为目的时,政治行为和互动围绕权力本身的争夺和控制展开。在等级制被广泛认可的文化环境下,政治精英的地位天然高于民众,在政治生活中占据主导地位;在平等参与的文化环境下,民众和政治精英的政治地位相同,两者之间通过抽签、选举等方式相互转化,民众因而在政治生活中占据主导地位。政治权力的目的和掌握主体两个维度组合起来,会引发出四种不同的政治行为类型。

在推崇某种终极目标的等级制政治文化环境下,政治精英会围绕终极目标的界定、解读和实现展开持续的沟通、互动乃至斗争;在统治者和民众的关系上,政治精英占据主导地位,精英通过符号、话语和仪式等方式向民众传播道德话语、教化民众;由具有道德水准的人来裁决一些事务被认为是天然的、正当的,也是最好的;反过来民众会呼吁乃至监督政治精英遵守相应的道德规范、实现承诺的终极目标。

在没有终极目标的等级制政治文化环境下,政治精英之间以及政府与民众的互动都围绕权力本身展开,政治精英围绕权力讨价还价、合纵连横乃至产生斗争冲突;政治精英取得统治地位并非源自道德和传统,而是自身的能力和手段;在政治精英和民众的关系上,精英往往通过强力控制民众,民众以服从换取精英提供的安全保障。大规模的反叛和集体行动之外,民众的政治参与以日常抗争为主要表现形式。

在等级制安排退潮、平等政治涌现的政治文化环境中,民众和精英的关系倒转,民众不再是被动接受的臣民,而是积极主动的公民。公民和精英之间可以达成追求某种终极目标(如善治)的共识,为此积极提倡的政治行为包括公民之间和公民与精英之间的协商、沟通、辩论,以及促进公民之间和公民与精英之间的合作,公民和精英共同为终极目标的实现而努力。

在不以某种终极目标为目的的平等主义政治文化环境下,民众对政治的积极参与同样受到鼓励,不过其行为的目的往往在于表达自身的诉求和维护自身的权益;政治精英角逐权力往往出于自身的喜好或权力欲望,但由于获得执政地位需要民众的同意,其往往需表现出为民服务的状态;为了使精英在现实中服务选民利益而非自身利益,民众需积极参与政治,并设立相应的制度和机制制约政治精英的权力、使其对民众负责。

以上的讨论为我们理解和分析经验现实提供了相应的启发。下面以政治参与的两种关键形式——政治竞争和普选为例,展示政治文化的引入如何有助于更好地理解对两种政治参与方式的不同认识。

政治竞争在人类的政治生活中源远流长,表现形式包括派系政治、政党政治等。围绕政治行为者对权力的争夺这一现象,不同的国家和地区存在不同的形态,有的正当化,有的则不予接受。孔飞力在考察中国古代的政治状况时发现了如下有趣的现象:基于宗族、同乡和师生关系的暗地拉帮结派行为在士大夫中一直存在,但明面上士大夫对公开的结党一直不齿,以致其无法实现集体行动,制约诸如和珅之流的滥权,同时,士大夫之间的政治竞争往往是"赢者通吃"的生死斗争。① 乃至这种"胜者全胜、败者则全败"的状况到了 20 世纪依旧出现。② 如何理解和解释这种状况?孔飞力以东林党人为例,指

---

① [美]孔飞力:《中国现代国家的起源》,陈兼、陈之宏译,香港中文大学出版社 2014 年版,第 63—67 页。
② 邹谠:《二十世纪中国政治》,牛津大学出版社 2004 年版,第 199—202 页。

出这与中国古代的政治文化相关。古代中国的政治文化以追求儒家学说中的仁政或一般意义上的公共利益为目标,理想状况是人人都有着对于公共利益的自然关怀,威权和强制没有存在的必要。① 与之相对,个人通过追求私人利益最终实现公共利益的观点在士大夫眼中荒唐至极。在他们看来,一个人人只为私利服务的社会,只能是一个权力和金钱压倒一切的社会,也只能是一个将平庸之辈或邪恶分子推向权势地位的社会。② 这一观点立基于如下认识:公共利益不会自然而然地内化于个人,公共利益与私人利益无法兼容。同时由于德行和教养上的差异,人与人各不相同,因而一个人的看法同另一个人的看法不能等量齐观,平权计票并不为当时的士大夫所接受。③ 进一步,私利的追求不可避免地会导致朋党的产生,一旦通过拉帮结派来党援标榜,那么官员任命时所需的客观性将荡然无存。在一个派系斗争主导的政治体制内,人们为了谋利而搅成一团,最后选拔出来的不是精华,而是糟粕。④ 在士大夫看来,人只有出于卑劣的动机才会参与派系活动,并将从事推动派系活动者等同于巧宦。孔子即言:君子群而不党。⑤ 政治竞争和由此而产生的派系斗争只会导致对公共利益的损害。总的来看,朋党活动之所以是一种坏事,不仅因为它造成了政治的分裂,更在于从事朋党活动者变成了卑鄙小人。虽然通过结党营私获得升迁在当时是一种普遍的做法,但从来没有人对

---

① [美]孔飞力:《中国现代国家的起源》,陈兼、陈之宏译,香港中文大学出版社2014年版,第127页。
② 同上书,第135页。
③ 同上书,第119页。
④ 同上书,第121页。
⑤ 同上书,第65页。

此予以公开倡导。① 在现实中为了实现公共利益或理想目标,士大夫认为君主的作用非常关键。处在政府体制顶端的君主本人在道理上对任何人都无所亏欠,君主因而能以纯粹为国家考虑的态度来主导体制,遏制偏颇行为和派系活动,保证整个体系以公共利益为导向。②

面对同一个问题,美国国家的缔造者之一的麦迪逊给出了不同的看法。他将党派活动界定为"党争,在我看来是一些公民,无论是全体公民中的多数还是少数,在某些共同的情感冲动或利益的驱动下团结和行动起来,反对其他公民的权利、损害共同体的根本和集体利益"③。麦迪逊同样认为党派纷争可能导致公益被罔顾、稳定和公正受损。消除党争的危害,在他看来有两种方法:一种是消除其原因,另一种是控制其影响。④ 与中国古代统治者试图消除党派产生的原因不同,麦迪逊认为第一种纠正方法,即消除人们的自由,比党争带来的弊病更坏。在他看来,因自由助长党争而废除必不可少的自由如同为了灭火而消灭动物生命必不可少的空气一样愚蠢。⑤ 在麦迪逊看来,自由的必不可少以及人的才能的多样性导致了财产分配的不同和不平等,而这又是党争产生的最普遍和持久的

---

① [美]孔飞力:《中国现代国家的起源》,陈兼、陈之宏译,香港中文大学出版社 2014 年版,第 127 页。
② 同上书,第 121—122 页。
③ Alexander Hamilton, James Madison, and John Jay, *The Federalist Papers*, Edited by Michael A. Genovese, New York: Palgrave Macmillan, 2009, p.50.
④ [美]汉密尔顿、杰伊、麦迪逊:《联邦党人文集》,程逢如等译,商务印书馆 1980 年版,第 46—47 页。
⑤ 同上书,第 47 页。

原因。政府的首要目的不是追求某种终极目标或公共利益,而是保护这些源自私人特质的多样性。现代立法的首要任务在于管理各种各样又互不相容的利益集团,并且把党派竞争带入政府的必要的和日常的活动中去。因此不是要消除党争的原因,而是寻找控制其结果的方法。① 麦迪逊开创了通过设计特定的政治制度以协调私人利益和公共利益关系的思路。在后来的一批理论家眼中,个人利益的表达和竞争反而有助于公共利益的实现。达尔即指出政治竞争的扩大可以改变政治生态,促使政治家更加积极地寻求民众的支持,同时,它会增加民众表达政治诉求的机会,从而使公共政策考虑更广泛和多样的偏好和意见。② 政治竞争甚至成为代议制民主的一个关键要素。可以看到,对政治竞争的态度很大程度上由对政治目标的认识所决定:古代中国存在的是一种追求终极目标的政治文化,在当时的政治文化情境下,公共利益只能有一种,其界定只能通过以个人德行为基础的公共言辞实现,无法通过代表私人利益的政治竞争达成,在这种状况下,政治只能全赢或全输。③ 相对地,美国国家缔造者并不认为政治权力应追求某种预定的终极目标。在这种状况下,不存在某种高于个人利益和诉求的道德和理想目标,基于私人利益或多样政治理念的政治竞争得以保留乃至获得支持。

  选举问题则涉及政治文化的第二个维度,政治权力的掌握

---

① [美]汉密尔顿、杰伊、麦迪逊:《联邦党人文集》,程逢如等译,商务印书馆1980年版,第45—51页。
② Robert Dahl, *Polyarchy: Participation and Opposition*, New Haven: Yale University Press, 1971, Chapter 2.
③ [美]孔飞力:《中国现代国家的起源》,陈兼、陈之宏译,香港中文大学出版社2014年版,第67页。

主体为何人。普选出现的理念基础在于政治共同体的成员具有平等地位,享有参与决定政治领导者为何人的资格。无论是从政治思想家的作品中还是民众日常生活的话语中,我们都能发现对此的不同观点。在《理想国》中,根据人的天性不同,柏拉图认为国家中应该存在三个阶级:统治者、保卫者和劳动者,而要使城邦的理想转为现实,必须由能够看清事物本质、发现知识的哲学家担任统治者。① 古人云:三纲,谓君为臣纲、父为子纲、夫为妻纲。在等级制的政治文化之下,人群被差别对待,权力掌握在少数人手中,如罗马元老贵族、中国古代的士大夫群体。中国古代以"士农工商"身份区分不同人群的政治社会地位,同时男女在政治生活中的地位并不相等,严格限制女性及其家属参与政治,外戚干政被严加防范。在美国建国后的很长一段时间内,黑人无法享受与白人等同的政治权利,奴隶制在经历长期的斗争后才得以废除。这些都是等级制政治文化的具体表现。将政治归为少数人关心的事务、认同等级制安排的观点在民众的话语中也有体现,如"这是男人的事,与女人有什么关系""这是有权力有地位的人关心的东西,我们平民老百姓关心不了""天之骄子更应该成为国家的管理者和领导者"等。民众将政府官员称为"父母官",认为自己该做安分守己的顺民。在这种政治文化情境下,由精英掌握政治权力、作出政治决定理所应当,普选往往较难被认可或者推行。即使出现了类似的做法,其意义也在于上级体察民情、了解民意,而不是民众用以选择领导人和控制政府的方式。

---

① 参见[古希腊]柏拉图:《理想国》,郭斌和、张竹明译,商务印书馆1986年版。

与之相对,平等主义政治观主张政治共同体成员享有参与政治的权利,有机会成为政治权力的掌握者。开创平等主义政治实践先河的是希腊城邦,希腊城邦建立了以个人平等为基础的政治规则,具有资格的雅典公民有权作出重大决策,政治权力分散在公民全体之中。① 其领导人伯里克利(Pericles)在阵亡将士葬礼上的演讲中曾言:"我们的制度之所以被称为民主政治,因为政权是在全体公民手中,而不是在少数人手中。选举一个人担任公职的标准是其才能,而不是由于其属于某一个特殊阶级。任何想要为国效力的都不会因为其社会地位的低下和贫穷而被拒之门外。"②很多近代的政治观念,如公正、自由、尊重法律,都源于古希腊思想家对城邦的设想。③ 雅典也通过全体公民大会、由民众担任陪审员的法院等制度设计推动了公民的直接或间接政治参与,并促使行政官和公务人员对公民群体负责并接受其控制。④ 近代从欧洲兴起的"天赋人权""主权在民""法律面前,人人平等"等思想和口号都是平等主义政治观的具体表现。在对意大利民众的问卷调查中,帕特南设计了四个选项来测量民众偏好精英主义还是平等主义政治观:

A. 即使人民不能非常明智地投票也应该让他们参加投票;

---

① 参见[英]约翰·邓恩:《让人民自由:民主的历史》,尹钛译,新星出版社2010年版。
② [古希腊]修昔底德:《伯罗奔尼撒战争史》,谢德风译,商务印书馆1960年版,第130页。
③ [美]乔治·霍兰·萨拜因著、[美]托马斯·索尔森修订:《政治学说史》(上卷),邓正来译,上海人民出版社2015年版,第39页。
④ 同上书,第44—45页。

B. 很少有人真正知道自己长期的最佳利益所在;
C. 某些人由于传统和家庭背景的原因比别人更适于做领导;
D. 让少数强大能干的人掌握局面,是任何时候都必须的。①

在平等主义的政治文化下,选举是体现民众平等地位以及政治主人翁状态的制度安排。在熊彼特将民主的定义从"人民直接统治"转变为"某些人通过争取人民选票取得作决定的权力的制度安排"并被普遍接受后,普选成为代议制民主的另一项关键安排。② 即使不喜欢选举,不同的政治文化情境下出现的理由也不尽相同。在精英主义的政治文化下,对普选的排斥和负面评价主要源自这样的认识:人与人的能力和水平并不相同,乃至天差地别,政治因此是少数人独享的工作,不应也不能由大众或所有人参与;而在平等主义的政治文化环境下,对普选的不满主要源自其在实践过程中容易受到金钱、信息等因素的干扰,无法完全实现政治平等的理想。为了实现真正的平等,应该重新考虑选举的形式或者增加新的政治参与方式和手段。

三、政治文化如何影响政治行为

上一节中,笔者介绍了政治文化视角的引入如何帮助我们

---

① Robert Putnam, *Making Democracy Work: Civic Traditions in Modern Italy*, Princeton: Princeton University Press, 1993, p.103.
② [美]约瑟夫·熊彼特:《资本主义、社会主义与民主》,吴良健译,商务印书馆1999年版,第395—396页。

更好地理解和分析不同类型的政治行为。作为实际存在的现象,政治文化也会影响政治行为的产生。在这个问题上,格尔茨和韦伯提供了不同的思路和观点。在格尔茨看来:文化不应被认为是一系列复杂的行为模式,而应被视为一套控制机制,如计划、菜单、规则和指示,像计算机领域中的程序一样,指导人的行为。① 格尔茨进一步写道:人并非如启蒙运动思想家主张的那样由其内在的特质所界定,也不是如当代的社会科学家主张的那样由其具体的行为所界定,决定人之为人的关键是介于内在特质和具体行为之间的文化,在文化的影响下,个人的特质得以转变为具体的行为。② 作为承载于符号之中的意义体系,文化对个体行为的影响是由外而内的,文化通过符号、话语、仪式等方式逐步渗透到个人的生活之中,塑造人的潜意识,形成习俗、习惯和传统。与之相对,韦伯将社会行为界定为"行为者赋予主观意义并指向他人的行为"。社会行为不仅发生在习俗、制度、规范、法律等关系之中,而且行为者以一定的信念、价值或理想作为自己行为的动机,并提出自身的目标以展示行为的必要和正当。③ 意义在其中都发挥着重要作用:既包括以客观意义或他人取向为凭借,也需要诉诸主观意义或自我取向。④ 在韦伯笔下,现代性的标志在于人开始摆脱本能、惯性和习俗,能够进行理性思考,信奉特定的价值理念,选择相应的生活方式。对独立自主的个人而言,主

---

① Clifford Geertz, *The Interpretation of Cultures*, New York: Basic Books, 1973, p.44.
② Ibid., p.52.
③ 苏国勋:《理性化及其限制:韦伯思想引论》,商务印书馆2016年版,第83页。
④ 同上。

观意识到行为的意义比外部制约机制更为重要,这才是行为真正的价值。① 一个具有真正自由人格的人,能以价值理性为动力,以目的理性为行动准则,将信念伦理与责任伦理互补交融地结合起来,只有这样才能做到以"召唤"(calling)为"天职"(vocation)。② 塔尔科特·帕森斯将韦伯学说中的历史、时间的成分抽离,认为其核心在于提出价值的重要性,价值被用来解释为什么人在类似的情景下做出不同的抉择和行为。③

格尔茨和韦伯展现了文化影响行为的两种机制:前者强调文化通过外在的生活环境、场域和规则逐步塑造个人的行为习惯,从潜意识和惯性层面影响人的行为;后者指出文化通过为行为者提供价值和理念,说服具有理性思考和判断能力的个人接受其观点,进而影响其行为。约翰逊将之概括为文化的两种影响:一种是范围(scope),即行动者认为哪些文化产生的社会情境与行为有关,另一种是强度(force),即文化通过影响行为者的心理发挥作用,行为者认为与之相关的密切程度,两者之中强度优先于范围。④ 斯维德勒则旗帜鲜明地站在格尔茨一边,她认为文化对行为的影响并不在于提供终极的价值、塑造

---

① 苏国勋:《理性化及其限制:韦伯思想引论》,商务印书馆2016年版,第34页。
② 同上书,第98页。
③ Ann Swidler, "Culture in Action: Symbols and Strategies", *American Sociological Review*, 1986, 51(2), pp.273-286.
④ James Johnson, "Symbol and Strategy in Comparative Political Analysis", *APSA CP: Newsletter of the APSA Organized Section in Comparative Politics*, 1997, 8(2), pp.6-9.

行为的目的,韦伯和塔尔科特·帕森斯的观点并不正确。相对地,文化提供的是一套剧目(repertoire)或者诸如工具箱(toolkits)般的习惯、技巧和方式,从而影响人们在行为策略上的选择。① 以贫困现象为例,诸多问卷调查都显示处在社会底层的穷孩子与其他孩子一样渴望教育和财富、向往美好的生活。但在行为上,穷孩子和富孩子依旧存在巨大的差异,这源自文化对其生活方式和习性的影响。当穷孩子被问到为何不追求富孩子那样的生活时,其回答往往不是"我不想",而是"啊,你说我吗"?斯维德勒认为这体现了文化对人能力、生活方式以及习惯的塑造。穷孩子并非安于贫穷,而是缺乏走向富足的方式和手段。当其内化成一种生活习性后,即使作为文化源头的理念消失,文化依旧可以维持下来,这在稳定时期尤其明显。文化塑造行为者外在的生活方式、精神气质,改变其社会技巧、习性和经验感知,从而为行动提供资源。只有在变动的文化环境中,作为文化现象的意识形态才能对人的行为产生直接影响,引发新的行为方式。② 除此之外,还有的学者主张将两种机制结合起来。史天健辨析出文化影响政治后果的五项机制:影响行为者对行为意义的理解、提供评价他人行为的标准、提供影响他人的资源、确定行为者在特定环境内可以合理追求的目标,以及界定行为者追求特定目标的手段。③

---

① Ann Swidler, "Culture in Action: Symbols and Strategies", *American Sociological Review*, 1986, 51(2), pp.273-286.
② Ibid.
③ Tianjian Shi, *The Cultural Logic of Politics*, Cambridge: Cambridge University Press, 2015, pp.34-36.

第五章 政治文化与政治行为

林·亨特(Lynn Hunt)提出政治文化塑造了集体意图与行动的价值观、期待和隐性规则,为革命政治行为提供基础。① 赵鼎新总结了文化影响社会抗争行为的三个可能机制:抗争者可以策略性地选用的工具箱、为抗争者提供共享的价值以引导其行为的脚本,以及作为潜意识引导抗争者的行为。②

格尔茨和韦伯主张的两种机制均在现实中存在,笔者认为两种机制在不同人群中的作用有所不同。上一章提出的新分析框架中,笔者区分了两类政治行为者:民众和精英。政治文化对民众政治行为的影响,主要通过格尔茨提出的习俗、习惯和潜意识来起作用;政治文化对精英政治行为的影响,则主要遵循韦伯提出的目的-行动逻辑,即政治文化通过提供价值和理念影响精英的选择和行为。图 5-1 展示了其中的区别,以下分别进行讨论。

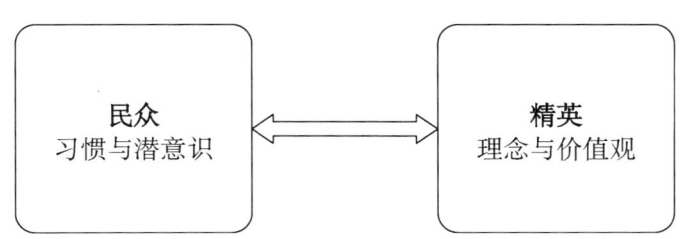

图 5-1 政治文化对不同行为者的影响机制

---

① [美]林·亨特:《法国大革命中的政治、文化和阶级》,汪珍珠译,华东师范大学出版社 2011 年,第 23 页。
② Dingxin Zhao, "Theorizing the Role of Culture in Social Movements: Illustrated by Protests and Contentions in Modern China", *Social Movement Studies*, 2010, 9, pp.33-50.

政治文化新论

1. 文化习惯与民众政治行为

在《论法的精神》一书中,孟德斯鸠提出:与法律规定公民的行为不同,风俗和习惯更具一般性,主要规定人的行为。① 作为政治生活的主体,民众是特定政治理念得以落地生根,转变为政治文化的基础。反过来,在一定政治文化环境下成长起来的个人,往往会出现特定的思维习惯和行为特性。布迪厄将惯习(habitus)界定为一套持续的、可转换的性情倾向系统,它由积淀在个人身体内的一系列历史经验构成,是人对社会结构内化的产物。② 人们无法自由选择习性,一旦形成下来,就会产生持续的影响。笔者从个体、个体之间的互动、整体三个层面展示政治文化的影响。

政治文化会塑造民众的政治偏好、思维方式和行为取向。个人出生在特定政治共同体内,政治文化透过家庭和学校教育、政治社会互动等方式传播开来,塑造个人的政治态度和偏好,进而影响其政治行为。如处在追求终极目标的政治文化情境下,在政府及其领导人声称将带领民众实现该理想目标时,民众往往予以信任和支持。相对地,在不存在终极目标的政治文化体系下,无论政府及其领导人的口号如何响亮,民众都会对其保持怀疑态度。欧博文(Kevin O'Brien)和李连江发现利益受损的中国农民采取的是"依法抗争"(rightful resistance),而不是试图进行大规模革命性的运动或者进行更为消极的日

---

① [法]孟德斯鸠:《论法的精神》(上),张雁深译,商务印书馆1961年版,第310—312页。
② 转引自毕天云:《布迪厄的"场域-惯习"论》,《学术探索》2004年第1期。

常抗争。① 如何解释农民的这种行为倾向？李连江将之归结为抗争者的既有观念系统。通过访谈和问卷调查，他发现相比于地方，民众更信任中央政府，尤其是相信中央的意图，认同其为人民服务的理念。这种差序信任的存在使得农民选择通过政权认可的途径(如信访)维护自身权益，希望以此把诉求和真实情况反馈给上级乃至中央政府，以督促地方政府执行中央的良善政策，解决自己的问题。② 在联邦制的美国，长时段的问卷调查显示：民众对基层政府的好感度高于州政府和联邦政府。③ 皮尤调查中心2016—2018年连续三年的问卷调查显示：超过70%的美国受访者认为赋予总统更多权力十分危险，相较之下只有少数人认为赋予总统更多权力能够提升解决问题的效率。④ 政治文化通过提供正面和反面两种激励影响民众的政治行为。正面激励方面，政治文化为追随者"赋权"

---

① See Kevin J. O'Brien and Lianjiang Li, *Rightful Resistance in Rural China*, Cambridge: Cambridge University Press, 2006.
② Lianjiang Li, "Political Trust in Rural China", *Modern China*, 2004, 30, pp.228-258; Lianjiang Li, "The Magnitude and Resilience of Trust in the Center: Evidence from Interviews with Petitioners in Beijing and a Local Survey in Rural China", *Modern China*, 2013, 39(1), pp.3-36; 李连江:《差序政府信任》，《二十一世纪》2012年6月刊。
③ "As Americans Head to the Polls, State and Local Governments Viewed Favourably" (November 5, 2013), Pew Research Center, https://www.pewresearch.org/fact-tank/2013/11/05/as-americans-head-to-the-polls-state-and-local-governments-viewed-favorably/, retrieved December 1, 2019.
④ "Key Findings on Americans' Views of the U.S. Political System and Democracy" (April 26, 2018), Pew Research Center, https://www.pewresearch.org/fact-tank/2018/04/26/key-findings-on-americans-views-of-the-u-s-political-system-and-democracy/, retrieved December 1, 2019.

(empowerment),遵守既有的政治文化规范,个人有机会进入权力体系之中,获得提升和进步,乃至实现自己的政治理想。如在传统中国的政治文化情境下,个体的政治理想往往是"修身齐家治国平天下"。通过研习儒家经典,读书人有机会通过科举获取功名、步入仕途,成为管理一方乃至封侯拜相的政治精英。① 反面激励方面,政治文化在主张某些正确的路径的同时,也会否定另一些方式和途径,某些政治行为会被认为是不正确或不恰当,违逆者往往被认为是异端甚至大逆不道,遭受惩罚。在中世纪的欧洲,违反基督教教例的活动可能遭致教廷的处罚,如公开谴责、开除教籍、逐出教区,乃至判处死刑,连位高权重的国王都不能幸免。在政治文化稳固的状态下,个人选择叛逆型政治行为需要承担很大的风险,非正当的政治行为因而很难出现,或者只能成为地下行为。

其次,人的决策和行为并非完全独立,相反,处在集体生活中的人们会受他人的影响,决策时会咨询他人的意见,行为上效仿或者参照他人。尤其是在高度不确定的时候,人会通过他人的选择来定位自己,作出在信念上可以说服自己的判断。② 文化为行动者提供了一套符号性的策略,为行为者之间的互动提供概念性的秩序(conceptual order),从而影响其后的互动。③ 政治文化通过提供道德标准、行为规范等影响人与人之间的交往。符合政治文化要求的行为往往被认为是正当

---

① [美]费正清:《中国:传统与变迁》,张沛译,世界知识出版社2002年版,第179页。
② 徐晓宏:《大时代有风暴眼》,《读书》2017年第12期。
③ James Johnson, "Symbol and Strategy in Comparative Political Analysis", *APSA CP: Newsletter of the APSA Organized Section in Comparative Politics*, 1997, 8(2), pp.6-9.

第五章 政治文化与政治行为

的,会得到他人的认可和支持,反之则会遭到反对和批评、丧失信誉,乃至受到惩罚。"名不正,则言不顺"等儒家主张即是此意。如以"仁、孝"为道德原则,同时主张礼法的儒家学说给出了一套理想的君臣关系模式:君主实行仁政,臣则对君尽忠职守,视君为父。理想的官民关系则复刻君臣关系的模式:官员爱民如子,民众则顺从听话。① 较好地遵从这些规范的君主、士大夫往往被称为圣君贤臣,其事迹通过史书、评书小说、立碑建祠等方式被广泛流传,受人敬重、留名青史。相对,昏君奸臣则遗臭万年、遭人唾骂。共同的价值观和行为期待会塑造想法和行为的统一性和一致性,从而减少误判、增进信任,有利于解决集体行动的困境、促进政治合作。② 曼认为文化提供的是一种没有明确指令的弥散性权力(diffused power),它以一种自发的、无意识的、分散的方式分布于整个人口之中,引发了类似的社会实践。③ 在对东南亚村庄的研究中,斯科特发现当国家的政策不符合本地的文化传统和规范时,以日常抗争为表现形式的民众抵抗会自发涌现,这些行动几乎不需要协调或计划,利用心照不宣的理解和非正式的网络展开。④ 政治精英也可以立基于对政治文化的了解,通过诉诸共同的价值来争取民众

---

① 金观涛、刘青峰:《兴盛与危机:论中国社会超稳定结构》,香港中文大学出版社 1992 年版,第 46 页。
② [美]林·亨特:《法国大革命中的政治、文化和阶级》,汪珍珠译,华东师范大学出版社 2011 年,第 23 页;Robert Putnam, "Bowling Alone: America's Declining Social Capital", *Journal of Democracy*, 1995, 6(1), pp.65-78。
③ Michael Mann, *The Sources of Social Power I: A History of Power from the Beginning to A.D. 1760*, Cambridge: Cambridge University Press, 1986, p.8.
④ [美]詹姆斯·斯科特:《弱者的武器》,邓广怀等译,译林出版社 2011 年版,第 2—3 页。

的支持。在著名演说《我有一个梦想》(I Have a Dream)中,马丁·路德·金(Martin Luther King)立基于美国的立国精神,呼吁在团结的基础上赋予包括黑人在内的所有公民以自由和平等权利,这不但为其争取了被压迫的黑人的支持,连不少白人也转而支持平权运动。① 政治文化也会推动政治精英之间的合作,制定并实施特定的政策。弗兰克·道宾(Frank Dobbin)将法国和美国在铁路建设上的不同策略归因为两国不同的政治文化传统:法国的政治文化重视国家主权和中央集权,因此法国中央政府在推动铁路建设上的影响巨大,但这妨碍了私人企业的介入,法国铁路的市场化运营程度相对不足;相比,美国的政治文化传统更强调市场、自我利益和社群主义,因此铁路建设基本由州政府及其下属地方政府主导,以市场化机制来运作推动。②

最后,在整体上,政治文化会建构出与之相适应的政治秩序。如前所述,政治文化影响政治行为者自身的思维方式、价值和行为取向,亦为政治行为者之间的互动提供了基础和保障,有利于政治合作的出现。在此基础上建立的政治秩序往往具备较强的正当性,民众的政治归属感和认同感较强。孟德斯鸠很早就发现风俗与政治制度紧密相连。③ 托克维尔认为自

---

① Robert Bellah, William Sullivan, Richard Madsen, Ann Swidler, and Steven M. Tipton, *Habits of the Heart: Individualism and Commitment in American Life*, California: University of California Press, 1996, pp.213, 249.
② See Frank Dobbin, *Forging Industrial Policy: The United States, Britain, and France in the Railway Age*, Cambridge: Cambridge University Press, 1994.
③ [法]孟德斯鸠:《论法的精神》(上),张雁深译,商务印书馆1961年版,第317页。

然环境、法制和民情都对调整和指导美国的民主制度有所贡献,其中民情最为重要,民情能减缓最不利的地理环境和最坏的法制的影响,而缺乏民情的支持,一个政体难以维系。① 政治意义体系的多元因而产生了类型多样的政治秩序。在托克维尔笔下,信奉人民主权学说的民情有力地支持了美国基层的乡镇组织运作。乡镇公权力的源泉是本地的人民,权限上独立于上一级的州。乡镇居民可以通过乡镇居民大会直接参与本地公共事务的决定,民众经常开会审议乡镇的管理措施,行政官职则在自己的职权范围内代表乡镇自治体行动。在这种安排下,民众不用政府操心就能做好工作,并自觉地关心当地事务,基于眷恋故乡的爱国心也渐渐培养起来,从而成为整个美国政治体系的基石。② 帕特南通过对比意大利南北的治理状况,发现两种完全不同的政治互动逻辑:北部地区公民文化色彩显著,民众更加支持政治平等的理念,精英和民众之间因而形成互惠与合作的横向关系,分权后的治理绩效较好、民众的满意度更高;南部的政治则更多地表现出精英主义色彩,驱使人们参与政治的是个人化的庇护-附庸网络,精英和民众之间的关系更多地是权威与依附的垂直关系,分权后的治理绩效和民众的满意度显著低于北方。③ 在古代中国,儒家学说成为官方意识形态后,政治统治者和知识精英形成了一个同盟:统治者推行儒家学说以换取儒生群体的鼎力支持,以儒家学说为主

---

① [法]托克维尔:《论美国的民主》(上卷),董果良译,商务印书馆 1988 年版,第 354—358 页。
② 同上书,第 66—75 页。
③ Robert Putnam, *Making Democracy Work: Civic Traditions in Modern Italy*, Princeton: Princeton University Press, 1993, pp.99-106.

要考核内容的科举制帮助统治者选拔管理人才。① 儒家学说成为协调宗法组织和国家组织的调节器:儒生推行儒家学说维护国家统一,同时又用孔孟伦理管理家族和家庭,使自己的行为成为整个社会的规范。天命观的出现进一步消除了家庭家族与国家之间的不可协调因素。子孝、妇从、父慈,对应的是民顺、臣忠、君仁,家庭成为组成国家的基本单元,是国家的同构体。② 金观涛和刘青峰认为中国之所以实现农业社会的整合,延续千年,关键就在于依靠儒家文化将王权、官僚政治、地主权力和家长组成一个自上而下的统一大网。③ 赵鼎新指出,君主与儒生之间形成的共生共存关系不但使中国的政治精英在意识形态层面达成了很高的共识,而且统一了文化和生活方式,中国的认同感立基于文化归属而非种族特征。④ 在文化共识的基础上,中国王朝政治体系中出现了"潜水艇结构",统治者只需依赖较少的中间的官僚组织就能统辖庞大的疆域。⑤ 总的来看,在政治文化的影响下,个人知道如何适应集体性的政治生活,如何与他人互动,并由此建构起独特的政治秩序。

---

① 参见赵鼎新:《东周战争与儒法国家的诞生》,华东师范大学出版社 2011 年版。
② 金观涛、刘青峰:《兴盛与危机:论中国社会超稳定结构》,香港中文大学出版社 1992 年版,第 46 页。
③ 金观涛、刘青峰:《中国现代思想的起源:超稳定结构与中国政治文化的演变》,法律出版社 2011 年版,第 11 页。
④ 参见赵鼎新:《东周战争与儒法国家的诞生》,华东师范大学出版社 2011 年版。
⑤ 周雪光:《黄仁宇悖论与帝国逻辑:以科举制为线索》,《社会》2019 年第 2 期。

2. 理念与精英政治行为

与民众相比,精英更能了解和意识到自己身处的政治文化情境,乃至创造性地提出新的想法。在现实中,精英能够利用政治文化提供的机会提升自身的政治地位、获取政治权力。在面对新的情况时,精英能够提出新的理念和方案予以应对。在文化对社会行动的影响机制方面,赵鼎新提出如下命题:集体行动的组织化程度越高、组织发挥的作用越大时,参与者越有可能将文化形式库当作工具包,并为了达到预期效果对文化进行创造性运用;反之,集体行动的组织性越差,参与者越有可能根据既有文化文本中的一些固定方式行事。① 组织化程度起作用的关键在于组织内有精英的存在,精英能够通过理性沟通、讨论的方式分析局势、思考应对策略。因此政治文化对精英的外在结构性约束大大衰减,此时政治文化主要通过提供价值和理念影响其行为。

塔尔科特·帕森斯将理念界定为"能够对人的利益、价值和经历进行有效阐释的概念和主张"②。理念的重要性往往源自不确定性状况,或者如斯维德勒所言,变动时代(unsettled time)的出现。在这种状况下,人们往往面临选择和判断。如在美国建国之初,围绕建立一个联邦制政府还是邦联制政府、政治机构如何设立、权力关系如何安排等问题,美国的政治精英们进行了持续的辩论。③ 戈尔茨坦和基欧

---

① 赵鼎新:《政治与社会运动讲义》,社会科学文献出版社 2006 年版,第 226—227 页。
② Talcott Parsons, *Essays in Sociological Theory* (revised version), Illinois: The Free Press, 1969, p.20.
③ 参见[美]汉密尔顿、杰伊、麦迪逊:《联邦党人文集》,程逢如等译,商务印书馆 1980 年版;[美]赫伯特·斯托林:《反联邦党人赞成什么?》,汪庆华译,北京大学出版社 2006 年版。

汉提出:在对自己的利益不明确时,理念起着路线图的作用;当存在着多种选择或存在多种理念的竞争时,占主流的理念能够起到聚焦和黏合剂的作用,使持不同选择倾向的各方形成合作共识和联盟;理念可以根植于制度当中,形成长久性的影响。① 除此之外,理念也提供一系列符号和话语框架,增加自身的吸引力和说服力。②

强调理念的重要性,也意味着能动者的出场并发挥作用。一些学者发现:在政治转型过程中,普通民众的观念并不起决定作用,政治精英的理念和互动更为关键。吉列尔莫·奥唐奈(Guillermo O'Donnell)和菲利普·施密特(Philippe Schmitter)发现对未来信誉(future reputation)的考量有可能使威权精英转而推倒现有体制,从而实现民主转型。③ 同时特定政治秩序的出现是一个动态、反复的过程,不是一个阶段取代另一个阶段的线性式发展。如民主制度的建立往往是一个各个组成部分(选举、议会体制、政党政治等)分别出现、互动演进的过程,每个国家的历程都可能不同。④ 用结构化的一般性框架并不足以分析丰富多彩的经验实践。理念视角从行为者的角度更为细致地讨论理念和物质利益对人的影响,行为者成

---

① [美]朱迪斯·戈尔茨坦、罗伯特·基欧汉:《观念与外交政策:信念、制度与政治变迁》,刘东国、于军译,北京大学出版社2005年版,第8—9页。
② John L. Campbell, "Institutional Analysis and the Role of Ideas in Political Economy", *Theory and Society*, 1998, 27(3), pp.377-409.
③ See Guillermo O'Donnell and Philippe C. Schmitter, *Transitions from Authoritarian Rule: Tentative Conclusions about Uncertain Democracies*, Baltimore: Johns Hopkins University Press, 1986.
④ Sheri Berman, "Lessons from Europe", *Journal of Democracy*, 2007, 18(1), pp.28-41; Daniel Ziblatt, "Review Article: How did Europe Democratize?", *World Politics*, 2006, 58, pp.311-338.

为理念的发明者和使用者,而不是外在文化结构的"奴隶",在政治中的角色更为重要。伯曼用理念解释一战后德国和瑞典在社会民主体制发展上的分野:德国社会民主党坚持旧有的理念,最终日趋式微,德国民主体制被纳粹颠覆;瑞典的社会民主党则创造了新的理念,选择与其他政治力量妥协和合作,最终开创了成功的社会民主实践。①

理念视角需要仔细讨论理念与物质利益解释之间的关系。② 克雷格·帕森斯指出:理念有两种面孔,有的时候它会指导人的行为,有的时候它只是行为的其他原因的表象。③ 理性选择视角并不排斥文化和理念因素,不过在其看来文化和理念源于理性行为者最大化自身利益的动机,文化和理念充当了"隐形的制度",是理性计算和互动的均衡结果。④ 要想论证理念的独立影响,政治文化学者需要努力排除物质利益的解释,排除理念是物质利益说辞的可能。克雷格·帕森斯提出:理念如果能够强烈地"分割"(cross-cut)一个体系内的共同物质利益,产生与物质利益解释预期完全相反的结果,那么可以更为

---

① See Sheri Berman, *The Social Democratic Moment: Ideas and Politics in the Making of Interwar Europe*, Cambridge: Harvard University Press, 1998.
② John L. Campbell, "Institutional Analysis and the Role of Ideas in Political Economy", *Theory and Society*, 1998, 27(3), pp.377-409.
③ Craig Parsons, "Showing Ideas as Causes: The Origins of the European Union", *International Organization*, 2002, 56(1), pp.47-84.
④ 如:David Laitin and Aaron Wildavsky, "Political Culture and Political Preferences", *American Political Science Review*, 1988, 82(2), pp.589-597; Daniel N. Posner, "The Political Salience of Cultural Difference: Why Chewas and Tumbukas Are Allies in Zambia and Adversaries in Malawi", *American Political Science Review*, 2004, 98(4), pp.529-545。

清楚地将理念从物质利益中分离出来。他举例道：两个同在法国外交部工作、有着相同或类似教育背景和党派属性的外交官，一个主张建立法德同盟，另一个主张与英国建立非正式伙伴关系，那么我们基本可以断定：理念对这两个外交官产生了影响。①

四、小结

本章展示政治文化的引入如何有助于理解和解释政治行为。行为主义革命推动的政治行为研究在议题和方法上有着鲜明特点，即用实证主义的方法来研究民主体制下的政治参与行为。行为主义革命以及政治行为研究推动政治学研究走向科学化和规范化，同时提升了美国政治研究在政治学学科中的地位。应该看到：行为主义革命和政治行为研究本身都有着深深的本地政治文化印记。从概念来看，政治行为等同于民主制度下的政治参与行为，这忽略了政治行为在不同时空条件下的多样性，也导致现有研究在对政治行为现象的界定和分类上所做的工作存在不足。在学理上，现有的政治行为研究从经济学、心理学和社会学借鉴了分析视角，源自本研究议题的独创性理论贡献依然不够。政治行为研究因而没有成为贯通整个政治学研究的一个关键议题，仅成为政治学研究中一个有着自身特点的下属领域。这些遗憾出现的一大根源在于研究者将意义从政治行为研究中抽离，致使政治行为研究的视野变窄，

---

① Craig Parsons, "Showing Ideas as Causes: The Origins of the European Union", *International Organization*, 2002, 56(1), pp.47-84.

第五章 政治文化与政治行为

同时忽略了政治文化因素对政治行为的影响。

本章主张将政治意义系统,即政治文化带回政治行为研究之中。举手代表投降,握手代表友好,摊手表示无奈,这些行为背后传导的意义需要提前沟通和了解。同时,政治文化蕴含价值判断,会正当化一些政治行为,而排斥另一些政治行为。基于第四章建构的政治文化理想类型,笔者分析了四种与之相对应的正当化的政治行为类型。缺乏对政治文化情境的了解和把握,会阻碍对特定政治行为的理解,也难以发现新的政治行为类型。上述讨论启发我们:缺乏政治意义体系的支撑,照搬某些制度、政策和行为并不能达到预定的效果。以政府回应民众诉求的行为为例,在等级制的政治文化环境中,政府的回应很大程度上是一种道德姿态,其随时可以撤回;而在平等主义的政治文化环境中,政府回应是一种制度责任,是体现对民众负责的必要工作。相比于制度设定和具体行为,更为重要的是支撑制度和行为的理念能够被广泛接受,成为行为的准则。托克维尔曾经指出:让人民产生管好国家的意识比让人民参加政府管理工作更难,民主制度只有渗入人们的习惯、思想之中,才能在该地建立和稳固起来。① 进一步,政治文化也有助于解释政治行为的出现。政治文化通过对外部环境的塑造影响行为者的习性和惯性,通过理念影响行为者的内在偏好和动机。两个机制中,习性和惯性机制在口语中可以表达为"不得不这么做、下意识地就这么做了",理念机制在口语中可以表达为"我想这么做、应该这么做"。

---

① [法]托克维尔:《论美国的民主》(上卷),董果良译,商务印书馆 1988 年版,第 360 页。

政治文化新论

行为主义革命推动的政治行为研究主要采用形式模型建构、问卷调查以及分析行为(投票、立法活动等)数据等方法,政治文化视角的引入对政治行为研究的方法论也有相应的启发。与在研究结束才发现政治文化的可能影响不同,笔者主张在研究前即承认并重视一地政治文化情境对政治行为的影响。政治文化是一种集体存在,是人类政治生活的历史产物,具有长久的持续性,而个体诞生于这种集体性的政治文化环境之中,深受其影响。研究者首先需要深入到本地的政治文化情境之中,了解本地的政治意义系统及其正当化的政治行为类型。接着研究者需要观察、了解实际发生的政治行为状况。这其中可以采用参与式观察、访谈、问卷调查、文本和话语分析等方法。研究者还可以进行跨国、地区比较,发现一地政治文化和政治行为的特殊性。托克维尔在其作品中就多次进行跨国、跨地区比较。通过对比南美和北美的地理状况、对比美国和墨西哥的法律制度后,托克维尔排除地理因素、法制因素的影响,认为美国特有的民情才是维护其民主制度的独特因素。① 基于问卷调查数据,史天健发现中国大陆和台湾地区的民众在利益观和权威观上依然十分相近,而且这些偏好并没有因时间变化发生太大改变,两地的文化依然十分相似。他因此认为文化独立于制度、经济增长等物质条件,具有相当的独立性和延续性。② 在论证政治文化对政治行为的影响方面,研究者也需进行比较。由于政治文化的本质是主观上的特定理念,因此与文

---

① [法]托克维尔:《论美国的民主》(上卷),董果良译,商务印书馆1988年版,第354—358页。
② See Tianjian Shi, *The Cultural Logic of Politics*, Cambridge: Cambridge University Press, 2015.

化解释相区别的是自然环境解释和以物质利益为基础的解释。在论证政治文化因素对政治行为的因果关系上,需要通过比较方法将文化因素与自然环境和物质利益因素相区分。① 最后,研究者还可以采用过程追踪的方法,以了解宏观的政治文化环境如何影响行为者的偏好和动机,再影响具体的政治行为,通过过程追踪展现政治文化影响政治行为的因果机制。② 尤其需要关注关键行为者的动机、行为,以及行为者之间、行为者与外在因素的互动如何引发最终的政治后果。通过对历史材料和过程的梳理,克雷格·帕森斯展示了法国领导人的理念和策略如何促成欧洲经济共同体的建立。③ 总之,在政治行为的研究中,既可有对文化和物质因素、不同文化规范之间的横向比较,也可考虑纵向的对时间和过程的展示。

---

① Marc Howard Ross, "Culture in Comparative Political Analysis", in Mark Lichbach and Alan S. Zuckerman, eds., *Comparative Politics: Rationality, Culture and Structure*, Cambridge: Cambridge University Press, 2009, p.134.
② John L. Campbell, "Ideas, Politics, and Public Policy", *Annual Review of Sociology*, 2002, 28, pp.31-38; Sheri Berman, "Review Article: Ideas, Norms, and Culture in Political Analysis", *Comparative Politics*, 2001, 33(2), pp.231-250.
③ Craig Parsons, "Showing Ideas as Causes: The Origins of the European Union", *International Organization*, 2002, 56(1), pp.47-84.

第六章
政治文化的变迁

在近年风靡全球的电视剧《权力的游戏》(*Game of Thrones*)中,女主角丹妮莉丝在率军杀回维斯特洛大陆前曾与其宰辅提利昂有一段对话。提利昂问丹妮莉丝:"如重夺王位,意欲何为。"丹妮莉丝答:"兰尼斯特、坦格利安等贵族家族是车轮上的辐条,彼此倾轧、轮流登顶,我率军打回维斯特洛大陆,不是要停止这个车轮,而是要粉碎这车轮本身。"有趣的是,在前往维斯特洛大陆前,丹妮莉丝曾在平等理念的驱动下在厄索斯大陆废除奴隶制。在武力的后盾下,她宣布废除奴隶交易和所有制,不过新政在推行过程中遭遇了不小的抵制,乃至到后来连被解放的奴隶都要求恢复先前的奴隶制。丹妮莉丝的雄心及遭遇的挫折,既表明了重塑政治游戏规则、变更政治文化的可能,也展示了其成功的不易。上一章中,我们探讨了政治文化对政治行为的影响。政治文化通过提供理念和塑造思维

第六章　政治文化的变迁

惯性等方式深刻地影响人的政治行为,这反过来也使其本身具有强大的韧性和生命力。电视剧剧情虽为虚构,政治文化的变迁却真实地出现在人类的政治生活之中。托克维尔在《论美国的民主》一书中以法国的变化为例,写道:

> 如果我们从十一世纪开始考察一下法国每五十年的变化,我们将不会不发现在每五十年末社会体制都发生过一次双重的革命:在社会的阶梯上,贵族下降,平民上升。一个从上降下来,一个从下升上去。这样,每经过半个世纪,他们之间的距离就缩短一些,以致不久以后他们就会合了。
>
> 而且,这种现象并非法国所独有。无论面向何处,我们都会看到同样的革命正在整个基督教世界进行。
>
> 人民生活中发生的各种事件,到处都在促进民主……
>
> 因此,身份平等的逐渐发展,是事所必至,天意使然。这种发展具有的主要特征是:它是普遍的和持久的,它每时每刻都能摆脱人力的阻挠,所有的事和所有的人都在帮助它前进。①

托克维尔笔下法国乃至西方世界的变化,和丹妮莉丝的目标极为相似:以身份差异为基础的等级制度慢慢衰败,取而代之的是以身份平等为基础的政治实践。政治文化的变动带来了政治秩序和生活的巨大变化。托克维尔形象地描绘了新旧政治秩序的状态:

---

① [法]托克维尔:《论美国的民主》(上卷),董果良译,商务印书馆1988年版,第7页。

在前一种状态下,国王受到人们如神明一般的尊敬,绝不滥用自己的权力,贵族天然地享有特权,对待人民同情,民众则从不想自己能与首领平等,觉得自己受到首领的恩惠,并不认为这种等级秩序有什么不好,是不可更改的自然秩序。

新的状态下,王权的尊严被法律的尊严所取代,人人都把法律视为自己的创造,热爱法律并毫无怨言地服从法律,政府权威的遵从源自必要,而非神圣;人人都有权利,因此建立起了坚定的信赖关系和一种不卑不亢的相互尊重关系,公民的自由联合取代贵族的个人权威。①

本书提出的政治文化的新定义和理想类型为分析政治文化的变迁提供了概念和类型基础。如前所述,政治文化是关涉群体秩序和权力关系的意义系统,政治文化的变迁意味着对政治生活的根本设想和安排发生了改变。如托克维尔所述,变迁发生之前,国王和贵族统治被民众广泛认同和接受,而在新时代,民众认同并服从的是由平等公民创造的法律,公民的联合取代了贵族的个人权威。政治文化的变迁在现实中表现为两个方面:其一,政治文化规范在人们心中的影响力和认可程度下降,个人开始寻找新的政治认同、重塑自己的价值观,文化的内在规训机制失效;其二,政治文化规范及其保障机制不再能约束个人的行为,也无力制止那些放弃乃至挑战既有政治文化规范的想法和行为,文化的外在规训机制衰败。② 涂尔干曾写

---

① [法]托克维尔:《论美国的民主》(上卷),董果良译,商务印书馆1988年版,第9—11页。引用时有部分改写。
② See Tianjian Shi, *The Cultural Logic of Politics*, Cambridge: Cambridge University Press, 2015.

第六章 政治文化的变迁

道:规范的功能在于防止共同意识及其社会团结发生任何动摇,当最基本的集体情感遭到侵犯的时候,假如人们对此忍气吞声,那么社会就会瓦解。① 托克维尔对此也有着生动地记录:在我们这一代,把人的见解和趣味、行动和信仰联系起来的天然纽带好像已经撕裂,在任何时代都可见到的人的感情和思想之间的和谐似乎正在瓦解,而且可以说,有关道德之类的一切规范都成了废物。② 政治文化的变迁因而也伴随着现实政治安排和实践的剧变。

从区分政治文化类型的两个核心要素——政治权力是否有终极目标、政治权力的掌握主体为谁两个维度来看,人类世界政治文化的变动一直存在,但最显著的变动出现在近几百年。由于资料的限制,我们很难分析过去几百年间民众政治价值观和态度的变化,但由于政治文化和政治秩序紧密相连,从政治秩序的剧烈变化中可以一窥政治文化的变迁。过去的几个世纪内,现代政治思想和意识形态涌现,基于新的政治理想的革命也频繁出现,政治制度的多样性增加。在这其中,最显著的就是托克维尔所展示的现象:以身份平等和个人自由为基础的民主再次回归人类政治生活,并在一些地方成为新的政治游戏规则。自1828年开始,世界范围内出现了三波民主化浪潮,民主政体和形形色色的非民主政体交替出现。③ 据统计,截至2007年,世界上60%左右的政权能

---

① [法]埃米尔·涂尔干:《社会分工论》,渠东译,生活·读书·新知三联书店2000年版,第355页。
② [法]托克维尔:《论美国的民主》(上卷),董果良译,商务印书馆1988年版,第13页。
③ 参见[美]塞缪尔·亨廷顿:《第三波:20世纪后期民主化浪潮》,刘军宁译,上海三联书店1998年版。

归类为选举型民主(electoral democracies)。① 民主思想开始扩散,在二战后几乎成为世界各地获得政治正当性的通用语言。② 根据1995—1997年、1999—2001年的世界价值观调查数据,全球被调查国家的绝大多数民众认为"建立一个民主的政治体制"很好或非常好。在中位国家,至少92%的民众对民主给予正面评价。③ 在具体的政治实践上,政治身份的平等化趋势显著。英国自1688年光荣革命后开始有选举实践,但当时的投票权限于有财产的男性。到19世纪80年代,几乎全部成年英国男性公民都有了投票权。1918年开始,30岁以上、有财产的妇女被允许参加选举。到了1928年,对女性年龄和财产的限制取消,男女在选举地位上实现了平权。在美国建国之初,投票权仅限于成年及有产白人享有,妇女、有色人种以及没有资产的白人均被排除在外。在随后的几百年间,有关信仰、族群、肤色、性别、财产的限制逐步被取消,1870年黑人获得投票权,1920年妇女获得投票权。除此之外,政治制度的根本规则也开始明确并落实在文本之上,具体表现就是宪法的出现和其地位的日益尊崇。制定宪法、实施宪法成为大多数国家政治生活的基础工作。同时,在国家内部的组织形式、国家-经济关系、国家-个人关系等问题上,也出现了不同的实践和安排。

---

① Larry Diamond, "Facing up to the Democratic Recession", *Journal of Democracy*, 2015, 26(1), pp.141-155.
② 参见[英]约翰·邓恩:《让人民自由:民主的历史》,尹钛译,新星出版社2010年版。
③ Ronald Inglehart, "How Solid is Mass Support for Democracy—And How Can We Measure It?", *Political Science and Politics*, 2003, 36(1), pp.51-57.

第六章 政治文化的变迁

本章以政治文化为解释对象,核心目标在于理清政治文化变迁的逻辑。笔者先回顾与文化和政治文化变迁相关的既有解释,接着提出一个解释政治文化变迁的新思路,并分别以发生在近代欧洲和中国的政治文化变动为例予以展示和讨论,最后对全章内容进行总结和延伸。

一、文化变迁的既有解释

政治文化的变迁原因为何,除了之前介绍的英格尔哈特的"演化的现代化理论"以及制度决定文化的观点外,与之直接相关的既有研究并不多。这里我们将视野扩大,总结并讨论一般性的文化变迁研究。既有的研究大致存在两种思路:一种注重结构性因素,另一种则强调能动性因素。

马克思强调物质生活的基础型地位和决定性作用,在他的笔下,人首先必须从事劳动以解决生存问题,才能从事政治、艺术和哲学等工作。生产生活方式的不同因此决定了包括宗教信仰、伦理规范、生活习俗、语言和思维习惯等在内的世界各地的文化差异。而在相近的生产力水平下,上层建筑的基本构造会趋于相同或类似。① 在《共产党宣言》中,马克思和弗里德里希·恩格斯(Friedrich Engels)描述了资本主义的兴起带来的文化影响:

> 资产阶级在它已经取得了统治的地方把一切封建的、宗法的和田园诗般的关系都破坏了。它无情地斩断了把

---

① 林岗:《诺斯与马克思:关于制度变迁道路理论的阐释》,《中国社会科学》2001 年第 1 期。

人们束缚于天然尊长的形形色色的封建羁绊,它使人和人之间除了赤裸裸的利害关系,除了冷酷无情的"现金交易",就再也没有任何别的联系了。它把宗教虔诚、骑士热忱、小市民伤感这些情感的神圣发作,淹没在利己主义打算的冰水之中。它把人的尊严变成了交换价值,用一种没有良心的贸易自由代替了无数特许的和自力挣得的自由。①

进一步,统治阶级在支配着物质生产资料的同时也支配着精神生产资料,其思想因而在每一个时代都是占统治地位的思想。②

一批学者基于物质基础决定意识和文化的观点,强调文化变迁源于生产方式和人类生活条件的变化。在《家庭、私有制与国家的起源》一文中,恩格斯认为随着财富形式和生产方式的转变,男女在家庭中的关系和地位发生了根本性的改变。在他看来,只要妇女仍然被排除在社会的劳动生产之外而只能从事家庭劳动,那么妇女的解放、男女平等在现在和将来都不可能。③ 托克维尔也描述了经济和财富结构变化带来的影响:各个阶层开始混合起来,使人们相互隔开的一些屏障接连被捣毁,财产逐渐分散为多数人所享有,权力逐渐为多数人所分享,教育日渐普及,智力日渐趋同,社会状况日益民主,民主最终和

---

① 马克思、恩格斯:《共产党宣言》,中共中央马克思、恩格斯、列宁、斯大林著作编译局编译,人民出版社1997年版,第30页。
② 中共中央马克思、恩格斯、列宁、斯大林著作编译局编译:《马克思恩格斯选集》(第一卷),人民出版社1995年版,第52页。
③ 恩格斯:《家庭、私有制和国家的起源》,载中共中央马克思、恩格斯、列宁、斯大林著作编译局编译:《马克思恩格斯选集》(第四卷),人民出版社1997年版,第162页。

第六章　政治文化的变迁

平地实现了它对法制和民情的控制。① 与托克维尔关注财产和教育不同,孟德斯鸠强调自然条件,尤其是气候条件的决定性影响。他认为气候不同,人民对法律的信任程度也不同,而一个民族的法律、风俗和习惯大部分可以被气候所解释。② 英格尔哈特认为经济发展水平和经济结构对人的政治价值观和态度具有决定性影响,经济生活的改善减少了人们的生存忧虑,给了人追求自由发展和自我表达的机会。③ 在东亚社会,经济社会的现代化也带来了民众价值观念的变化,"后物质主义价值观"兴起,民众更愿意参加政治行动,同时对少数群体和不同的生活方式抱有更高的宽容度。④ 整体上,这类观点以一种结构性的视角来探讨文化变迁:文化以及政治文化的变迁由外在于其的自然状况或经济生产方式决定,自然状况、经济生产方式和发展水平的变动直接影响乃至决定文化的变迁。"仓廪实而知礼节,衣食足而知荣辱"(《管子·牧民》)形象地表达了这个观点。进一步,影响人群生存和经济状况的因素,如气候、资源、技术,也被认为影响乃至决定该人群的文化规范和价值系统。⑤ 在这种

---

① [法]托克维尔:《论美国的民主》(上卷),董果良译,商务印书馆1988年版,第10—11页。
② [法]孟德斯鸠:《论法的精神》(上),张雁深译,商务印书馆1961年版,第240、320页。
③ See Ronald Inglehart, *Cultural Evolution: People's Motivations Are Changing and Reshaping the World*, Cambridge: Cambridge University Press, 2018.
④ 王正绪、游宇:《经济发展与民主政治——东亚儒家社会的公民价值观念的链接)》,《开放时代》2012年第6期。
⑤ 如:[美]弗朗西斯·福山:《政治秩序的起源:从前人类时代到法国大革命》,毛俊杰译,广西师范大学出版社2012年版;猪口孝:《日本文化变迁与民主发展:经验与反思》,《复旦政治学评论》2010年第8辑;Michael L. Ross, "Oil, Islam, and Women", *American Political Science Review*, 2008, 102(1), pp.107-123.

认识下,文化以及政治文化的变迁不受人力所控制。如托克维尔曾言:伟大社会革命从来不是准备出来的,革命是在违反人们的意愿或在不知不觉中进行的。①

另一批学者和实践家则抓住文化和意识形态服务于统治阶级的观点,强调文化的变迁源自政治统治权力的更迭,或者源自统治阶级观念和政策的改变。葛兰西认为革命性政党的功能在于给工人阶级提供自身无法生产的概念工具和批判意识。② 当然,葛兰西将关注重点从统治者如何提供话语和观念转变为被统治者是否接受和认同特定话语和观念。还有学者进一步关注行为者在推动文化变迁上的策略和途径。在对安源煤矿革命历程的案例分析中,裴宜理认为中共领导人通过"文化置换"(cultural positioning)和"文化赞助"(cultural patronage),即对一系列符号资源(如仪式、修辞、服饰、戏剧、艺术)的策略性运用,使中国民众接受乃至认同外来的马克思主义。③ 通过比较19世纪中国广东和印度加尔各答两地抗击天花疫情的不同成效,佩雷纳·辛格(Prerna Singh)指出广东的疫情被迅速控制得益于天花疫苗的普及和使用,相比加尔各答疫情难以控制则源自天花疫苗在当地的推广受阻。在两地都能获得天花疫苗的情况下,防疫效果差异的根源在于是否有专业人士以当地人易于接受的方式推广这一新鲜事物。只有

---

① [法]托克维尔:《论美国的民主》(上卷),董果良译,商务印书馆1988年版,第9页。
② 参见中共中央马克思、恩格斯、列宁、斯大林著作编译局国际共运史研究所编译:《葛兰西文选》,人民出版社1992年版。
③ See Elizabeth Perry, *Anyuan: Mining China's Revolutionary Tradition*, California: University of California Press, 2012.

第六章 政治文化的变迁

外来的疫苗被当地人接纳、认可后,遏制天花的努力才会收到成效。① 将文化变迁归因为行为者的策略和途径,带来了进一步的问题:如何判定行为者是否成功地改造了文化规范? 诸多行为者都在试图改造既有的文化规范,为什么有的成功了,有的没有? 是否需要考虑外部的环境和因素? 在裴宜理的研究中,即便经历革命的多番洗礼,安源民间的行为方式、信仰崇拜都没有发生根本变化,塑造新人的努力是否成功同样需要打一个问号。② 魏昂德(Andrew Walder)在对计划经济时代国有工厂的研究中,同样揭示了特定文化传统的坚韧生命力。③ 无论如何,这里的文化和理念已经不再是物质或经济状况的附属品或反映,而更多地成为行为者用以建构新的政治和社会生活的工具。

除以上两种思路外,还有的学者关注文化或理念的内容及其扩散。一批学者通过跨地域和跨时间比较发现不同文化传统的存在。韦伯的比较宗教社会学研究就是一个典型,通过比较欧洲、印度、近东和中国等地的宗教,韦伯发现宗教教义的不同内涵和指引方向。④ 文化的多样性有助于解释文化的变迁:

---

① Prerna Singh,"How Ideas and Institutions Explain the Differential Control of Disease in China and India",在复旦大学国际关系与公共事务学院-哈佛燕京学社"比较中国政治:历史、制度与现代国家"高级研修班上的演讲,2017 年。
② See Elizabeth Perry, *Anyuan: Mining China's Revolutionary Tradition*, California:University of California Press,2012.
③ See Andrew Walder, *Communist Neo-traditionalism: Work and Authority in Chinese Industry*, California:University of California Press,1986.
④ 参见[德]马克斯·韦伯:《中国的宗教;宗教与世界》,康乐、简惠美译,广西师范大学出版社 2004 年版。

不同文化传统之间的交流、互动和竞争成为一地文化变迁的源头。① 佛教的传入即深刻地改变了中国文化。② 市场经济和民族国家在全球的兴起,本质在于源自欧洲的独特理性观念和实践在全球其他地区的传播和扩展。③ 一些学者发现宗教在一地的传播不但与其内容相关,而且与宏观的地缘政治和国家间关系有关。④ 塞瓦·加尼斯基(Seva Gunitsky)进一步指出,世界政治舞台上的主导国家在政治文化和制度变迁中发挥关键作用。⑤ 在这样的视角下,民主在二战后成为被普遍接受的理念不仅源自其本身的吸引力,而且很大程度与主导国际体系的西方国家,尤其是美国相关。霸权国如何推动自身的理念传播?加尼斯基归纳出三个机制:强制、外部影响和模仿。⑥ 斯蒂

---

① 参见 Samuel Huntington, *The Clash of Civilizations and the Remaking of World Order*;[德]哈拉尔德·米勒:《文明的共存:对塞缪尔·亨廷顿"文明冲突论"的批判》,郦红、那滨译,新华出版社 2001 年版;Beth A. Simmons, Frank Dobbin, and Geoffrey Garrett, "Introduction: The Diffusion of Liberalization", in Beth A. Simmons, Frank Dobbin, and Geoffrey Garrett, eds., *The Global Diffusion of Markets and Democracy*, Cambridge: Cambridge University Press, 2008。
② 参见金观涛、刘青峰:《中国现代思想的起源:超稳定结构与中国政治文化的演变》,法律出版社 2011 年版。
③ Martha Finnemore, "Review: Norms, Culture, and World Politics: Insights from Sociology's Institutionalism", *International Organization*, 1996, 50(2), pp.325-347.
④ Danielle Kane and Jung Mee Park, "The Puzzle of Korean Christianity: Geopolitical Networks and Religious Conversion in Early Twentieth-Century East Asia", *American Journal of Sociology*, 2009, 115(2), pp.365-404.
⑤ Seva Gunitsky, "From Shocks to Waves: Hegemonic Transitions and Democratization in the Twentieth Century", *International Organization*, 2014, 68(3), pp.561-597.
⑥ Ibid.

文·莱维斯基(Steven Levitsky)和卢肯·维(Lucan Way)厘出两种方式:一种是正向的联系(linkage),包括经贸人员的往来、价值观的传播等;另一种是反向的压力(leverage),即制裁、谴责等。在他们看来,正向联系的激励、引导和反向压力应该并举,才能推动一国内部的民主理念传播和实践。① 正向联系的一个极端形式是移民,即通过人员流动带来新文化和新观念,美国自身就是一个典型案例。② 如果说对主导国家的关注重视的是文化变迁的"供给方",那么对文化变迁的考察也需关注接受国家的引进和吸收。文化变迁的"需求方"应分析一些国家为何变革自身的文化传统、如何接受新的文化规范和理念。③ 郭定平认为传统的创造性转化非常关键,政治文化变迁的正确之道在于利用优秀的传统文化资源,开拓内源性发展道路,同时吸收外国政治文明的优秀成果,推动传统的创造性转化。④ 这里,文化和观念自身的内容以及其扩散和传播成为关注的重点。

---

① Steven Levitsky and Lucan A. Way, "International linkage and Democratization", *Journal of Democracy*, 2005, 16(3), pp.20-34; Steven Levitsky and Lucan A. Way, "Linkage versus Leverage: Rethinking the International Dimension of Regime Change", *Comparative Politics*, 2006, 38(4), pp.379-400.
② 参见[法]托克维尔:《论美国的民主》(上卷),董果良译,商务印书馆1988年版;李剑鸣:《文化接触与美国印第安人社会文化的变迁》,《中国社会科学》1994年第3期。
③ 参见郭定平:《论日本儒家政治文化的发展与变异》,《江苏社会科学》2016年第3期。
④ 郭定平:《东亚儒家文化与民主转型:一种理论分析框架》,《复旦政治学评论》2010年第8辑。

二、政治文化变迁的逻辑

文化变迁的既有研究有的关注经济、生产方式等外在结构性因素,有的关注行为者的能动策略,还有的重视文化本身的内容及其扩散,尚未形成一个整体性的思路。相较之下,在制度变迁的研究中,学者们往往采取折中的办法,将外在的结构性因素和行为者的能动作用结合起来,用以解释制度的延续和变迁。道格拉斯·诺斯(Douglass North)将非正式的习俗和行为准则也视为制度,制度和文化在这种状况下已相差无几,因此制度变迁的相关研究对于理解和解释政治文化变迁也有启发。在《制度、制度变迁与经济绩效》(*Institutions, Institutional Change and Economic Performance*)一书中,诺斯认为制度对组织和企业家有着显著的影响,提供规则并影响其目标和行为,而反过来追求财富和收入最大化等目标的组织和企业家也能够影响制度的变迁。在经济稀缺环境下,组织在竞争中不断更新技术和知识,在对知识的持续投资以及经济的互动中改变经济环境中的机会和选择,最终推动制度的改变。诺斯认为制度变迁的根本原因在于"相对价格"(relative prices)或偏好的变化,包括要素价格、信息成本和技术的变化,这些因素与组织和企业家的行动密不可分,是内生的。[1] 周雪光和艾云同样认为制度变迁需要关注行为者,即行为者为何有这样或那样的行为方式,以及这些行为之间的互动。以国企改制为例,各种制度

---

[1] See Douglass C. North, *Institutions, Institutional Change and Economic Performance*, Cambridge: Cambridge University Press, 1990.

第六章 政治文化的变迁

逻辑——国家对资源控制的逻辑、公共资产分配的逻辑、相关领域既得利益集团的行为逻辑,以及企业内部员工的行动逻辑都需要被考虑。① 唐世平提出的制度变迁的广义理论中,理念的竞争和对规则制定权的争夺是根本,制度变迁的机制遵从"变化—选择—延续"(variation-selection-inheritance)的过程。制度变迁的五个阶段是:(1)有关制度安排的新理念出现;(2)政治动员;(3)获得制度设定的权力;(4)将有关理念落地成为具体的制度设计;(5)将制度落地生根,赋予其正当性和稳定性。② 在后续的作品中,诺斯将制度初始选择的差异归因为意识形态或文化。③

研究制度变迁的学者将制度的起源和演变归因为文化和理念,那么文化及政治文化的变迁又源自何处? 在第五章的内容中,笔者指出政治文化对政治行为者的影响体现在两个层面:外在的结构性约束,内在的理念供给。稳定性和变动性是一体两面,政治文化的变迁即在于削弱这两个机制。与制度变迁的思路类似,解释政治文化的变迁需要把行动者和外在结构联系起来。区别于制度变迁,政治文化变迁的源头不是追求利润最大化的组织和企业家,而是追求政治意义的思想精英。政治文化变迁的最终实现关键在于新思想和新理念被民众接受并成为现实政治运行的规则。围绕政治文化变迁的逻辑,以下做具体的讨论和展开。

---

① 周雪光、艾云:《多重逻辑下的制度变迁:一个分析框架》,《中国社会科学》2010年第4期。
② See Shiping Tang, *A General Theory of Institutional Change*, London: Routledge, 2011.
③ See Douglass North, *Understanding the Process of Economic Change*, New Jersey: Princeton University Press, 2005.

首先,政治文化的变迁与人的特性息息相关。人是追求意义的动物,在政治上亦然,同时,意义的理解和解读又因人而异。解读的多样性给试图发现客观规律的实证研究带来了困扰,但从另一个角度看,这正体现了人的创造力和可变性,从而成为政治文化变迁的根源。格尔茨即指出:参与仪式的行为者对仪式的基本意义或体现的共同意识可能存在模糊或多元的认识,这为社会和文化变迁提供了契机。[①] 现实中文化的结构性影响总是与个体的反思和创新共存,因此不存在一成不变的政治文化。在一段时期后,文化内部必然出现多种流派和解读,乃至分裂成不同的阵营。接着,人还会沟通和交流,个体的新思想和新理念可以传播开来,为他人接受,外化成集体性的现象,乃至取代旧有的政治文化规范和理念。人的思考和沟通能力因而成为政治文化变迁的两大关键要素。在集体层面上,意义界定和解读的多样性意味着人类世界的政治文化总是多样的。由于政治文化与政治制度紧密相连,当现代国家兴起后,政治文化因而也具有了地域特征,现实中可以看到不同国家、地域之间政治文化的差异。国家与国家、人群与人群之间的联系日益加强后,政治文化之间的相互竞争、学习和借鉴也不可避免地出现,这成为一地政治文化变迁的外在原因。

其次,由于政治文化深刻塑造在其体系之中的行为者的思维惯性和价值观,行为者开始质疑自己的思维惯性和价值观需要有外在刺激,这与政治文化之外的政治、经济和社会现实息息相关。韦伯曾指出:任何特权团体都会创造出有关其天生

---

① Clifford Geertz, *The Interpretation of Cultures*, New York: Basic Books, 1973, p.165.

(特别是血统)之优越性的神话,在权力分配稳定-身份秩序也稳定的情况下,这种神话会被处于劣势的阶层所接受。但当群众跳出自然状态,开始思考有关支配秩序性质之时,高度特权团体的神话即会遭到处于劣势的阶层最激烈的攻击。① 民众的反思和质疑往往源自危机,即原有的政治文化及其引发的政治安排无法实践其承诺,或者难以解决面临的问题。政治危机可能源自内部,即其自身没有达到预期的目标,也可能与外在环境相关。斯科特指出:任何霸权都必然做出承诺,社会秩序必然不能实现部分或全部承诺,承诺和失信之间的鸿沟正是被统治群体申张权利的原因。② 承诺的失信可以表现为政治秩序和稳定的丧失,民众的日常生活难以保障,或者民众不再相信特定终极目标的可实现性等,具体与政治文化本身的内容相关。如在承诺人民主权的政治文化下,如果民众在现实中没有感受到自身在政治中占据主体地位,那么不满乃至否定情绪就会出现乃至蔓延开来。拉斯韦尔认为民众的不满情绪,不论是源自战争失败、经济萧条还是灾难,都会削弱占统治地位的象征和实际措施。③ 政治危机或衰败有利于新思想和新理念的涌现,这也是为何思想大繁荣往往出现在政治大变动的时刻。

除了考虑政治文化与外在现实状况的匹配,笔者认为还需关注政治文化本身的内涵和特点。每一种类型的政治文化在具有特点和长处的同时,也存在相应的弱点和问题。韦伯很早

---

① [德]马克斯·韦伯:《支配社会学》,康乐、简惠美译,广西师范大学出版社2004年版,第19页。
② [美]詹姆斯·斯科特:《弱者的武器》,邓广怀等译,译林出版社2011年版,第408页。
③ [美]哈罗德·D.拉斯韦尔:《政治学:谁得到什么?何时和如何得到?》,杨昌裕译,商务印书馆1992年版,第139页。

就有相关的思考,他指出现代文明的全部成就和问题都源于价值理性与目的理性之间的紧张和对立:价值理性和卡理斯玛型的行动具有非常态和革命性质,可以打破僵化的传统习惯,推进理性化过程,但其往往也难以持续;目的理性的行为则只为追求功利目的,势必漠视人的情感和精神价值,导致行为的常规化,使社会生活丧失多元价值的创造性,反而使得其与传统主义有实质趋近的一面。① 目的理性为主导的社会容易出现道德相对主义,导致价值混乱,价值理性主导的社会则面临价值之间的"诸神之战",难辨高下。②

下面以本书提出的政治文化理想类型为例,作进一步探讨。区分理想类型的两个维度即政治权力是否存在预先设定的终极目标,以及政治权力的掌握主体是共同体内的少数人还是所有人。

预先设定终极目标的政治文化给人带来希望和确定性,会塑造包括统治者在内的行为者的偏好和行为,正当化某些类型的政治行为,同时民众的认同感和期待往往较高。但同时,这种政治文化也存在相应的挑战。其一,对于终极目标的确定和解读,诸如"善治""仁政",精英们往往见仁见智,共识很难出现。即使在早期出现了卡理斯玛型的人物,能够统一大家的认识,后续的追随者在日常实践的过程中也面临着变与不变的两难选择:反思力和创造力的存在使得包括追随者在内的行为者倾向于重新解读乃至修订创立者的"权威话语"。这一方面有利于树立追随者自身的权威,另一方面也有利于应对新的情

---

① 苏国勋:《理性化及其限制:韦伯思想引论》,商务印书馆 2016 年版,第 91 页。
② 张灏:《幽暗意识与民主传统》,新星出版社 2010 年版,第 127 页。

况,但这么做有可能破坏既有的传统。如果新的解读和修订无法得到其他精英的认同,纷争可能再起,危及根本;而如果追随者坚持传统、保持不变,则需要对思想和言论进行管控,压制后来者的思考力和创造力,这会导致思想的僵化,同时难以应对新的环境和状况。其二,终极目标往往涉及公共理想和利益,与人自利的一面可能存在张力。当理想目标难以达到或者缺乏监督实施机制时,人的自利倾向会开始占据上风,导致言行不一致、"说一套做一套"现象的出现,民众的希望由此变成失望。张善若认为,理想目标过高和不切实际会导致现实主义的利益交换被迫变成地下活动,从而滋生出"潜规则",这些潜规则反过来又严重阻碍道德理想的实现。① 张灏指出儒家虽然对道德实践的艰难性有所认识,但还是认为少数人可以克服困难、成贤成圣,而圣贤一旦出现,权力便应交给他。这里的问题在于:即使人能够成圣成贤,谁能保证他在享有权力后不受权力的熏陶腐化?② 中国古代不少君主在位早期尚能励精图治,到了晚期则逐渐懈怠散漫,乃至昏庸无道。

相对地,在否认政治存在预定的理想终极目标、持现实主义政治观的政治文化环境中,政治精英之间围绕权力和支配地位展开互动和争夺,民众则对政治和公共生活没有更高的期待。政治秩序能够维持的前提在于统治者有长期统治的预期,对民众是"放水养鱼"而不是"雁过拔毛",同时政治精英之间的权力斗争不会走向失控,危及整体政治秩序以及民众的人身安

---

① Shanruo Ning Zhang, *Confucianism in Contemporary Chinese Politics: An Actionable Account of Authoritarian Political Culture*, New York: Lexington Books, 2015, pp.71-77.

② 张灏:《幽暗意识与民主传统》,新星出版社2010年版,第124页。

全和日常生活。如前所述,行为者个体的理性并不能推导出个体之间的合作和整体秩序,相反,霍布斯式"所有人与所有人之间的战争"状况很可能出现。政治精英之间的和平在这种政治文化环境下往往难以长期维持,政变时常出现,民众的政治认同感会很低,随时可能改变自己支持的对象。中世纪结束后的意大利的政治局势就是一个典型:当时的政治精英,包括教廷、国王和贵族等,相互之间的算计、欺诈、谋杀等现象不胜枚举,挥霍公帑、卖官鬻爵、叛变造反等现象层出不穷。① 在这种状况下,人们渴望秩序、期待更好政治生活的一面往往会被激发起来,对现实主义的政治文化形成挑战。随后在佛罗伦萨、米兰、威尼斯等地的城市共和国实践,很大程度上是对此前政治状况的反叛。②

在政治文化的第二个维度——政治权力的掌握主体方面也存在两种情形。在主张等级制的政治文化下,参与政治生活、掌握政治权力者往往是少数人。为了维护等级秩序,统治精英往往利用符号、话语和仪式等彰显差异的正当性。这有利于巩固精英之间的团结,但反过来会压制民众的政治参与感和效能感,降低国家的整体动员能力。接着,在这样的政治文化情境下,政治安排往往缺乏变动,乃至僵化,会阻碍社会整体的变动和发展。两者加总起来,往往使其难以持续应对外部威胁。当统治精英肆意妄为或者无法为民众提供基本的安全和生活保障时,民众只能诉诸暴力,发动起义或革命,从而引发剧

---

① 参见[瑞士]雅各布·布克哈特:《意大利文艺复兴时期的文化》,何新译,商务印书馆1979年版,第二至五章。
② [英]昆廷·斯金纳:《近代政治思想的基础》(上),奚瑞森、亚方译,商务印书馆2002年版,第21页。

烈的政治动荡。

与之相对,在强调政治权力由平等公民共同掌握的政治文化环境下,基于个体自由和平等组织起来的政治共同体有利于调动个体的积极性和创造力。其顺利运行也有着两个相应的前提。其一,个体参与政治的诉求可以多样、方式可以各不相同,但共同体政治运行的基本规则需提前确定。诸如政治统治权力如何产生、政治决策如何做出,个人参与政治的方式和途径有哪些,国家权力与个人权利之间的边界为何等问题需要有明确的共识,这并非易事。其中的挑战在于,个人政治自由和共同体基本规则之间的界限往往难以划清,例如,具有自由权利的人提倡或推动具有潜在的反自由倾向的政治纲领,应如何处理?其二,平等主义政治文化往往以制度的程序正义为根本保障,往往是代议制和多数决定制。其可能面临三种挑战:一是托克维尔所担忧的多数人的暴政,即在多数人决定之时忽视或者剥夺少数人的正当权益;二是由于各方基本价值观或根本利益的冲突引发的政治僵局;①三是程序性的安排如何保证实质性的政治目标的达成,在代议制民主的条件下具象为如何保证选举出的代议者和执政者服务民众。② 如果说等级制政治文化对统治者和精英有着极高的期待和要求,那么平等主义政治文化则对民众有着很高要求,即公民文化研究中展现的理想状态的公民形象。达尔发现即使在成熟民主国家,现实中只有一小部分公民关心政治、对政治知识很了解、愿意为公共事务

---

① 进一步的讨论,参见包刚升:《政治危机何以形成:一项基于自由政体学说的理论分析》,《学术月刊》2019 年第 11 期。
② 进一步的讨论,参见胡鹏、张诗羽:《找回政治问责:西方代议制民主的挑战与出路》,《复旦政治学评论》2019 年第 21 辑。

作出贡献,大部分民众无法达到理想公民的要求,更遑论新兴民主国家。① 总的来看,任何一种类型的政治文化都有着支撑自身运作的前提条件或基础,当这些条件或基础丧失时,弊端即会显现,政治危机随之到来。

最后,政治危机之外,政治文化变迁的出现还需要新的思想资源。尤尔根·哈贝马斯(Jürgen Habermas)认为社会规范不足以解决社会问题或人们对规范正当性的质疑时,合法性危机会导致理性权威的动摇,如果权威由意识形态提供,那么理性权威的动摇会使人们开始怀疑甚至批判意识形态。② 金观涛和刘青峰在对中国历史进行回顾后,提醒道:危机并不一定动摇既有的政治文化。在古代中国,政治社会弊病的出现往往被认为是贯彻道德理想不力的结果。士大夫将王朝末年出现的官僚机构膨胀和吏治腐败、君王不作为以及土地兼并等现象归咎于道德理想被遗忘、君主没有以身作则成为道德楷模,官僚机构腐败则源于官吏的个人道德败坏,经济问题乃至民变的出现同样归咎于没有实施仁政和德治。在这种认识下,政治社会危机并不会动摇既有的政治文化,相反,危机反而会加深精英和民众对原有政治文化理念的认同。王朝更替成为恢复旧有政治理想的契机,儒家政治文化反而在政治动荡和危机中延续下来。③ 与中国类似,古代日本的改革口号都是恢复古

---

① Robert Dahl, "The Problem of Civic Competence", *Journal of Democracy*, 1992, 3(4), pp.45-59.
② 参见[德]尤尔根·哈贝马斯:《合法化危机》,刘北成、曹卫东译,上海人民出版社 2000 年版。
③ 参见金观涛、刘青峰:《中国现代思想的起源:超稳定结构与中国政治文化的演变》,法律出版社 2011 年版。

制,如"恢弘往昔""王政复古"。① 史天健认为当外在环境和个人内心文化规范不再匹配时,个人往往不会改变自己心中的规范取向,而是责怪外在环境的变化,认为"世风日下、人心不古",主张回归到旧有的文化传统。② 因此,只有新的思想和文化资源出现时,政治文化才有变迁的可能。一方面,外来冲击否定了危机来自文化思想体系内的执行者的观点,凸显文化规范本身的问题。金观涛和刘青峰指出:道德规范越具体,它在社会组织中担负的功能越强,那么在社会变迁或面临外来冲击时,原先可行的道德规范变成不可行的可能性越大。③ 接着,新思想和新理念提供了新的可能和出路,让既有体系内的行为者多了一个选择:不是怀念和维护旧有文化传统,而是建立新的政治文化规范。如发生在法国的大革命成为20世纪中国学术界讨论最多的外国革命事件,这推动了革命话语和实践在中国的兴起。④ 在外来文化和理念进入时,既有的政治文化及其支持者往往会行动起来予以抵抗。世界诸多国家在面对源自西欧的现代性冲击时都出现了捍卫既有道统的文化守成主义。⑤ 政治文化的变迁因而并非一帆风顺、直截了当,其中涉

---

① [美]鲁思·本尼迪克特:《菊与刀》,吕万和等译,商务印书馆1990年版,第52页。
② See Tianjian Shi, *The Cultural Logic of Politics*, Cambridge: Cambridge University Press, 2015.
③ 金观涛、刘青峰:《中国现代思想的起源:超稳定结构与中国政治文化的演变》,法律出版社2011年版,第39页。
④ 高毅:《法兰西风格:大革命的政治文化》(增补版),北京师范大学出版社2013年版,附录一"中法文化在法国大革命问题上的历史性互动",第249—272页。
⑤ 参见[美]艾恺:《世界范围内的反现代化浪潮——论文化守成主义》,贵州人民出版社1991年版。

及思想、话语权乃至政治权力的争夺,也时常出现反复。在变迁的过程中,思想精英和民众这两个群体的作用非常关键。

其一是对现行政治文化不满、试图进行变革的思想精英群体。政治文化的变迁一定要有新的思想资源,能够提供新的可能性,而新思想和新理念需由特定人群提出或传入。卡尔·曼海姆(Karl Mannheim)将知识分子视为以为其所处社会提供一种对世界的阐释为特殊任务的社会群体。① 思想精英能够意识到自己所处的政治文化情境,总结其特点,发现其存在的问题,并提出新的思想和理念。萧高彦指出一流的政治思想家与其他人不同之处在于:面对同样的历史情境时具有高屋建瓴的关照能力,构建典范并创造政治观念。② 相比于经济与政治等外在环境的影响,韦伯指出宗教伦理主要由宗教资源本身形塑而成,宣誓与许诺等关键内容都由卡理斯玛式的人物创造和发明。③ 与此同时,思想精英还能形成话语,将新思想和新理念传播推广开来,以成员认可的方式构筑社会概念、塑造人的主体性。④ 思想精英就像韦伯笔下的扳道工那样,决定被利益驱动的行为的前进轨道为何。通过对欧洲近代历史的考察,张旅平发现宽松的环境使得知识精英充分发挥了自己在文化变迁中的作用,这对西方社会和文化的现代性演化起到了关键性的作用。⑤

---

① [德]卡尔·曼海姆:《意识形态与乌托邦》,黎鸣、李书崇译,商务印书馆2002年版,第158、166页。
② 萧高彦:《西方共和主义思想史论》,商务印书馆2016年版,第3页。
③ [德]马克斯·韦伯:《中国的宗教;宗教与世界》,康乐、简惠美译,广西师范大学出版社2004年版,第466页。
④ 李钧鹏:《知识分子与政治》,《社会》2011年第5期。
⑤ 张旅平:《马克斯·韦伯:基于社会动力学的思考》,《社会》2013年第5期。

第六章 政治文化的变迁

其二,思想精英之外,民众的重要性也不容忽视。思想精英是新思想和新理念的提倡者和推动者,代表着政治文化变迁的开始,而变动的最终实现取决于新思想和新理念能否为民众所接受、成为政治生活的规范。斯科特认为霸权意识形态要成为制造认同的有效工具须满足一个条件:它必须宣称其理念不仅仅为精英谋取利益,也同样适用于被统治群体,从而获得被统治群体的顺从和支持。[1] 霍尔发现政治生活中存在多种话语和理念,话语和理念竞争的胜负不仅取决于话语本身的内容,而且与其在更大范围内的制度优势、竞争中的资源状态有关。[2] 在传播政治理念、推动民众接受这个话题上,存在两种思路:一种可以称为"上层路线",一种可以称为"底层路线"。在"上层路线"思路中,霍尔认为关键在于理念创造者能否与政治权力的掌握者达成联盟,推行并实践自己的理念。[3] 孔子周游列国以游说诸侯,即属此类。在"底层路线"思路下,思想精英直接与民众进行对话,通过非官方的途径扩散和传播自己的思想和理念。启蒙运动、五四新文化运动更靠近此类。无论是上层路线还是底层路线,新思想的传播、扩散和落地都是关键问题。政治传播学者注意到符号、仪式和传播策略的重要作用。[4] 王汎森发现思想的传播与思想的创造不同,有着自己的

---

[1] [美]詹姆斯·斯科特:《弱者的武器》,邓广怀等译,译林出版社 2011 年版,第 409 页。
[2] Peter A. Hall, "Policy Paradigms, Social Learning, and the State: The Case of Economic Policymaking in Britain", *Comparative Politics*, 1993, 25(3), pp.275-296.
[3] Ibid.
[4] Lowell Dittmer, "Political Culture and Political Symbolism: Toward a Theoretical Synthesis", *World Politics*, 1977, 29(4), pp.552-583.

特点，它需要从深度、复杂、难懂走向更为浅显、易懂、口号化，实现"通俗易懂、老少咸宜"。① 在推动中国革命的进程中，中共通过"诉苦"、揭露旧社会的黑暗等方式塑造参与者的政治认同，锻造新人。② 借用特纳的理论，杨国斌指出，社会运动或者革命改变参与者认同和观念的前提在于将结构化、类型化和层级化的社会文化转变为非结构化、初始化和非层级化的阈值（liminality）状态。社会运动或革命因此与仪式类似，将参与者与既有的结构性环境隔离开来，摆脱既有的政治文化束缚，从而在自由和认知解放的状态下形成新的价值偏好。③

基于上述讨论，本节搭建了一个分析政治文化变迁的逻辑框架，其核心内容在于：**内在的政治危机促使思想精英寻找出路，而外在环境提供了新的可能性，在思想精英的创造和推介下，新的政治思想和理念转化成普通民众知晓并认同的话语和规范，成为现实政治运行的新规则，政治文化发生变迁**。政治文化变迁的前提在于既有的政治文化规范和政治秩序难以维系，危机出现，同时外在出现了新的思想资源。在动态演进的过程中，思想精英发挥着引领作用，提出、传播和扩散新的可能性和出路，推动民众弃旧扬新以建立新的政治规则。以下分别

---

① 王汎森：《思想是生活的一种方式：中国近代思想史的再思考》，北京大学出版社2018年版，第9—10页。
② 彭正德：《土改中的诉苦：农民政治认同形成的一种心理机制——以湖南省醴陵县为个案》，《中共党史研究》2009年第6期；李放春：《苦、革命教化与思想权力——北方土改期间的"翻心"实践》，《开放时代》2010年第10期。
③ Guobin Yang, "The Liminal Effects of Social Movements: Red Guards and the Transformation of Identity", *Sociological Forum*, 2000, 15(3), pp.379-406.

以发生在近代欧洲和中国的政治文化变动为例,具体展示上述逻辑框架。

三、文艺复兴、宗教改革与启蒙运动

欧洲政治文化的变迁是本章关注的第一个案例,其主要由三个相互联系的重要事件组成:文艺复兴、宗教改革和启蒙运动。文艺复兴发生于14—16世纪,宗教改革发生在16世纪,启蒙运动则从17世纪末持续到19世纪初。作为主要发生在欧洲的思想文化运动,文艺复兴、宗教改革和启蒙运动相辅相承:文艺复兴和宗教改革极大地冲击了以宗教为基础的神权政治,推动了人文主义的兴起。启蒙运动以英国经验主义哲学和法国理性主义哲学为思想基础,高举理性、宽容、进步的大旗,使人类步入了"理性时代"。① 蒋百里认为文艺复兴的要素为三:一为个性主义,二为自然主义,三为美术思想。② 他写道:"个性之流,滔滔焉迄于今未有也。"并接着论述道:"曰自由,所以明个性之内质也;曰平等,所以明个性之外延也;曰博爱,所以律个性与个性之关系也。"③邓晓芒认为西方启蒙运动是在一种霸权语言自身的危机中创造新时代语言的运动。具体来看:启蒙运动以人本主义和理性主义为核心概念,确立起自由主义的价值原则,这种自由主义的精神使得人类社会出现宽容的精神、民主的制度。④ 经历了文艺复兴、宗教改革和启蒙运

---

① 邢来顺:《启蒙运动与德国的文化民族主义》,《浙江学刊》2007年第3期。
② 蒋百里:《欧洲文艺复兴史》,东方出版社2007年版,第119页。
③ 同上书,第236页。
④ 邓晓芒:《西方启蒙思想的本质》,《广东社会科学》2003年第4期。

动的欧洲,涌现了多种现代政治思潮,政治秩序和安排也出现了剧烈变动。葛兰西曾经高度评价启蒙运动,认为法国大革命是启蒙运动广泛传播导致的结果。① 1789 年的法国大革命是一场震撼欧洲的政治社会革命,法国革命"自由、平等、博爱"的口号及实践后来扩散到欧洲其他地区乃至全球,1848 年欧洲数国相继爆发反对君主贵族统治的革命。亨廷顿认为 1828—1926 年是人类历史上的第一波民主化浪潮,其主要发生在北美和欧洲大陆,在约一百年的时间内,共计有 30 多个国家建立了至少是最低限度的全国性民主制度。② 在这个过程中,选举民主逐步取代暴力、血缘继承和任命,成为权力交接最具正当性的制度安排。③

如何解释欧洲政治文化的变迁? 首先需要关注的是中世纪以来欧洲旧有政治文化的衰败。西罗马帝国衰亡后,欧洲出现了政治分立,宗教信仰成为维系政治体之间联系的纽带。中世纪的基督教信仰十分强大,不仅渗透到民众的经济社会生活之中,而且为欧洲政治生活提供了一套规范系统,让分裂的欧洲依旧凝聚在一起。这套由宗教提供的规范不但影响个人生活,而且为政治和公共生活提供保障。中世纪政治思想的核心是自上而下的政府学说:权力属于最高的存在者,即上帝,以国王为中介,上帝将法律授予人类,每一个公职人员都是由"上

---

① 中共中央马克思、恩格斯、列宁、斯大林著作编译局国际共运史研究所编译:《葛兰西文选》,人民出版社 1992 年版,第 6 页。
② [美]塞缪尔·亨廷顿:《第三波:20 世纪后期民主化浪潮》,刘军宁译,上海三联书店 1998 年版,第 15—16 页。
③ 马骏:《实现政治问责的三条道路》,《中国社会科学》2010 年第 5 期。

面"任命,而非由群众大会选举。① 神权政治在现实中的表现是罗马教廷的统治,教宗超越国王拥有最高权威,主导关键的政治生活。② 以最高世俗权力王权的继承为例,得到教皇的加冕是国王获得统治正当性的关键安排,国王反过来大力宣扬君权神授,维护教廷的权威。③ 当然,围绕地区的主教任命权等问题,教权和王权一直存在博弈和竞争关系,这源自两者的不同正当性基础:一方立足于抽象的基督教教义,而另一方立足于具体的历史事实。④ 1076年,当神圣罗马帝国皇帝亨利四世试图挑战教廷的主教任命权时,教皇格列高利七世对亨利四世施以绝罚,通过将其开除教籍迫使其最终屈服,卡诺萨事件成为世俗权力屈服于教权的标志性事件。⑤ 与此同时,教会支配着人们生活的方方面面,包括洗礼、婚嫁、葬礼,乃至设立税收征管机构汲取民众的经济资源。教廷还掌握着相当程度的军事力量,能够号召军队为其作战。为了维持自己的统治地位,教会禁止对教规作任何改变,也阻止有其他信仰或无信仰的人带来的任何变革。⑥ 西班牙曾设立宗教裁判所,对任何违背教义的行为进行严酷镇压,将新思想扼杀

---

① [英]沃尔特·厄尔曼:《中世纪政治思想史》,夏洞奇译,译林出版社2011年版,第9页。
② 参见上书第四章。
③ [美]威廉·曼彻斯特:《黎明破晓的世界:中世纪思潮与文艺复兴》,张晓璐、罗志强译,化学工业出版社2017年版,第24页。
④ [英]沃尔特·厄尔曼:《中世纪政治思想史》,夏洞奇译,译林出版社2011年版,第38页。
⑤ [美]弗朗西斯·福山:《政治秩序的起源:从前人类时代到法国大革命》,毛俊杰译,广西师范大学出版社2012年版,第260页。
⑥ [美]威廉·曼彻斯特:《黎明破晓的世界:中世纪思潮与文艺复兴》,张晓璐、罗志强译,化学工业出版社2017年版,第26页。

在摇篮之中。在这一系列的安排下,基督教在欧洲的神权统治得以长久延续。

然而到了14、15世纪,既有的安排逐渐出现危机。从以上叙述中可以看到,中世纪的欧洲存在的是拥有某种终极目标的等级制政治文化。如前所述,此类政治文化维系的关键在于统治者能够持续地遵守预先确定的准则、推动政治共同体朝着终极目标前进。然而到了14世纪,罗马教廷开始不再遵守其推崇和坚持的教义,教廷权威因而走向衰败。私领域内,亚历山大六世成为第一位公开承认自己与情人有子嗣的教皇,同时以大肆敛财和为儿子所进行的处心积虑的谋夺而闻名,他被认为是文艺复兴时期教廷沦落的象征。上行下效,基层的教士们也不再远离世俗和诱惑,开始放弃苦修,违反禁欲生活的律令。① 教会的内部治理体系也逐渐腐败、堕落。15—16世纪的教皇被认为是世界上最有钱的人,过着奢靡的生活。教廷内部政治勾心斗角,同时肆无忌惮地任人唯亲,教廷职位明码标价进行买卖。教会中,上级对下级的盘剥也十分严重:在教会中担任职务的人员在第一年必须将全部工资的一半上交给教廷,以后每年则上交十分之一,一旦教会职员去世,他的全部财产就归教廷所有。② 高级圣职人员挥霍无度的奢侈生活与底层教士的贫困潦倒形成了鲜明对比。③ 在教廷与信众的关系上,对于违反教会法和道德法行为,教会发放了无数用钱购买

---

① [美]威廉·曼彻斯特:《黎明破晓的世界:中世纪思潮与文艺复兴》,张晓璐、罗志强译,化学工业出版社2017年版,第55页。
② 同上书,第153页。
③ G.R.波特编:《新编剑桥世界近代史》(第一卷:文艺复兴),中国社会科学院世界历史研究所组译,中国社会科学出版社1978年版,第131页。

的特别豁免。① 最有名的莫过于赎罪券,早期的基督徒通过忏悔、宽恕、苦修来赎罪,从英诺森八世开始,教徒可以通过购买赎罪券来替自己赎罪,信仰的力量被异化成金钱的买卖。种种现象都标志着教廷赖以生存的纪律和规范之衰败和瓦解。在对外关系上,黑死病的出现及其导致的经济衰退等进一步冲击了罗马教廷的权威。精神信仰上的危机逐步出现,信众不再相信教廷能够实现真正的改革。② 威廉·曼彻斯特(William Manchester)评论道:在基督教崛起后的1 300多年,教会已经迷失了方向、被错误的准则所渗透,亵渎取代了虔诚,丑闻代替了崇拜,永恒的恩惠也变成了对权力的追求。③ 教廷的衰败标志着支撑欧洲中世纪政治格局的文化规范的衰败,道德约束缺失导致教廷所在的意大利出现持续的政治动乱和战争,乃至教廷所在之地的罗马都难逃数次被攻占洗劫的命运。旧有的政治文化规范和制度安排的衰败,也意味着教廷钳制思想、扼杀创造性的能力下降。

接着,在旧有文化体系"失范"之时,新的思想和文化资源开始出现。古希腊和罗马的文化遗产开始重见天日。许多古希腊时代思想家,包括忒奥克里托斯、阿里斯托芬、修昔底德、索福克勒斯、希罗多德、欧里庇得斯、荷马和柏拉图,以及古罗马时代的西塞罗等人的作品相继重新问世和流行。对古代典

---

① [英]托马斯·林赛:《宗教改革史》(上),孔祥民等译,商务印书馆1992年版,第17页。
② G.R.波特编:《新编剑桥世界近代史》(第一卷:文艺复兴),中国社会科学院世界历史研究所组译,中国社会科学出版社1978年版,第131页。
③ [美]威廉·曼彻斯特:《黎明破晓的世界:中世纪思潮与文艺复兴》,张晓璐、罗志强译,化学工业出版社2017年版,第53页。

籍的重现和传播为思想家和实践者提供了新的灵感和资源。15—16世纪,对柏拉图和亚里士多德作品的新发现和新解读推动了在意大利帕多瓦、博洛尼亚和佛罗伦萨等地哲学新思潮的兴起。① 政治思想家马基雅维利从古代历史中汲取并提炼出处理当代事务的准则和观点。② 在意大利北部兴起的城市共和国在很大程度上是对古希腊时代城邦的复兴。文艺复兴的"复兴"一词,意指重新认识和恢复古希腊、罗马的文化和思想传统。沃尔特·厄尔曼(Walter Ullmann)指出:13世纪后半叶开始,亚里士多德的作品开始流行,造成了思想上的转变,带来了一场观念上的革命,自下而上的政治思想开始挑战自上而下的神权思想。③ 接着,航海大发现大大扩展了欧洲人对地球和世界的认识,人的冒险精神张扬,罗马教廷的自然世界学说受到冲击。摆脱教廷控制的探险家开始突破传统的婚姻规范,甚至改变自身的精神信仰。这个过程中,各大文明体之间的沟通交流大大增加,在启蒙运动思想家伏尔泰、孟德斯鸠、黑格尔等人的作品中就能看到对中国情况的介绍。新大陆的发现也带来了丰富的物产和贵金属,这刺激了资本主义的发展,激发了国家对财富的渴望。国家间的竞争加剧,为了应对外部持续的竞争乃至战争环境,国家与资本的紧密程度大大提高。④

---

① G.R.波特编:《新编剑桥世界近代史》(第一卷:文艺复兴),中国社会科学院世界历史研究所组译,中国社会科学出版社1978年版,第141页。
② 同上书,第136页。
③ [英]沃尔特·厄尔曼:《中世纪政治思想史》,夏洞奇译,译林出版社2011年版,第154—155页。
④ See Charles Tilly, *Coercion, Capital and European States*, Oxford: Blackwell Press, 1992.

再者,无论是对既有政治文化和制度的反思和批判,还是发掘新的思想和文化资源,文艺复兴、宗教改革和启蒙运动能形成巨大影响力的首要条件都在于一大批思想精英的出现。由于教权和王权的分立以及欧洲封建制度的存在,欧洲新思想的发展所受的外部阻碍相对较小,随着教廷权威的下降以及各国对富强进步的渴望,思想精英在较为宽松的环境中快速崛起。15世纪结束后,在反教会运动的支持下,知识阶层开始兴起。一批对后世影响至深的文学家、科学家、艺术家、哲学家、教育家、政治学家以及神学家开始涌现。文艺复兴期间出现的著名艺术家包括米开朗琪罗、拉斐尔、波提切利、提香、达·芬奇等。这些艺术家不迎合既有的品味,相反,其在作品中给宗教题材赋予一种富有人情味的、理想化的气质,把神变成人的崇高的想象。[①] 文学和思想界出现了但丁、彼特拉克、薄伽丘、伊拉斯谟等巨匠。在艺术家、文学家、哲学家以及开明神学家的影响和推动下,人文主义兴起。通过重新发现拉丁和希腊古典文化,人文主义者开始强调人的智慧并非源自宗教,主张人首先应考虑现世的快乐和福利,而非虚无缥缈的来世,人的最高道德追求不是拯救自己的心灵,而是全人类的福祉。[②] 在科学界,哥白尼、布鲁诺、伽利略等人开始挑战教廷的世界学说,主张怀疑一切,推动了科学研究的兴起。启蒙运动时期则出现了孟德斯鸠、伏尔泰、狄德罗、洛克、霍布斯、卢梭、休谟、康德、密尔等一大批思想家,对英国、法国等西欧国家的政治社会变

[①] G.R.波特编:《新编剑桥世界近代史》(第一卷:文艺复兴),中国社会科学院世界历史研究所组译,中国社会科学出版社1978年版,第196页。
[②] [美]威廉·曼彻斯特:《黎明破晓的世界:中世纪思潮与文艺复兴》,张晓璐、罗志强译,化学工业出版社2017年版,第133页。

迁产生了巨大影响。当然,思想精英在各国的状态各不相同,格特鲁德·希梅尔法布(Gertrude Hèmmelfarb)发现启蒙运动时期法国形成了一个有组织和有潜在革命倾向的知识群体,相对的,英国的启蒙思想家则较为独立和分散,没有形成组织。①

　　三大运动在思想文化上的贡献非常丰富,这里我们聚焦政治文化的变革问题,其中两个群体最值得关注。一是宗教改革中出现的路德、加尔文、茨温利等人。出于对现有教廷的严重不满,路德于1517年10月31日将《九十五条论纲》张贴在维滕贝格大学教堂的大门上,开启了影响至深的宗教改革运动。② 在公开信中,路德抨击罗马教廷不再信守诺言、名声恶劣、脸面丧尽。③ 与之前通过宗教会议实现内部自我改革不同,路德选择直接与普通教众对话,用通俗易懂的话讲出赎罪券的问题,同时将普通教众从对罗马教会的畏惧中解放出来。④ 文艺复兴和宗教改革虽同是复古,复古的内容却有所不同:文艺复兴希望恢复希腊罗马之传统,宗教改革则欲使欧洲文化重返原始基督时代。⑤ 由于中世纪时期世俗事务与宗教事务紧密纠缠在一起,宗教改革不仅是对宗教教义解读的改革,也是结束教会和教会财产完全不受世俗权力控制以及教会

---

① [美]格特鲁德·希梅尔法布:《现代性之路:英法美启蒙运动之比较》,齐安儒译,复旦大学出版社2011年版,第5—6页。
② [美]威廉·曼彻斯特:《黎明破晓的世界:中世纪思潮与文艺复兴》,张晓璐、罗志强译,化学工业出版社2017年版,第162—163页。
③ [英]托马斯·林赛:《宗教改革史》(上),孔祥民等译,商务印书馆1992年版,第18页。
④ 同上书,第171页。
⑤ 蒋百里:《欧洲文艺复兴史》,东方出版社2007年版,第178页。

第六章 政治文化的变迁

经常侵占世俗领域等现象的运动。① 宗教改革的意义在于改变教权和世俗权力之间的关系,世俗力量逐渐占据上风。第二群人是包括马基雅维利、霍布斯、洛克、孟德斯鸠、卢梭等在内的政治思想家,其作品进一步推动了政治文化的变革。马基雅维利主张将政治和伦理区分开,认为国王应思考做什么才能实现有效的统治,而非实现正义或宗教的理想。② 霍布斯认为利维坦(国家)的建立源自力图摆脱自然状态的个人的授权。③ 洛克通过否定源于宗教的父权制主张人类天生自由、平等和独立,进而否定君主制,强调政府权力的产生必须经得个人的同意。④ 卢梭则提出了人民主权论,并指出人们只对合法的权力才有服从的义务。⑤ 霍布斯、洛克和卢梭三人的观点虽然各不相同,但都主张国家是人造物而非神造物,社会契约论的观点进一步彰显和推广了"国家由个人建立"的观点。⑥ 孟德斯鸠则否定专制政体,推崇共和政体,并提出了权力分立制衡的观点。⑦ 当然,启蒙运动在各个国家和地区的状态也有所不同,希梅尔法布认为英国启蒙运动体现了美德的社会学,法

---

① [英]托马斯·林赛:《宗教改革史》(上),孔祥民等译,商务印书馆1992年版,第13页。
② 参见[意]尼科洛·马基雅维利:《君主论》,潘汉典译,商务印书馆1986年版。
③ 参见[英]霍布斯:《利维坦》,黎思复、黎廷弼译,商务印书馆1986年版。
④ 参见[英]洛克:《政府论》(下),叶启芳、瞿菊农译,商务印书馆1996年版。
⑤ 参见[法]卢梭:《社会契约论》,何兆武译,商务印书馆2003年版。
⑥ 参见[英]霍布斯:《利维坦》,黎思复、黎廷弼译,商务印书馆1986年版;[英]洛克:《政府论》(上),瞿菊农、叶启芳译,商务印书馆1982年版;[法]卢梭:《社会契约论》,何兆武译,商务印书馆2003年版。
⑦ 参见[法]孟德斯鸠:《论法的精神》(上),张雁深译,商务印书馆1961年版。

国体现了理性的思想,美国则体现了自由的政治。①

最后,新思想在提出后也得到了迅速传播,对大众进行了启蒙和教育。古登堡的活字印刷术引发了传播革命,推动了西方科学和社会的发展。在印刷术的帮助下,古典作品一再刊行、广泛流传。西塞罗的文集在意大利一共印了 200 多版,维吉尔的作品印过 70 版。② 书籍的出版数量大幅增加,进一步鼓励了人们读书写字,这也推动了近代教育和学术的兴起。在 15 世纪,各地的学校数量成倍地增加,1500 年德意志的大学在校学生总人数比一个世纪前多了 3 倍。③ 大学的组织方式使人文主义的思想方便地通过文艺学院渗透到法学、医学和神学中去。④ 16 世纪,最初为上演宗教神迹剧而建立的修辞院(rederijkerkamer)转变成为传播新思想的社会场域,早期传播的是伊拉斯谟的人文主义思想,随后在尼德兰开始传播宗教改革思想。⑤ 旧有的拉丁文作品不再流行,新的思想阶层的影响在迅速扩大。法国启蒙运动中出现了一批文人或哲人团体,其不仅负责编撰《百科全书》,还主持沙龙,使巴黎成为欧洲的知识中心。⑥ 在这个过程中,图书馆、大学和现代学术机构纷纷建立起来。民众受教育程度的提高提升了其政治效能感和能

---

① [美]格特鲁德·希梅尔法布:《现代性之路:英法美启蒙运动之比较》,齐安儒译,复旦大学出版社 2011 年版,第 13 页。
② G.R.波特编:《新编剑桥世界近代史》(第一卷:文艺复兴),中国社会科学院世界历史研究所组译,中国社会科学出版社 1978 年版,第 134 页。
③ 同上书,第 6 页。
④ 同上书,第 135 页。
⑤ 同上书,第 87 页。
⑥ [美]格特鲁德·希梅尔法布:《现代性之路:英法美启蒙运动之比较》,齐安儒译,复旦大学出版社 2011 年版,第 5—6 页。

力,进一步削弱了旧有的等级制结构。

从以上概述可以看到,近代欧洲政治文化的变迁首先源自中世纪政治文化和秩序的衰败。当统治群体不再遵守既有的道德规范,也难以应对新情况时,旧有的政治文化出现了危机。政治社会现实令人不满,古希腊和罗马的思想被重新发掘并流行开来,地理大发现扩大了欧洲人的视野,文艺复兴推动了人文主义思想的兴起。人文主义者抛弃了对永生的信仰,主张享受现世的幸福,同时相信人类将理解并掌控自然的力量、领悟宇宙的本质,甚至决定自己的命运。① 宗教改革则将矛头直接对准罗马教廷,大大削弱了教廷的影响力以及对世俗事务的控制,将政治生活从服务于某种确定性的终极目标中剥离出来。启蒙运动进一步推动了民权学说的传播,个人主义和主权在民理论开始涌现。个人主义学说主张个人最清楚自己需要什么和能做什么,社会只有最大限度发挥个人自主性才能具有最大的活力。同时政府的正当性源自社会契约,民众让渡部分权利赋予政府执行处理公共事务的功能,而政府的统治需要得到人民的同意,人民可以通过民主选举来改变统治结构和统治者。② 金观涛和刘青峰认为自由平等作为非道德的正当性是西方16世纪以后最惊人的创造:权利只能算"规则的道德",既不包含德性,更没有涉及向善的意志。③ 启蒙运动及其影响下的革命冲击了旧有的等级制度,推动了平等主义政治观的出现

---

① 参见[美]威廉·曼彻斯特:《黎明破晓的世界:中世纪思潮与文艺复兴》,张晓璐、罗志强译,化学工业出版社2017年版。
② [美]格特鲁德·希梅尔法布:《现代性之路:英法美启蒙运动之比较》,齐安儒译,复旦大学出版社2011年版,第333页。
③ 金观涛、刘青峰:《中国现代思想的起源:超稳定结构与中国政治文化的演变》,法律出版社2011年版,第332页。

和流行,第一波民主化浪潮就是上述理念的具体实践。

四、清末新政和五四新文化运动

与欧洲类似,中国在近代也经历了政治文化的变动。1840年的鸦片战争被界定为中国近代史的开端,中国历史由此进入了不同的时刻,开始了新的历程。维系传统中国政治的是一套源自儒家思想,强调道德理想目标、主张等级秩序的政治文化。其内容大致包括:政治的核心目标在于推行仁政,同时政治和社会的和谐有序立基于一套主张上下尊卑的等级制度,每个人应遵守礼法;身居高位者应以德服人,刑罚只是教化的辅助手段;民众只有当统治者放弃仁政、转而实施暴政时才有反抗的正当性,起义和混乱结束后,新的统治者需回归仁政。① 与欧洲中世纪的政治文化类似,传统中国最高统治者的正当性受命于天。在天命观中,上天对一个统治者的不满会通过自然灾害或异像来表现,统治者虽然不能完全决定自己的命运,但可以通过德行影响天的意愿,这鞭策统治者勤理朝政、推行仁政。② 周雪光追随韦伯对支配正当性的分析,认为传统中国政治的核心特征可以被概括为君主官僚制。这其中君主承继天命、掌握统治权,辅佐君主的文人官员有行使官僚权力和实践儒学礼教的双重角色,因此受到官僚等级制度和道德礼仪准则的双重约束。儒学礼教同样也是皇权的约束机制,体现在

---

① [美]费正清:《中国:传统与变迁》,张沛译,世界知识出版社2002年版,第218页。
② 赵鼎新:《天命观及政绩合法性在古代和当代中国的体现》,《经济社会体制比较》2012年第1期。

第六章　政治文化的变迁

言官、廷议、"罪己诏"等各种仪式之上。① 在政治制度的安排上,基于天命观的皇帝为国家最高统治者,科举选拔的士大夫负责国家的日常治理,皇权加士大夫组成了核心的统治群体。② 这套政治文化规范和制度规则,历经两千多年、多次王朝更替依然延续了下来,直至晚清末年。

19世纪末到20世纪上半叶,中国政治经历了革命性的变化,旧有的政治文化和秩序安排受到了极大挑战。晚清朝廷首先在内部主动进行变法,试图从君主专制转变为君主立宪制。接着,1911年爆发的辛亥革命终结了皇权统治,虽然之后出现过袁世凯称帝、张勋复辟等反复,但君主官僚制最终被现代政党政治取代,退出了历史舞台。1949年以后,执政党把人民放在首位,人民主权论取代天命观成为国家政治的根本原则。周雪光认为当代中国国家的正当性建立在以法理权威为表、但更多地表现出卡理斯玛权威为实的混合型基础之上,传统权威及其与之俱来的政治文化中的糟粕被摒弃。③ 从政治制度安排和实践来看,虽然等级分明的官僚体制依旧十分重要,但普通民众在国家政治生活中的地位大大提高。"人民当家作主""男女平等""法律面前人人平等"等理念深入人心。中华人民共和国成立后,1954年制定的《宪法》第86条明确规定:"中华人民共和国年满十八岁的公民,不分民族、种族、性别、职业、社会出

---

① 周雪光:《中国国家治理的制度逻辑:一个组织学研究》,生活・读书・新知三联书店2017年版,第56—72页。
② 参见钱穆:《中国历代政治得失》,生活・读书・新知三联书店2001年版;赵鼎新:《东周战争与儒法国家的诞生》,华东师范大学出版社2011年版。
③ 周雪光:《中国国家治理的制度逻辑:一个组织学研究》,生活・读书・新知三联书店2017年版,第69页。

身、宗教信仰、教育程度、财产状况、居住期限,都有选举权和被选举权。但是有精神病的人和依法被剥夺选举权和被选举权的人除外。妇女有同男子平等的选举权和被选举权。"① 虽然中国的政治文化变迁尚未完成,不时也遭遇反复。邹谠即指出,20 世纪的中国政治尚未发展出能够理性解决冲突的制度性结构和社会心理期望。② 但无论从政治权力的目标还是政治权力的掌握主体来看,当下的状态与晚清时代相比已出现巨大差异。张灏将 1895—1925 年前后约三十年的时间视为中国思想文化由传统过渡到现代、承先启后的关键时代,无论是思想知识的传播媒介还是思想的内容,均有突破性的巨变。③ 晚清和民国初年因而成为中国政治文化变革的一个关键时代,晚清新政和五四新文化运动是其中重要且具代表性的事件。

与文艺复兴初期的欧洲类似,晚清中国也面临着巨大危机。清廷的危机有着内外两方面的根源。内部方面,乾隆后期政治问题浮现:君主老迈昏庸、政府功能和效率严重蜕化、从上而下的腐败滋生,社会的不安定因素成为民变与叛乱的温床。④ 本应成为道德表率的君主和大臣丧失自律,引发内部政治危机。与过去王朝的不同之处在于,乾隆后期中国的外部环境发生了巨大变化。千年未有之大变局的根源在于中国面临了新的国际环境。玉米、甜薯、花生、烟草的引进改变了农业生产结构、使得人口激增,与此同时,对外贸易使得白银和铜钱大

---

① 《中华人民共和国宪法(1954 年)》,中国人大网,http://www.npc.gov.cn/wxzl/wxzl/2000-12/26/content_4264.htm,最后浏览日期:2020 年 6 月 17 日。
② 邹谠:《二十世纪中国政治》,牛津大学出版社 2004 年版,第 199—202 页。
③ 张灏:《幽暗意识与民主传统》,新星出版社 2010 年版,第 134 页。
④ [美]孔飞力:《中国现代国家的起源》,陈兼、陈之宏译,香港中文大学出版社 2014 年版,第 16 页。

量流入中国。乾隆时代人口大增,经济规模由于农业结构性变化以及商业急剧扩张而空前扩大。① 除了经济贸易上的联系,晚清中国还被强行拉入以主权国家为单位、以国力竞争为准则的国际体系之中。欧洲的政治经济变革催生出一大批扩张型的国家,以民族国家和资本主义为主要特征的模式开始向外扩张。② 对中国而言,鸦片战争即是开端。在随后的一系列外敌军事入侵中,清朝遭遇了巨大的挫折,被迫签订了一系列不平等条约。如果说早期的鸦片战争尚未带来整体性的冲击,那么后来的甲午中日战争和八国联军入侵则给包括清廷最高统治者在内的精英集团带来了巨大危机感。邹谠称之为"整体性危机",他指出,在外部冲击下,中国内部出现了政治经济社会文化制度的全面崩溃,地主、士大夫和官僚三位一体的集团被彻底击溃。③ 中国由此在 20 世纪很快进入"革命年代"。

西方列强在给晚清中国施加巨大压力的同时,也打开了中国对外封闭的大门。一部分中国人开始"开眼看世界":林则徐组织翻译了《四国志》,魏源将林则徐主持翻译的西方史地资料《四洲志》和历代史志等增补为《海国图志》,介绍世界各国的地理、历史、科学技术发展的情况,并总结鸦片战争的经验教训。此后,中国对外来思想、经验的了解和学习几乎没有中断。无论是清末的洋务运动、预备立宪,还是五四新文化运动,本质上

---

① [美]孔飞力:《中国现代国家的起源》,陈兼、陈之宏译,香港中文大学出版社 2014 年版,第 16 页。
② See Theda Skocpol, *States and Social Revolutions: A Comparative Analysis of France, Russia, and China*, Cambridge: Cambridge University Press, 1979.
③ 邹谠:《二十世纪中国政治》,牛津大学出版社 2004 年版,第 47—54 页。

政治文化新论

都是希望通过引入外来的思想和理念来改变中国。回看欧洲,中世纪的危机与罗马教廷相关,新思想则源自古希腊、古罗马乃至新世界的典籍。外来冲击存在,但问题更多地源自内部。文艺复兴和宗教改革都主张回到更早的传统之中,去发现新的出路。对中国而言,西方国家既是打破中国旧有政治文化和制度安排的直接责任者,也是中国新思想和新出路的提供者。相比于欧洲,中国的变革受到的外力影响更大、更深,思想精英对此的感情一直非常复杂,文化民族主义和守成主义也更为显著。

欧洲的变革开始于涵盖文学、艺术、哲学等领域的文艺复兴,中国的变革则起源自清廷内部一批主张革新的士大夫发起的自强运动。鸦片战争后,清廷内部一批官员开始了洋务运动:通过官办、官督商办等方式发展近代工业,以获得强大军事装备,增强国力。为此清廷还派出了数批官派留学生,目的在于学习西方的军工技术和经验。与文艺复兴相比,中国自强运动的实用性特征明显,林则徐的"师夷长技以制夷"之说即为代表。在这个过程中,通商口岸工商业等物质文明的发展带来了思想和文化上的革新,但这些新观念和新思想的传播速度非常缓慢,与旧有的文化传统相比仍势单力薄。费正清指出:洋务派所办的邮局、报社及向海外派遣留学生的举动,均为将西方的榜样嫁接到本土之上,结果本土的惰性阻碍了现代化的进程并扼杀了革新的诉求。① 利用西方宗教发动的太平天国运动反而激发了汉族士大夫群体的文化守成主义。曾国藩发表的

---

① [美]费正清:《中国:传统与变迁》,张沛译,世界知识出版社2002年版,第233页。

第六章 政治文化的变迁

《讨粤匪檄》、张之洞后来撰写的《劝学篇》均反映了晚清汉族政治精英的心态：无论是讨伐太平天国还是推行洋务运动，其目的均在于维护中国的政治文化传统和规范。张之洞提出"中体西用"的主张，并认为"民权之说，无一益而有百害"。在这个阶段，中国政治文化的变革速度非常缓慢。费正清尖锐地指出：当外界压力增大时中国便暂时做出应对，危险过去后则依然故我，照此说来，若不彻底摧毁旧的社会结构，就无法建立起现代化的中国。①

在内部动力不足的情况下，只有外部危机的加深才能推动进一步的变革。1894年的中日甲午战争对清廷而言是一个巨大的震动：曾经是中国追随者的日本在维新运动后快速崛起，并在战场上击败了开展洋务运动三十余年的中国。只学器物不问其他的洋务运动破产。1898年的戊戌变法标志着中国政治文化变迁的开始，具体表现为如下两个方面。其一，在一部分底层士大夫的辅佐下，光绪帝主持的变法第一次触及政治制度，提出了开放言路、精简机构、任用新人等措施，同时推行经济、军事改革。其二，维新运动推动了底层政治运动的兴起，学会的组建、报纸的出现代表独立的政治组织和力量以合法的面貌首次出现。戊戌变法虽然受累于权力斗争迅速失败，但当清廷的排洋运动遭遇挫折、引发更大规模的外部入侵后，清廷统治者于1901年重启新政，重拾戊戌变法的思路。在宣布新政后，清廷相继派遣高官出国考察，了解诸如英、法、美、德、日等国的政治制度和安排，一定程度上展现出主动学习他国经验的

---

① ［美］费正清：《中国：传统与变迁》，张沛译，世界知识出版社2002年版，第211页。

积极性。1906年端方考察西洋宪政回国,曾在《请定国是以安大计折》中指出:采用立宪政体还是专制政体是国家是否走向政治修明进而达到富强的关键所在,具体地,他认为中国应该建立权力分立、上下分权的君主立宪制。① 他同时认为立宪应有相应的文化和社会基础:

> 中国数千年来,一切制度文化虽有深固之基础,然求其与各国立宪相合之制度可以取而用之者,实不甚多,苟不以若干之预备,而即贸然从事仿各国宪法制定而颁布之,则上无此制度,下无此习惯,仍不知宪法为何物,而举国上下无奉行宪法之能力,一旦得此,则举国上下扰乱无章,如群而之戏舞,国事紊乱不治,且有甚于今日,是立宪不足以得安,而或反以得危矣。②

以日本为榜样,清廷宣布进行预备立宪,试图转型成为君主立宪国家。1908年8月,《钦定宪法大纲》颁布,成为中国第一部宪法性文件,其中规定了国体、君主和议会权力、民众的权利义务。在新政过程中,谘议局和资政院设立,成为中国代议机关的雏形。1895年后新式教育出现,书院和学堂设立新学科并介绍新思想。1900年,教育制度改革,大学开始建立,成为新思想的温床和集散中心。1895年至20世纪20年代,全国设立了87所大专院校。③ 1905年科举制被废除,儒家思想附着的重要制度安排消失。除了派遣大臣考察先进国家,甲午之后中国出洋留学人数大大增加,西方的思想和书籍大量引

---

① 张海林:《端方与清末新政》,南京大学出版社2007年版,第172—177页。
② 同上书,第179页。
③ 张灏:《幽暗意识与民主传统》,新星出版社2010年版,第136页。

第六章 政治文化的变迁

入。早在 1896 年已有中国学生东渡日本求学,1899 年增加到约 200 人,1903 年达到 1 000 人,1905 年底暴增为 8 000 人,到了 1906 年时,已有至少 1.3 万人在日本求学。① 报纸杂志、学会等也大量涌现。1895 年的报纸共有 15 家,1898 年增加到 60 家,1913 年是 483 家,五四时代则达到数千家。书局大量增加,中华书局、商务印书馆等出版机构成立。② 1895—1898 年,共计 76 个学会组织成立。③ 上一章曾经提到,传统中国的士大夫对于党派和社团活动总是持一种消极和负面态度,但到了清末时,中国的社团和政治组织却快速发展起来,吸引了一批政治精英的加入。

清末的立宪并未成功,武昌起义迅速引发连锁效应,辛亥革命推翻了清廷的统治,中国进入了共和时代。但好景不长,民主共和政体迅速衰败,国事如端方所言逐步紊乱不治,很快被军阀政治主导。周策纵认为辛亥革命虽然推倒了皇权,但革命以后中国民众的政治思想和活动都未离传统太远,大部分民众仍然遭受着守旧官僚的压迫,民众的思维没有发生改变,依旧服从权威,服从传统的伦理和政治教条。④ 另一方面,君主专制政体的垮台以及新兴政权的动荡,削弱了国家对思想和舆论的控制能力。科举制度的废除以及新式大学的建立,加上留学人才的归来,知识分子作为一个相对独立的群体开始在中国出现。面对革命后并未改善的政治社会状况,对外部世界和新

---

① [美]费正清:《中国:传统与变迁》,张沛译,世界知识出版社 2002 年版,第 270 页。
② 张灏:《幽暗意识与民主传统》,新星出版社 2010 年版,第 135 页。
③ 同上书,第 137 页。
④ [美]周策纵:《五四运动史》,陈永明等译,岳麓书社 1999 年版,第 13 页。

思想更为了解和敏感的知识群体开始变革既有的文化和传统,其中的标志性事件就是五四新文化运动。

新文化运动大致可以划分为三个阶段:1915—1918 年为酝酿期,1919—1923 年为鼎盛期,1924—1927 年为后续期。① 新文化运动期间涌现出了诸多思想和文化健将,包括蔡元培、胡适、鲁迅、李大钊、钱玄同、陈独秀等。同时也出现了很多新的刊物,如 1918 年北京学生和学者创办的《新潮》,其英文刊名就是 *Renaissance*(文艺复兴),以及《新青年》《太平洋》《每周评论》《国民》《少年中国》等刊物。② 出于对现状的失望与反感以及对未来和新出路的热切期望,五四新文化运动中出现了许多思想论争。这些讨论有两个共同的特点:一是使用新的语言,推动文言文向白话文的转变;二是常常围绕一些大家关心的问题而展开,如中西文化之间的关系,未来的国家与社会的形式、革命与改革的途径、新时代的人格典型。③ 借助新创办的刊物,这些争论得以展开并迅速扩大影响力。如《新青年》陆续发表了胡适、鲁迅、李大钊、刘半农等人的各种论说和白话诗文,第一次大规模地、公开地、激烈地反对传统文艺,直接抨击传统儒家学说。④ 以道德革命和文学革命为内容和口号的新文化运动开展起来,同时触及传统政治文化。陈独秀曾在《新青年》撰文谈及东西政治文化之差异:

> 儒者三纲之说为吾伦理政治之大原……近世西洋之

---

① 王奇生:《新文化运动是如何"运动"起来的》,《同舟共进》2009 年第 5 期。
② [美]周策纵:《五四运动史》,陈永明等译,岳麓书社 1999 年版,第 72、262 页。
③ 张灏:《幽暗意识与民主传统》,新星出版社 2010 年版,第 147 页。
④ 李泽厚:《中国现代思想史》,东方出版社 1987 年版,第 8 页。

道德政治,乃以自由、平等、独立之说为大原……此东西文化之一大分水岭也……此而不能觉悟,则前之所谓觉悟者,非彻底之觉悟,盖犹在徜徉迷离之境。吾敢断言曰,伦理之觉悟为最后觉悟之觉悟。①

王奇生认为《新青年》之所以能够推动新文化运动的发展,关键在于三点:依托北大的影响力、与最有名的杂志进行论战,以及推行白话文运动。② 新文化运动和剑指现实政治的五四运动相辅相成,思想论战与现实政治紧密联系。五四运动后,几百份白话刊物纷纷面世,西方著作的译本也迅速增加,报纸开始传播新思想,主张对一切价值取向进行重新审视。③ 知识分子除了推动新思想和新观念的流行,另一方面也介入现实政治活动之中,推动政治社会团体的建立和壮大。④ 通过辩论和讨论,虽然新知识分子认同一个中心原则:通过重新估价中国的传统和介绍西方的思想观念来创造一个新社会和新文化,但在何为适合中国的新社会和新文化的问题上,大家却难寻共识。⑤

从上面的讨论可以看到:中国政治文化的变动主要源自西方带来的政治军事冲击和新的思想和文化资源。与欧洲自身的变动相比,外部因素对中国的政治文化变迁的影响更为显著。在中国大一统的结构下,早期的变革推动者主要是嵌入在

---

① 转引自李泽厚:《中国现代思想史》,东方出版社1987年版,第10—11页。
② 王奇生:《新文化运动是如何"运动"起来的》,《同舟共进》2009年第5期。
③ [美]费正清:《中国:传统与变迁》,张沛译,世界知识出版社2002年版,第303页。
④ [美]周策纵:《五四运动史》,陈永明等译,岳麓书社1999年版,第259页。
⑤ 同上书,第255页。

既有政治体制内的开明士大夫,其变革既有政治文化的决心并不充分。相比到了五四新文化时代,变革既有政治文化的主力来自相对独立的知识阶层。李泽厚认为中国近代的注意力和力量大多集中在当前急迫的社会政治问题的研究讨论和实践活动中,从维新变法到革命,政治斗争优先于启蒙和文化。① 五四新文化运动则表现出强烈的反传统思想,认为传统是非理性的黑暗,阻碍中国的进步,必须全部扫除中国才能前途光明,激进化色彩显著。② 金观涛和刘青峰认为五四新文化运动后,权利这一概念很大程度上道德化,在这个过程中,英美启蒙思想式微,而法国启蒙思想通过日本传入中国,最终,通过对法国启蒙思想、科学一元论和马克思主义的选择性吸收和创造性重构,中国的政治文化发生了变迁。③

五、小结

孟德斯鸠曾言:一般来说,各族人民对于自己原有的习惯总是恋恋不舍的,用暴力取消这些习惯,对他们是悲惨的,因此,不要去改变这些习惯,而要引导他们自己去改变。用法律方式改变风俗和习惯过于横暴,如果用别人的风俗和习惯去改变自己的风俗和习惯,就要好些。改变习惯的最好方式是创立典范。④ 本章中,笔者将政治文化视为被解释变项,试图理清

---

① 李泽厚:《中国现代思想史》,东方出版社1987年版,第8—9页。
② 张灏:《幽暗意识与民主传统》,新星出版社2010年版,第121页。
③ 金观涛、刘青峰:《中国现代思想的起源:超稳定结构与中国政治文化的演变》,法律出版社2011年版,第357—371,383页。
④ [法]孟德斯鸠:《论法的精神》(上),张雁深译,商务印书馆1961年版,第310—311页。

政治文化变迁的逻辑。政治文化的变迁标志着政治共同体成员对于政治根本价值和游戏规则的认识的改变,是政治生活的根本变革。胡安·林茨(Juan Linz)和阿尔弗莱德·斯泰潘(Alfred Stepan)即认为民主转型完成的标志是通过选举程序产生政府的方式成为广泛共识,所有的政治行为者都只会在民主框架内开展政治博弈和互动,而不会试图推翻之或者建立新的规则,即民主成为"在场唯一的游戏规则"(the only game in town)。① 缺乏政治文化的变迁,即使具体的行为者和策略发生了改变,政治生活的基本形式和状态也不会出现变动。

整体来看,目前对政治文化变迁的研究依然十分不够,相关的理论解释也不够系统。对文化变迁的既有研究大致存在两种思路:强调经济等结构性因素的决定性作用,或是强调行动者的策略和方式。在制度变迁理论的启发下,本章提出了一个解释政治文化变迁的新逻辑框架。具体而言,其立基于人具有反思性和沟通理性的基本特质,强调个体对意义的不同理解和解读是政治文化变迁的基础,沟通理性的存在使得个体的新思想和新理念得以传播开来,成为整体性的文化现象。政治文化变迁的起点在于既有的政治文化规范出现危机,全球各地政治文化和实践的多样性则展示了新的可能性。在这样的条件下,本地的思想精英会试图提出新思想和新理念,并推动其为大众接受,进而成为政治生活的新规范。为什么特定的政治文化会出现危机?除了必须考虑其与外在环境和物质经济状况的匹配外,笔者认为这与每一种特定的政治文化本身相关。以

---

① [美]胡安·林茨、阿尔弗莱德·斯泰潘:《民主转型与巩固的问题:南欧、南美和后共产主义欧洲》,孙龙等译,浙江人民出版社 2008 年版,第 3 页。

政治文化新论

本书提供的四种理想类型为例,每一种政治文化都有其维系和延续的前提条件。这实际上反映了人类在政治生活上的权衡取舍:政治权力的目的维度体现了超越性和现实性之辩,政治权力的掌握主体维度体现了人与人的差异性和共通性的分野。政治文化的变迁是四种理想类型的政治文化之间的相互转变。本章概略性地回顾了发生在欧洲和中国的政治文化变动,展示了危机、新思想、精英和大众传播等要素对政治文化变迁的重要性。

围绕政治文化的变迁尚有不少值得深究的问题:如思想精英何以独立于既有的政治控制体系,开始发出新的声音?在思想和理念的竞争中,共识如何形成和出现?如何处理外来文化和旧有文化之间的关系?激进变革和渐进变革之间的关系为何?这些都亟待进一步的研究来探索和回答。

结　论

　　托克维尔有言：民情的重要性，是研究和经验不断提醒我们注意的一项普遍真理。① 在这场思想旅程中，笔者试图在对现有政治文化研究进行反思性的回顾和介绍后，提出新的政治文化概念、类型和分析框架，引起大家对政治文化现象的关注和重视。在解析主义文化视角的启发下，本书强调人是追求生命和生活意义的动物，政治生活也不例外。区别于经济、社会和家庭，政治关涉群体秩序和权力关系。文化也并非个体心理和态度的集合，而是一个超越个体的集体存在。在此基础上，本书将政治文化界定为被普遍接受的有关人类群体秩序和权力关系安排的意义系统。作为一个独立存在的意义系统，政治

---

① ［法］托克维尔：《论美国的民主》（上卷），董果良译，商务印书馆1988年版，第358页。

文化在现实中的表现包括行为者的理念和观念、政治符号、话语和仪式等。政治文化会通过种种方式对身处其中的行为者产生影响，不但影响其理念和政治态度，也塑造其政治行为模式和生活方式。与此同时，生活在其中的行为者也具有反思力和沟通能力，能够对所在的政治文化进行认识、反思乃至提出新的政治意义体系。

本书的论点与在现有政治文化研究中占据主导地位的公民文化研究有着显著区别。行为主义革命中出现的公民文化研究和政治参与研究都有着鲜明的美式社会科学特点，是一地政治文化情境的产物。公民文化和政治参与研究关注自由民主体制下个体的政治态度、偏好和行为，并认为个人的主观想法和客观行为与宏观的民主制度息息相关。公民文化的提出固然有很大的贡献，但如将其视为政治文化的全部图景或者必然演变的方向，则不甚妥当。由于人对政治生活意义的理解和偏好是不同的，尤其在政治权力的目的和掌握主体两方面存在截然不同的观点，政治文化多样而非单一，公民文化只是其中的一个类型。政治文化研究应放宽视野，去了解和分析不同地区、不同时代出现的政治意义系统，其核心议题包括政治意义体系的提出、传播及其影响。这其中，政治意义的提出与思想精英有关，传播的过程涉及精英和民众的互动，政治意义被民众普遍接受后落地成为政治文化，会对身处其中的行为者产生结构性影响。本书的新类型学和分析框架不但帮助研究者辨析不同地区的政治文化现象，而且兼顾能动与结构，有助于探讨政治文化的影响及其自身的变迁。由此政治文化研究区别于政治经济研究和政治哲学研究，确立了其在政治学研究中的地位。政治经济研究关心物质生活，政治哲学研究关注应然的价值和理想化的政治生活,政治文化研究则聚焦经验世界中的政治意义体系。

史天健曾提到:通过揭示文化对人的价值观和行为的影响,关注亚洲政治的学者有可能对政治学研究作出一般性的理论贡献。① 对中国政治文化的研究目前仍处在起步状态,现有的经验研究基本遵循公民文化研究的思路展开。同时,以政治文化为主题的中文著作或是介绍西方政治思想传统,或是介绍以公民文化研究为代表的当代西方政治文化研究。而实际上,中国悠久的文化传统、近现代引入的新理念、本土涌现的新思潮都值得关注和重视,为经验研究和理论创新提供了丰富的材料。史天健本人的研究就经历了从"理论检验"(追随公民文化研究的思路,检验中国是否出现了相应的状况)到"基于经验的理论创新"(关注中国本身存在的文化传统及其影响)的转变。② 围绕特定国家和地区的政治文化研究能为我们理解世界政治的多样性提供启发,中国政治文化研究因而有着广阔的发展空间。

在上述论点的启发下,政治文化与政治制度的区别也并没有前人想象的那么大,政治制度很大程度上是具像化的意义体系,对制度的探究离不开分析制度背后的理念和意义系统。本

---

① Tianjian Shi, *The Cultural Logic of Politics*, Cambridge: Cambridge University Press, 2015, p.2.
② See Andrew Nathan and Tianjian Shi, "Cultural Requisites for Democracy in China: Findings from a Survey", *Daedalus*, 1993, 122(2), pp.95-123; Tianjian Shi, "Cultural Values and Democracy in the People's Republic of China", *The China Quarterly*, 2000, 162, pp.540-559; Tianjian Shi, *The Cultural Logic of Politics*, Cambridge: Cambridge University Press, 2015.

书从政治权力的目的以及掌握主体两个维度区分出了四种理想类型的政治文化。在政治权力的目的方面,存在认为政治权力需服务于某种终极目标的理想主义政治观,也存在认为政治权力的目的在于维持秩序、防止杀戮的现实主义政治观;在政治权力的掌握主体方面,存在强调人与人之间差别的等级制政治观,也存在彰显人与人之间共性的平等主义政治观。政治文化理想类型的建构有助于研究者区分不同地区的政治状况。目前流行的民主和威权二分法主要从政治权力的掌握主体来划分不同的政体,而缺乏对政治权力目的维度的考虑,研究中加入这一维度有助于更好地把握一国的政治状况。

本尼迪克特曾言:如果人们还在战战兢兢地保卫自己的生活方式,并只相信自己的生活方式是世界上唯一的解决办法时,文化的比较研究就不能发展,这种人绝不会懂得,获得其他生活方式的知识会增加对自身文化的热爱。① 本书提出的理想类型对我们思考文化体系之间的关系以及世界政治局势也有着相应的启发。福山的"历史终结论"很大程度上体现了对某种特定政治文化成为普遍统一演变趋势的过度自信。本书的分类提醒读者更加谨慎地看待这一观点,因为每一种类型的政治文化都有其维系的条件,当条件不再时,该政治文化会陷入困境和危机之中。亨廷顿的"文明冲突论"则代表了另一个方向的观点,认为文化体系之间会不可避免地走向冲突。文明冲突出现的前提在于文化体系本身难以改变,本书对政治文化变迁的讨论提醒大家这一前提并不成立。政治文化体系之间

---

① [美]鲁思・本尼迪克特:《菊与刀》,吕万和等译,商务印书馆1990年版,第11页。

可以相互交流和借鉴,乃至增进理解和互信、实现共存。政治文化的多样性因此并不一定带来冲突,反而会使人更加谨慎和冷静。在保持自省能力和开放心态的条件下,多样性的存在反而有利于人类探索更加美好的政治生活。

参考文献

英 文 部 分

[1] Almond, G. A. and Sidney Verba, eds., *The Civic Culture Revisited*, Newburg Park: Sage, 1989.

[2] Almond, G. A. and Sidney Verba, *The Civic Culture: Political Attitudes and Democracy in Five Nations*, Princeton: Princeton University Press, 1963.

[3] Dahl, R., *Polyarchy: Participation and Opposition*, New Haven: Yale University Press, 1971.

[4] Geertz, C., *The Interpretation of Cultures*, New York: Basic Books, 1973.

[5] Hofstede, G., *Cultures and Organizations: Software of the Mind*, London: McGraw-Hill, 1991.

参考文献

［6］Huntington, S. P., *The Clash of Civilizations and the Remaking of World Order*, New York: Simon and Schuster, 1996.

［7］Inglehart, R. and Christian Welzel, *Modernization, Cultural Change, and Democracy: The Human Development Sequence*, New York: Cambridge University Press, 2005.

［8］Inglehart, R., *Cultural Evolution: People's Motivations Are Changing and Reshaping the World*, Cambridge University Press, 2018.

［9］Inglehart, R., *Modernization and Postmodernization: Cultural, Economic, and Political Change in 43 Societies*, Princeton: Princeton University Press, 1997.

［10］Inglehart, R., *The Silent Revolution: Changing Values and Political Styles among Western Publics*, New Jersey: Princeton University Press, 1977.

［11］Mann, M., *The Sources of Social Power I: A History of Power from the Beginning to A.D. 1760*, Cambridge: Cambridge University Press, 1986.

［12］Olson, M., *The Logic of Collective Action: Public Goods and the Theory of Groups*, New Haven: Yale University Press, 1982.

［13］Perry, E. J., *Anyuan: Mining China's Revolutionary Tradition*, University of California Press, 2012.

［14］Putnam, R., *Making Democracy Work: Civic Traditions in Modern Italy*, Princeton: Princeton

University Press, 1993.

[15] Pye, L. W. and Sidney Verba, eds., *Political Culture and Political Development*, New Jersey: Princeton University Press, 1965.

[16] Ross, M. H., "Culture in Comparative Political Analysis", in Mark Lichbach and Alan S. Zuckerman, eds., *Comparative Politics: Rationality, Culture and Structure*, Cambridge: Cambridge University Press, 2009.

[17] Scott, J., *The Moral Economy of the Peasant: Rebellion and Subsistence in Southeast Asia*, New Haven: Yale University Press, 1977.

[18] Sewell, W. H., *Logics of History: Social Theory and Social Transformation*, Chicago: University of Chicago Press, 2005.

[19] Shi, T. J., *The Cultural Logic of Politics*, Cambridge: Cambridge University Press, 2015.

[20] Shin, D. C., *Confucianism and Democratization in East Asia*, Cambridge: Cambridge University Press, 2012.

[21] Verba, S., Norman H. Nie, and Jae-on Kim, *Participation and Political Equality: A Seven-Nation Comparison*, Cambridge, Eng: Cambridge University Press, 1978.

[22] Young, C., *The Politics of Cultural Pluralism*, Madison: University of Wisconsin Press, 1976.

[23] Almond, G., "Comparative Political Systems", *The Journal of Politics*, 1956, 18(3), pp.391-409.

[24] Campbell, J. L., "Ideas, Politics, and Public Policy", *Annual Review of Sociology*, 2002, 28, pp.31-38.

[25] Dittmer, L., "Political Culture and Political Symbolism: Toward a Theoretical Synthesis", *World Politics*, 1977, 29(4), pp.552-583.

[26] Eckstein, H., "Culture as a Foundation Concept for the Social Sciences", *Journal of Theoretical Politics*, 1996, 8(4), pp.471-497.

[27] Inglehart, R., "The Renaissance of Political Culture", *The American Political Science Review*, 1988, 82(4), pp.1203-1230.

[28] Kate Nash, "The 'Cultural Turn' in Social Theory: Towards a Theory of Cultural Politics", *Sociology*, 2001, 35(1), pp.77-92.

[29] Lichbach, M. I., "Social Theory and Comparative Politics", in Mark Lichbach and Alan S. Zuckerman, eds., *Comparative Politics: Rationality, Culture and Structure*, Cambridge: Cambridge University Press, 1997.

[30] Lukes, S., "Political Ritual and Social Integration", *Sociology*, 1975, 9(2), pp.289-308.

[31] Parsons, C., "Showing Ideas as Causes: The Origins of the European Union", *International Organization*, 2002, 56(1), pp.47-84.

[32] Pye, L. W., "Political Culture Revisited", *Political Psychology*, 1991, 12(3), pp.487-508.

[33] Qi, L. and Doh Chull Shin, "How Mass Political Attitudes Affect Democratization: Exploring the Facilitating Critical Democrats Play in the Process", *International Political Science Review*, 2011, 32(3), pp.245-262.

[34] Seymour Martin Lipset, "Some Social Requisites of Democracy: Economic Development and Political Legitimacy", *American Political Science Review*, 1959, 53(1), pp.69-105.

[35] Somers, M. R., "What's Political or Cultural about Political Culture and the Public Sphere? Toward an Historical Sociology of Concept Formation", *Sociological Theory*, 1995, 13(2), pp.113-144.

[36] Wedeen, L., "Conceptualizing Culture: Possibilities for Political Science", *American Political Science Review*, 2002, 96(4), pp.713-728.

[37] Wilson, R. "The Many Voices of Political Culture: Assessing Difference Approaches", *World Politics*, 2000, 52(2), pp.246-273.

中 文 部 分

[38] [法]埃米尔·涂尔干:《社会分工论》,渠东译,生活·读书·新知三联书店 2000 年版。

[39] [法]爱弥尔·涂尔干:《宗教生活的基本形式》,渠东、汲

喆译,上海人民出版社 1999 年版。

[40] [美]安东尼·唐斯:《民主的经济理论》,姚洋等译,上海人民出版社 2005 年版。

[41] [古希腊]柏拉图:《理想国》,郭斌和、张竹明译,商务印书馆 1986 年版。

[42] [美]本尼迪克特·安德森:《想象的共同体:民族主义的起源与散布》(增订版),吴叡人译,上海人民出版社 2011 年版。

[43] [美]大卫·科泽:《仪式、政治与权力》,王海洲译,江苏人民出版社 2015 年版。

[44] [法]E.迪尔凯姆:《社会学方法的准则》,狄玉明译,商务印书馆 1995 年版。

[45] 费孝通:《乡土中国》,北京出版社 2005 年版。

[46] [美]费正清:《中国:传统与变迁》,张沛译,世界知识出版社 2002 年版。

[47] [美]弗朗西斯·福山:《政治秩序的起源:从前人类时代到法国大革命》,毛俊杰译,广西师范大学出版社 2012 年版。

[48] G. R. 波特编:《新编剑桥世界近代史》(第一卷:文艺复兴),中国社会科学院世界历史研究所组译,中国社会科学出版社 1978 年版。

[49] 高毅:《法兰西风格:大革命的政治文化》(增补版),北京师范大学出版社 2013 年版。

[50] [美]格特鲁德·希梅尔法布:《现代性之路:英法美启蒙运动之比较》,齐安儒译,复旦大学出版社 2011 年版。

[51] [美]哈罗德·D.拉斯韦尔:《政治学:谁得到什么? 何时

和如何得到?》,杨昌裕译,商务印书馆1992年版。

[52] [美]汉密尔顿、杰伊、麦迪逊:《联邦党人文集》,程逢如等译,商务印书馆1980年版。

[53] [英]霍布斯:《利维坦》,黎思复、黎廷弼译,商务印书馆1986年版。

[54] 金观涛、刘青峰:《兴盛与危机:论中国社会超稳定结构》,香港中文大学出版社1992年版。

[55] 金观涛、刘青峰:《中国现代思想的起源:超稳定结构与中国政治文化的演变》,法律出版社2011年版。

[56] [美]孔飞力:《中国现代国家的起源》,陈兼、陈之宏译,香港中文大学出版社2014年版。

[57] 李泽厚:《中国现代思想史》,东方出版社1987年版。

[58] [美]林·亨特:《法国大革命中的政治、文化和阶级》,汪珍珠译,华东师范大学出版社2011年版。

[59] [美]鲁思·本尼迪克特:《菊与刀》,吕万和等译,商务印书馆1990年版。

[60] [德]马克斯·韦伯:《经济与历史;支配的类型》,康乐等译,广西师范大学出版社2004年版。

[61] [德]马克斯·韦伯:《社会学的基本概念》,顾忠华译,广西师范大学出版社2005年版。

[62] [德]马克斯·韦伯:《新教伦理与资本主义精神》,康乐、简惠美译,广西师范大学出版社2007年版。

[63] [德]马克斯·韦伯:《中国的宗教;宗教与世界》,康乐、简惠美译,广西师范大学出版社2004年版。

[64] [法]孟德斯鸠:《论法的精神》(上),张雁深译,商务印书馆1961年版。

[65] [法]孟德斯鸠:《论法的精神》(下),张雁深译,商务印书馆1961年版。

[66] [法]孟德斯鸠:《罗马盛衰原因论》,婉玲译,商务印书馆1995年版。

[67] [意]尼科洛·马基雅维里:《君主论》,潘汉典译,商务印书馆1985年版。

[68] [德]诺贝特·埃利亚斯:《文明的进程:文明的社会起源和心理起源的研究》(第一卷),王佩莉、袁志英译,上海译文出版社2009年版。

[69] [美]塞缪尔·亨廷顿、琼·纳尔逊:《难以抉择——发展中国家的政治参与》,汪晓寿等译,华夏出版社1989年版。

[70] 苏国勋:《理性化及其限制:韦伯思想引论》,商务印书馆2016年版。

[71] [法]托克维尔:《论美国的民主》(上卷),董果良译,商务印书馆1988年版。

[72] [美]威廉·曼彻斯特:《黎明破晓的世界:中世纪思潮与文艺复兴》,张晓璐、罗志强译,化学工业出版社2017年版。

[73] [英]沃尔特·厄尔曼:《中世纪政治思想史》,夏洞奇译,译林出版社2011年版。

[74] [古希腊]亚里士多德:《政治学》,吴寿彭译,商务印书馆1965年版。

[75] 杨伯峻译注:《论语译注》,中华书局1980年版。

[76] [英]约翰·邓恩:《让人民自由:民主的历史》,尹钛译,新星出版社2010年版。

[77] [美]詹姆斯·斯科特:《弱者的武器》,邓广怀等译,译林出版社 2011 年版。

[78] 张灏:《幽暗意识与民主传统》,新星出版社 2010 年版。

[79] 赵鼎新:《东周战争与儒法国家的诞生》,华东师范大学出版社 2011 年版。

[80] 中共中央马克思、恩格斯、列宁、斯大林著作编译局编译:《马克思恩格斯选集》(第一卷),人民出版社 1995 年版。

[81] 中共中央马克思、恩格斯、列宁、斯大林著作编译局编译:《马克思恩格斯选集》(第二卷),人民出版社 1995 年版。

[82] 中共中央马克思、恩格斯、列宁、斯大林著作编译局国际共运史研究所编译:《葛兰西文选》,人民出版社 1992 年版。

[83] [美]周策纵:《五四运动史》,陈永明等译,岳麓书社 1999 年版。

[84] 周雪光:《中国国家治理的制度逻辑:一个组织学研究》,生活·读书·新知三联书店 2017 年版。

[85] [美]朱迪斯·戈尔茨坦、罗伯特·基欧汉:《观念与外交政策:信念、制度与政治变迁》,刘东国、于军译,北京大学出版社 2005 年版。

[86] 邹谠:《二十世纪中国政治》,牛津大学出版社 2004 年版。

[87] 郭定平:《东亚儒家文化与民主转型:一种理论分析框架》,《复旦政治学评论》2010 年第 8 辑。

[88] 渠敬东:《涂尔干:作为文明研究的社会理论》,《学海》2018 年第 2 期。

[89] 王正绪、叶磊华:《东亚社会中的公民政治参与》,《政治学研究》2018 年第 2 期。

[90] 徐湘林:《把政治文化找回来——"公民文化"的理论和经验反思》,《政治学研究》2012年第2期。
[91] 张旅平:《马克斯·韦伯:基于社会动力学的思考》,《社会》2013年第5期。
[92] 赵鼎新:《国家合法性和国家社会关系》,《学术月刊》2016年第8期。
[93] 朱天飚:《比较政治与国际关系的学科互动:一种理念的研究视角》,《国际观察》2013年第4期。

图书在版编目(CIP)数据

政治文化新论/胡鹏著. —上海：复旦大学出版社,2020.9(2021.5 重印)
ISBN 978-7-309-15182-4

Ⅰ.①政… Ⅱ.①胡… Ⅲ.①政治文化-研究 Ⅳ.①D0-05

中国版本图书馆 CIP 数据核字(2020)第 128653 号

政治文化新论
ZHENGZHI WENHUA XINLUN
胡　鹏　著
责任编辑/孙程姣

复旦大学出版社有限公司出版发行
上海市国权路 579 号　邮编：200433
网址：fupnet@ fudanpress.com　http://www.fudanpress.com
门市零售：86-21-65102580　团体订购：86-21-65104505
出版部电话：86-21-65642845
上海崇明裕安印刷厂

开本 890×1240　1/32　印张 10.125　字数 219 千
2021 年 5 月第 1 版第 2 次印刷

ISBN 978-7-309-15182-4/D·1045
定价：46.00 元

如有印装质量问题，请向复旦大学出版社有限公司出版部调换。
版权所有　　侵权必究